中国城市规划设计研究院
六十周年院庆学术专著

U0673018

**Leaping Across
the Traditional Phase
of Industrialization**
A New Path of Urban-Rural
Development of Hainan Province

非传统跨越
海南城乡发展新路径

杨保军　赵群毅　易　翔　著

中国建筑工业出版社
CHINA ARCHITECTURE & BUILDING PRESS

图书在版编目（CIP）数据

非传统跨越：海南城乡发展新路径／杨保军，赵群毅，
易 翔 著 ．── 北京：中国建筑工业出版社，2014.12
（中国城市规划设计研究院六十周年院庆学术专著）
ISBN 978-7-112-17292-4

Ⅰ．①非… Ⅱ．①杨…②赵…③易… Ⅲ．①城乡一体化
─研究─海南省 Ⅳ．① F299.276.6

中国版本图书馆 CIP 数据核字 (2014) 第 222931 号

责任编辑：石枫华 兰丽婷
装帧设计：肖晋兴
责任校对：李美娜 关 健

　　本书将海南发展置于全球发展和国家战略之下加以考察，借鉴国内外区域发展的经验，通过国际典型案例的对比研究，针对海南的独特性，提出了海南面向后工业化社会实现非传统跨越的总体框架。在总体框架下，提出了以国际旅游岛建设为龙头和统领，引导和带动全岛城乡一体协调全面发展的模式，并从经济、社会、城镇化、空间、体制机制改革和政策创新等方面，为海南发展提供了具有很强针对性和科学基础的可行路径。本书注重将有关理论工具运用于对海南发展的研究，并将海南发展的思路提炼和上升为理论认识，较好地实现了理论阐释、地方发展战略研究与空间规划实例的结合，对进行海南和相关地区发展研究和规划，具有较高的借鉴和参考价值。

中国城市规划设计研究院六十周年院庆学术专著
非传统跨越：海南城乡发展新路径

杨保军 赵群毅 易 翔 著

*

中国建筑工业出版社出版、发行（北京西郊百万庄）

各地新华书店、建筑书店经销

晋兴抒和文化传播有限公司制版

北京中科印刷有限公司印刷

*

开本：787×1092毫米 1 / 16 印张：16¼ 字数：304千字
2015年1月第一版 2015年1月第一次印刷
定价：188.00元
ISBN 978-7-112-17292-4
　　　　（26079）

序

　　海南省高度重视规划对全局和长远发展的引领和管控作用，建省之初就委托日本协力集团，借鉴日本国土开发规划的思路和方法，编制完成了《中华人民共和国海南岛综合开发计划调查》，对海南岛的资源状况、发展思路和空间开发计划进行了详尽、系统的安排，其影响至今延续。进入新世纪以来，在省建设厅的主持下，又相继编制完成了《海南省城乡总体规划（2005～2020）》、《海南省新农村建设总体规划》、《海南省城乡经济社会发展一体化总体规划（2010～2030）》等一些省域层面的大规划，这些规划共同的特点就是将全省作为一个整体进行统一谋划、统筹考虑。现在看来，这些规划在理念和方法上是有很多创新的，对于指导海南城乡空间发展的重要意义也越来越凸显。

　　规划的目的在于研究问题、坚定思路、引导发展。海南是我国唯一的热带省份和省级特区，虽然陆域面积小、经济总量不大，但资源价值高、区位重要，一直以来在国家整体战略全局中占有重要地位，发展也备受各方面的关注。开放建省办特区之前，海南作为国家以橡胶为代表的战略性物质的供给基地，为国家作出了重大贡献，但自身农业社会的面貌并没有得到根本性改变。建省初期确定的工业化道路，走的也并不顺利，发展在起起伏伏中缓慢推进。什么是海南应该走的发展道路？怎样的一条道路既能满足国家的战略要求，又能实现海南的真正发展？宏观的发展道路又如何通过实实在在的城乡建设进行有序推进？这些问题，随着发展实践的深入，其重要性和迫切性越来越显现。研究思考和回答这些问题，是我担任建设厅厅长之后，积极推动组织编制这些省域层面大规划的内在原因。

　　对问题的认识是一个不断积累的过程，道路的选择更是天时、地利、人和多种因素共同作用的结果。《海南省城乡经济社会发展一体化总体规划（2010～2030)》在梳理总结海南几十年发展经济教训和吸收借鉴已有规划成果的基础上，结合"国际旅游岛"战略的时代要求，系统提出了海南以面向后工业化社会为取向的跨越式发展目标图景、整体框架和实施路径，并明确了海南以城乡资源统一高效利用为重点，在建设国际旅游岛过程中实现城乡经济社会发展一体化的具体方案。从战略层面清晰地回答了上述问题，并从操作层面明确了空间行动的重点。规划成果受到了省内外的高度评价，并很好地指导了国际旅游岛开局初期的建设行动，也为我组织编制省域重大规划工作画上了一个圆满的句号。更让我感到欣慰的是，规划结束后，三位同志并没有放弃对相关问题的研究和思考，并以规划成果为主体进一步补充完善形成了本书。

本书读来有以下显著的特点：其一，坚持从国家的战略视角来看问题，突出海南的独特性。这实际上抓住了海南发展的关键核心，海南作为一个相对封闭的岛屿省份，它的发展从来都需要在国家整体格局中进行思考和研究。书中明确提出海南需要面对祖国大陆庞大的工业化腹地所产生的消费需求，面向后工业化社会构建具有特色的产业体系、空间结构、社会形态，实现非传统的跨越式发展。这对于明确海南未来的发展思路和路径意义重大。其二，注重国际案例的借鉴研究。无论是面向后工业化社会跨越发展，还是国际旅游岛开发建设，对海南而言都是全新的挑战，也是一个"新鲜事物"。书中详细解析了与海南具有很强相似性的美国佛罗里达州发展的经验教训，并以此为案例对海南的发展提供借鉴，研究系统、结论清晰。其三，突出了理论与实践的结合。本书虽然是以指导海南发展实践为导向的应用性研究，但非常注重从理论层面对相关问题内在机理的解释和探究，如对海南跨越工业化阶段的理论探讨，对海南城乡经济、社会、空间发展重点的理论框架认识等都有一定的说服力。这些对于我们坚持海南跨越式发展的非传统路径提供了有力的支撑。其四，在海南非传统跨越的总框架下，引导国际旅游岛建设与城乡发展一体化相互促进、共同发展。既抓住了国际旅游岛战略的精神实质，也探索了海南城乡发展一体化的独特模式；既解决了战略层面的认识问题，更明确了操作层面的城乡经济、社会、空间发展具体路径和行动问题。对海南而言，具有很强的实用性。

　　本书的三位作者同时也是规划的项目负责人，在规划和研究开展过程中，我们多次讨论、相互启发。保军院长逻辑严密、思维开阔，对重大问题具有高度的敏感性；易翔所长长期在海南耕耘，对海南发展有着系统理解和独到认识，并怀有深厚感情；群毅博士初出茅庐，勤于思考、勇于创新、认真踏实；这些都给我留下深刻印象。对他们的努力表示感谢，也对本书的出版表示祝贺。

　　海南的发展任重道远，对海南发展的思考和研究更是永无止境。希望以后有更多有特点、有深度的研究不断出现，希望城乡高度融合的国际旅游岛早日建成。

　　是为序。

李建飞 ｜ 海南省城乡规划委员会副主任
海南省住房和城乡建设厅原厅长
教授级高级规划师

2014 年 6 月于海口

前言

海南具有很强的独特性，作为我国唯一省级单元的特区，一直以来在国家整体发展格局中占据重要而独特的地位。新中国建立以来，海南发展虽经起伏，但其作为我国唯一热带岛屿省份、对外开放前沿、管理南海及参与东盟竞争合作的战略地位和独特价值始终没有改变。发展的波动，部分原因在于自身的基础差、底子薄，但更重要的原因在于发展思路与战略路径的摇摆，尤其是始终没有真正找到一条对内能够实现资源效益最大化，对外又能体现比较优势和竞争力的发展路径。

从这个角度看，2009 年 12 月 31 日颁布的《国务院关于推进海南国际旅游岛建设发展的若干意见》（国发 [2009]44 号文）对海南而言具有划时代的意义。它标志着在 1988 年海南建省并划为经济特区 20 多年后，国家在战略层面又一次明确地赋予了海南新的定位和要求，更标志着海南在多年实践探索基础上终于确定了适合自身特点的新的发展方向。事实上，对于中国的城市或区域发展而言，自上而下以政策支持为重点的战略安排与自下而上以实践探索为途径的自主选择能否很好地互动和配合，从来都是决定发展成败的关键。"国际旅游岛"既是海南自我探索实践的必然选择，也是国家从战略全局的角度对于海南的安排，是自上而下与自下而上互动的交集，真正意味着海南发展进入了新的时期。

"国际旅游岛"的精神实质是要求独特的海南走独特的道路，进而实现"强岛富民"。从这一视角出发，在客观认识海南独特性的基础上，思考新时期海南实现跨越式发展的基本取向、目标图景和战略路径，以及支撑这一跨越式发展的城乡经济、社会、空间等方面的具体内容，是本书的重点。

之所以强调城乡发展是因为，对于海南而言，决定国际旅游岛建设和跨越式发展成败的关键是能否最大限度地发挥城乡资源的独特价值，实现城乡资源的统一开发利用，并使建设发展的成果被城乡居民共同享受。海南首先应该是"海南人的海南"，之后才是"全国人甚至全球人的海南"，"国际旅游岛"出台后的外来资本疯狂炒作事件，最终受害的只可能是海南本地的城乡居民。因此，无论从哪个角度看，推进城乡健康发展都应该放在与"国际旅游岛"建设同样的高度来认真对待。

"国际旅游岛"战略出台时，正值我国调整城乡关系，大力推进城乡经济社会发展一体化的关键时期。在国际旅游岛建设的过程中实现城乡发展一体化，同时通过推动城乡发展一体化来支撑国际旅游岛建设，对海南而言具有重要意义。从城乡经济社会发展一体化的基本内涵出发思考国际旅游岛建设的重点内容，从国际旅游岛战略的基本要求出发来探索海南城乡发展一体化的模式，引导二者相辅相成、相互促进，是本书重要的逻辑主线和创新思考（图0-1）。

进入新世纪以来，在以往探索的基础上，海南逐步明确了将全省城乡作为一个整体统一规划、建设、发展的基本思路，从2005年开始，海南省

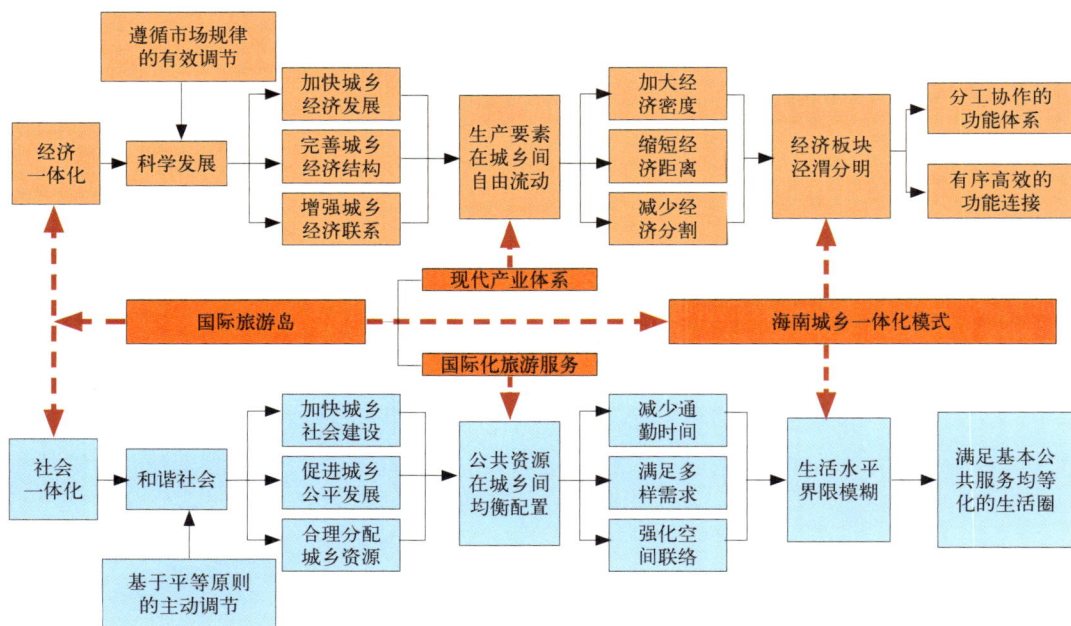

图0-1 推动"国际旅游岛"建设与海南城乡发展一体化相辅相成

相继编制完成了《海南省城乡总体规划（2005～2020）》、《海南省社会主义新农村建设总体规划》等省域层面的总体规划。这些规划统筹考虑城乡资源的利用与保护，协调全省经济社会建设，在城乡规划编制的内容体系、技术方法等方面进行了许多开创性的探索，对我国的城乡规划理论和方法创新作出了重要贡献。"国际旅游岛"战略提出后，海南省又编制完成了《海南省城乡经济社会发展一体化总体规划（2010～2030）》，该规划是以"城乡经济社会发展一体化规划"为题的我国新城乡规划类型的首个尝试与探索，是海南城乡规划创新传统的延续。本书就是在该规划的基础上完善而成，除主要数据根据近几年的发展变化进行更新替换外，现状分析主要均基于2009年"国际旅游岛"战略出台前的数据。需要特别说明的是，海南省全省陆地总面积3.5万平方公里，海域面积约200万平方公里，其中海南本岛（简称"海南岛"）面积3.4万平方公里。2012年7月24日三沙市正式成立，使海南省在行政管理上包括了19个市县，但本书的主体内容写作于三沙市成立之前，同时由于三沙市相关经济社会发展数据仍在统计完善之中，因此除文中特别注明外，仍采用除三沙市之外的18个市县的数据作为主体进行分析。文中插图除特别注明外，均以海南岛地图为主体。

全书共分为六章。第一章从国家战略视角来总结海南发展的阶段性，审视海南独特的战略地位和资源价值，明确了新时期建设城乡高度融合的国际旅游岛的战略目标。第二章重点论述了在国际旅游岛战略指引下，海南谋求跨越式发展必须走非传统路径。非传统路径的基本取向是跨越传统工业化阶段，面向后工业化社会实现全面转型。进而结合海南的实际，明确了实现非传统跨越的六大核心路径。第三章在认识海南城乡经济发展独特性的基础上，从产业体系、功能组织、空间格局等角度研究了支撑海南非传统跨越的城乡经济发展重点内容，并对国际旅游岛的功能分区给出了具体的指引。第四章提出了新时期海南城乡社会发展的目标与战略，明确了城乡基本公共服务均等化和城乡文化发展的重点。第五章以走海南特色的城镇化道路为主线，以城乡资源的统一利用为重点，研究了海南城乡空间结构、城乡居民点体系、空间开发模式等方面的重点内容，并对国际旅游岛的空间发展给出了分区指引。第六章强调了空间政策和无空间差别政策相结合对于海南城乡发展的重要意义，从空间政策、体制机制创新和政策改革三个方面提出了实现海南城乡发展一体化的改革创新思路。

全书由杨保军、赵群毅拟定框架并完成初稿，由杨保军、赵群毅、易翔修改完善并最终定稿。海南省住房和城乡建设厅李建飞教授级高工、宋祎教授级高工、刘钊军总工、吴刚处长、胡木春、杜经纬、文天光等同志在调研和研究开展过程中给予了大力帮助，并提出了许多真知灼见。中国城市规划设计研究院李晓江院长、陈锋书记、张兵总规划师、官大雨副总规划师、查克主任工程师对研究给予了大力支持和具体指导，徐有钢、康凯、刘芳君、慕野等同事参与了研究工作，并协助绘制了书中的大量插图。中国（海南）改革发展研究院迟福林院长、夏锋同志，中山大学李立勋教授、温锋华博士等也参与了前期的规划编制工作。在此一并致以谢意。

需要强调的是，中国城乡规划的理论创新和方法成熟，归根到底来源于规划实践的不断摸索和及时总结。本书源于海南的具体规划项目，并尝试性地总结了新时期城乡规划新的内容重点、技术路线和编制方法等，以期在指导海南实际发展的同时，对相关规划有所启发和借鉴，进而促进新时期城乡规划更加广泛的讨论和实践。

海南解放60多年、开放建省20多年来，一批又一批的外来人在海南这块土地上落地生根、奉献收获，与本地的居民一道见证了海南的兴衰荣辱、高低起伏，成就了海南发展的多元动力。在国际旅游岛建设的新征程中，更需要多元动力的不断融合。我们相信，城乡居民的共同努力，一定能推动海南在新的历史起点上实现新的跨越，一个城乡高度融合的国际旅游岛一定能够建成。

杨保军　赵群毅　易　翔

2014年6月

目 录

第一章 国家战略与海南发展

第二章 海南发展的非传统跨越

第三章 海南的城乡经济发展

第四章　海南的城乡社会发展

第五章　海南的城乡空间发展

第六章　海南城乡发展一体化的改革创新

第一章 国家战略与海南发展

一直以来,海南在国家整体格局中的地位重要而独特,在每个历史时期都担负着重要的国家责任。海南在国家战略格局中的角色,或者说国家需要一个什么样的海南,直接决定了海南发展的模式、路径,以及发展所能取得的成就和所能达到的高度。

第一节 国家战略视野中的海南

一、海南发展演变的阶段性

解放 60 多年,建省 20 多年的海南发展既是一个曲折的过程,也是发展思路在实践中探索修正、不断完善的过程。从早期的"自给自足农业社会"到建省办特区的"外引内联工业化据点",再到后来"一省两地"的自我修正,直到今天提出的"国际旅游岛"战略,每一次发展思路的重大调整都深刻影响着海南在整个国家战略格局中的地位和内部经济社会发展的方方面面(图 1-1)。

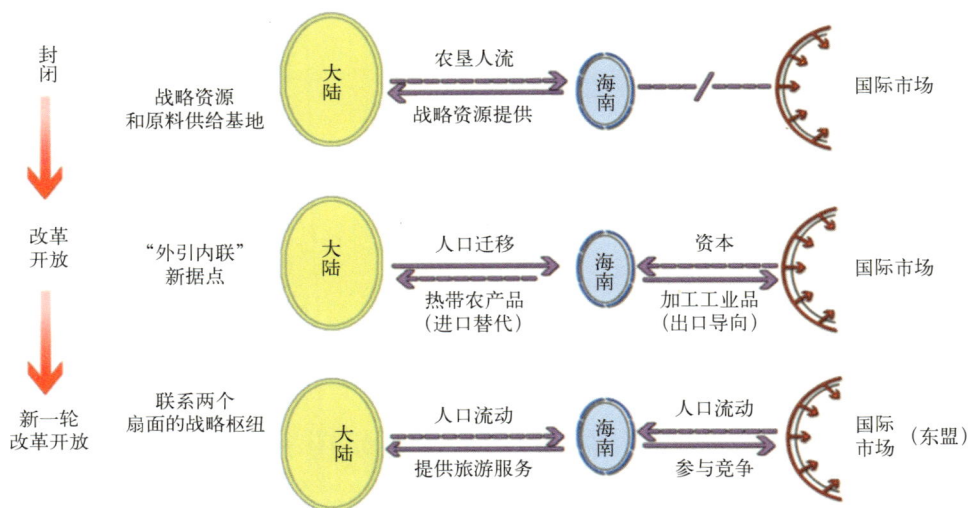

图 1-1 不同历史时期海南发展取向及在国家战略格局中的地位

1

（一）开放建设特区之前：农业社会，自给自足，国家的战略资源和原料供给基地

1950年5月海南解放之后，很长一段时期海南处于自给自足的经济状态，整体上岛屿处于封闭式的农业社会，在全国整个计划经济框架中，海南的工业处于末端位置。到1985年，经济结构中农业的比重仍为45%；全岛598万人中，农业人口486万，占到80%；国民收入中的60%由农业部门完成；人均收入及产值均达不到全国平均水平。对中国大陆而言，海南是重要的战略资源和原料的供给基地。同时，由于改革开放前整个国家处于封闭状态，作为国家战略前沿的海南与外部市场更是缺乏联系。

（二）开放建省办特区：工业化、城市化发展取向，国家的"外引内联"新据点

从1983年开始，海南作为我国对外开放的前沿地区，凭借着接近东南亚等国际市场的区位优势，被国家赋予率先改革开放的发展重任。尤其是建省并成为中国最大的经济特区后，海南面向南中国海，最接近东南亚市场的战略地位逐步在国家层面被认可，把海南建成我国整体经济发展格局中"外引内联"的新据点成为国家战略。

"外引"强调引进外部资本，"内联"强调参与珠三角、华南圈层的分工，其中海口将代表海南省参与到广州、湛江、深圳等沿海开放城市的竞争中。根据国家要求和所处的形势分析，海南确立了"以工业为主导，进而带动整个国民经济成长与起飞"的总体战略。这一战略的确立，带来了大陆劳动力与外来资本在海南的结合，以"出口导向"为特点的加工工业增强了海南与外部市场的联系。

（三）"一省两地"战略指导时期：发展实践中的自我探索与修正

建省办特区的头十年，海南的发展并没有按照当初的规划顺利推进，发展的成效并没有达到预期设想。作为国家战略中"外引内联"新据点的海南特区，与别的特区之间的差距越来越明显。在这一背景下，海南省委省政府在认真总结经验教训的基础上，针对海南自身的独特性，在发展实践中开始了自身的探索和修正。

1996年明确提出了"一省两地"发展战略，即把海南建设成为中国新兴工业省、热带高效农业基地和海岛休闲度假胜地。之后10多年间，围绕这一战略，海南通过大项目带动快速推进工业化，综合实力不断增强。但总体而言，这一时期的发展只能看作是海南发展实践的自我调整，在国家整体发展的视野中，对海南的战略定位和要求一直没有变化。

（四）跨越式发展的新时期：建设国际旅游岛，成为联系国内外两个扇面的核心枢纽

新时期，面临着进一步深化改革、率先开放的新任务，海南进入了跨越式发展的新时期，"国际旅游岛"成为国家给予海南的新定位。通过国际旅游岛建设使海南成为我国探索进一步改革开放的重点地区，以及落实科学发展观探索新发展方式的试验地区。这既是国家对于海南新时期发展的明确定位和要求，也是海南经过 20 年针对自身特点摸索实践的新方向。

国际旅游岛建设时期的海南，一方面面对我国庞大工业化腹地所形成的消费群体，为其提供服务，另一方面将成为代表我国积极参与东盟一体化合作的重点地区。海南向内服务、向外竞争，联系国内国外两个扇面的枢纽地位将会更加明确。

二、海南的战略地位与资源价值

重新认识海南突出的战略地位和独特的资源价值，是谋划新时期海南跨越式发展非传统路径的基础。

（一）重新认识海南的战略地位

对整个国家而言，国家安全、对外开放和改革创新是新时期的国家核心利益，在这三个方面海南凭借其资源、区位等多方面的独特性，均具有重要的战略地位（图 1-2）。

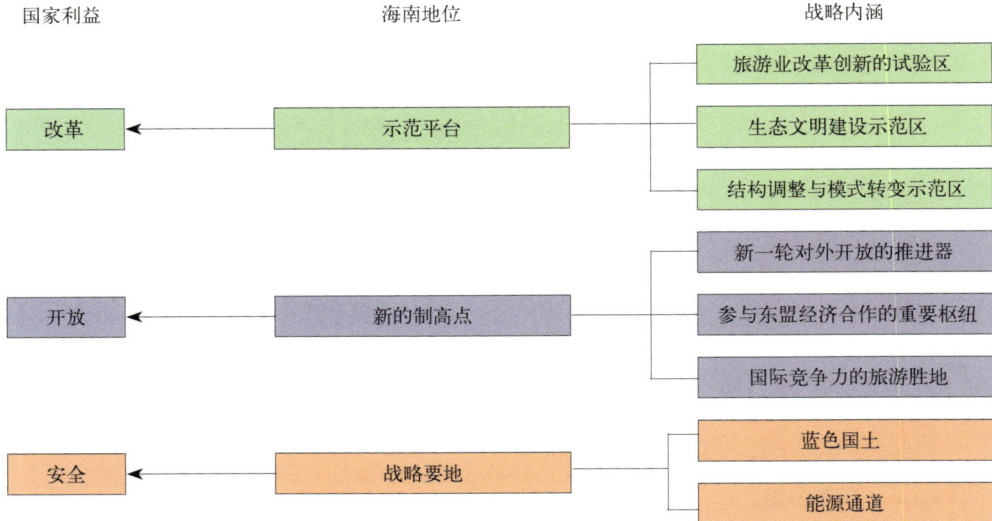

国家利益	海南地位	战略内涵
改革	示范平台	旅游业改革创新的试验区 / 生态文明建设示范区 / 结构调整与模式转变示范区
开放	新的制高点	新一轮对外开放的推进器 / 参与东盟经济合作的重要枢纽 / 国际竞争力的旅游胜地
安全	战略要地	蓝色国土 / 能源通道

图 1-2 新时期国家视野下的海南战略地位

1. 蓝色国土

海南是海洋大省，海域面积 200 多万平方公里，占全国海域面积的 2/3，拥有丰富的海洋渔业、油气、矿产资源，是我国维护海洋权益、建设海洋强国、发展海洋经济的重点地区。

长期以来，海南都处于我国的战略前沿，是管理我国南海疆域的重要枢纽。党的十八大明确提出了建设海洋强国的战略要求，强调了提高海洋资源开发能力，发展海洋经济，保护海洋生态环境，坚决维护海洋权益等方面的重点任务。管理和利用好广大的"蓝色国土"是海南发展的重要基础和依托，也是海南必须承担的国家责任。

2012年7月24日三沙市正式成立，成为海南省第19个市县，显示了我国维护海洋权益、保障"蓝色国土"的坚定信心，也进一步凸显了海南在维护我国国家安全格局中的战略枢纽地位。以三沙市为前沿，海南本岛为依托，尽快推动形成"海陆联动"的格局，是新时期海南维护我国"蓝色国土"和南海"核心利益"的重要任务。

2．能源重地

随着国家工业化进程的进一步推进，能源的需求将会越来越大，在国家整体发展格局中海南能源重地的地位将会更加明确和强化。一方面，海南是我国重要的海上能源通道，绝大部分的海上能源输入依赖于此通道，这一战略地位一定时期内不会改变；另一方面更重要的是，由于陆上能源的开采趋于饱和，海洋油气能源的开发成为人类寻求新能源发展的必然选择。

南海蕴藏着丰富的油气资源，储量达500多亿吨，其中在我国传统疆界线内分布有300多亿吨，开采前景广阔，有第二个"中东"的美称。南海北部的"可燃冰"储量达到我国陆上石油总量的一半左右。因此，从国家经济、能源安全全局考虑，南海地区应该成为我国油气资源开发的重点地区，是未来能源的潜在基地，具有巨大的开发潜力。南海已成为世界上重要的油气勘探区，进行南海油气开发，将使得海南的战略地位进一步提升。海南应创造条件，努力成为南海油气资源开发的补给基地、研发基地、加工基地和储备基地，以此带动海南经济腾飞。

3．对外开放新的制高点

从建省办特区开始，海南一直是我国对外开放和参与全球竞争合作的前沿基地，新时期，这一地位更加凸显。

其一，国际旅游岛建设使海南成为我国新一轮改革开放的推进器。整个国家在改革开放30年的基础上，开始了以科学发展为基本要求的新一轮改革开放，并在空间上明确了新的着力点和试验先锋。包括天津滨海新区、长株潭两型社会试验区、成都城乡统筹示范区、海峡西岸经济区等在内的国家新的综合配套改革试验区，成为率先探索实践改革发展的"排头兵"。

但这些试验区均是通过进一步改革，带动新的开放，谋求新的发展。新一轮的改革开放，国家需要在开放方面明确一个新起点。"国际旅游岛"的新定位，其意义很大程度上体现为通过海南的进一步开放，为国家参与全球竞争与合作探索积累新的经验，推进我国新一轮的全方位对外开放。

其二，海南是我国参与东盟区域经济发展的重要枢纽之一。未来几年将是我国与东盟地区区域经济合作的关键时期，投资和现代服务业正在成为双方贸易自由化安排的重要领域。随着2010年中国—东盟自由贸易区的全面建成，人民币在区域内自由流动的流动性将会加强，对我国而言既是机遇，也将使得区域的竞争更加激烈。

海南处于我国参与东盟区域竞争与合作的前沿地区，与东盟各国自然条件相近、资源禀赋趋同，通过国际旅游岛建设，高度开放的海南将成为代表我国参与东盟经济发展合作的重要枢纽。海南对外参与东盟发展合作，对内拓展市场腹地，联系内外两个扇面的战略地位将会更加突出（图1-3）。

其三，"国际旅游岛"战略明确要求海南逐渐建设成为具有国际竞争力的旅游胜地，海南将凭借其独特的旅游资源和开放政策成为我国旅游业参与国际竞争与合作的"先锋"。

4. 改革创新的示范平台

改革创新是时代主题，党的十八届三中全会明确提出了全面深化改革的要求，并出台了《中共中央关于全面深化改革若干重大问题的决定》，明确改革创新在国家战略整体格局中的地位与角色，通过国家自上而下的制度安排与政策支持，找准定位、改革创新、先行先试是新时期地方发展的新特点。

对于海南而言，新时期国家战略明确要求通过"国际旅游岛"建设，为整个国家的发展方式转型、经济结构调整、生态文明建设积累经验。建设国际旅游岛，海

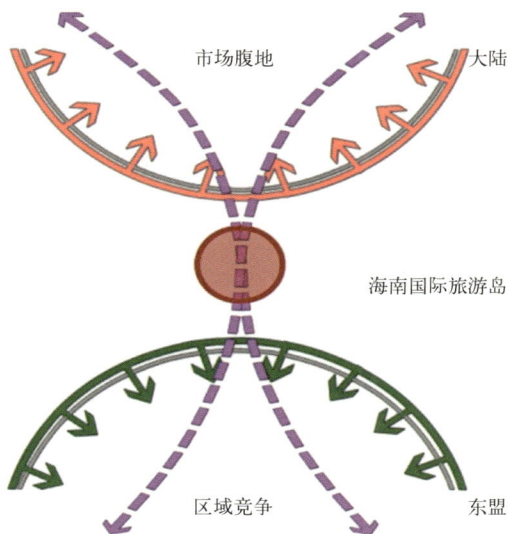

图1-3　海南联系两个扇面的战略地位图示

南省被赋予多项率先开放的优惠政策，包括更加开放便利的出入境政策、更加优惠的旅游购物政策、更加开放的航权政策、更加开放的海洋旅游政策、更加灵活的融资政策、更加开放的旅游相关产业发展政策等。这些政策的实施与实践，不但对海南发展具有重要意义，而且对于国家包括旅游业在内的现代服务业的改革创新发展也具有探索意义。

加快推进经济结构调整和转变经济发展方式是当前我国面临的迫切任务，也是"十二五"规划明确提出的发展主线，经济发展将更加注重扩大内需和发展绿色环保、节能减排产业。海南依托生态环境优势，着力构建以旅游业为龙头，现代服务业为主导的特色经济结构，对我国调整优化经济结构和转变经济发展方式具有重要示范作用。

（二）重新认识海南的资源价值

发挥海南独特的资源优势是中央建海南特区的基本着眼点。早在1987年，邓小平同志就说过："海南岛和台湾的面积差不多，那里有许多资源，有铁矿、石油，还有橡胶和别的热带、亚热带作物。海南岛好好发展起来，是很了不起的。"但从发展的角度看，资源优势能否真正转化为发展优势，取决于内外两个方面的因素：其一，自身如何认识真正的核心资源价值，决定着发展所选择的方向和路径；其二，外在发展阶段对资源的需求，决定着发展所能达到的程度和效果。

1.海南独特的资源禀赋

海南有丰富的森林资源、热带农业资源、旅游资源、海洋资源、生态环境资源等，这些资源具有唯一性、高品质和多样化的显著特征。在国际旅游岛建设的大背景下，如何认识这些资源的战略价值，如何能够最大限度地发挥这些资源优势，直接决定着海南的发展。

（1）森林资源

海南岛原是一个森林密布的海岛，森林资源丰富，2013年森林覆盖率达到61.5%（图1-4）。海南是热带雨林、热带季雨林的原生地，有独特的植物群落。到目前为止，共有维管束植物4000多种，约占全国

图1-4 林地资源分布图

总数的1/7，其中630多种为海南所特有。世界热带的80个科显花植物属种最多的第一类17科，在海南均有发现。

海南中部为山岭地带，是热带雨林、季雨林组成的原始森林区。全岛共有五大热带森林区，分别是五指山林区、霸王岭林区、尖峰岭林区、吊罗山林区和黎母山林区（图1-5）。海南素有"天然药库"之称，全岛资源植物2900多种，药用植物占2500多种，入药典500多种，其中抗癌植物13种。

（2）热带农业资源

海南省是我国唯一的热带省份，省域全境属于热带地区，全省陆地面积3.4万平方公里，占全国热带土地总面积8万平方公里的42.5%；云南南部次之，约占35%；广东省南部第三，约占15.5%；其余分布于台

图1-5 五大热带雨林分布图

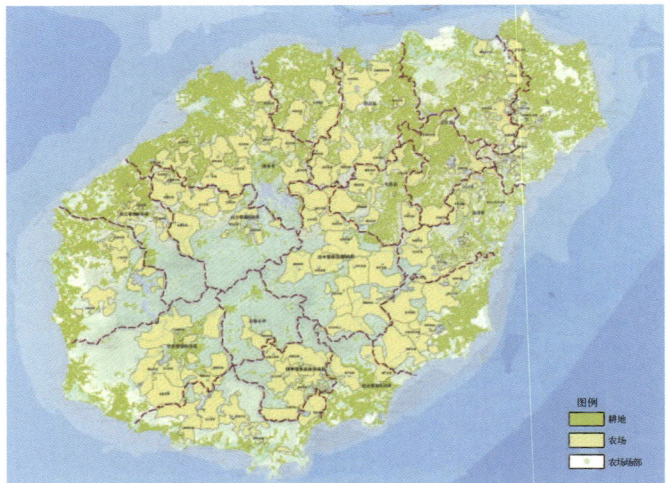

图1-6 耕地与农场分布图

湾省南部，约占7%。全省宜农地占30%，宜热作地占23.9%，宜牧地占9.2%，宜淡水养殖的水面占4%（图1-6）。海南光热资源丰富、雨水充沛、光热水同季，全年皆为喜温、喜热作物的活跃生长期，水稻年可三熟，瓜果花卉四时不绝，玉米、花生、甘薯等均可冬种，椰子、橡胶、油棕、胡椒、可可等多年生热带经济作物基本不受寒害。土地的多样性和优良的气候资源使得海南建立起了一个完整的、有热带特色的农、林、牧、渔、热作齐全的大农业体系。作为我国热带、亚热带农林特产基地，海南在瓜菜、水果和热带作物方面具有天然优势，许多特色农产品在全国占据绝对优势（表1-1）。

海南主要特色农产品的优势地位（2012年）　　　　　　　　表1-1

品种	产量	在全国的排名
橡胶（万吨）	39.5	占全国48%，全国第二
香蕉（万吨）	209.1	占全国18%，全国第四
咖啡豆（吨）	280	占全国60.9%，全国第一
腰果（吨）	234	占全国99.8%，全国第一
椰子（万个）	24155	占全国99.2%，全国第一
菠萝（万吨）	34.3	占全国25.8%，全国第二
罗非鱼（亿尾）	25	占全国18%，全国第二
对虾（万吨）	22.68	占全国18%，全国第五

（3）旅游资源

海南的旅游资源丰富多样，类型包括海岸带景观，山岳、热带原始森林，珍禽异兽、大河、瀑布、水库风光，火山、溶洞、温泉，古迹名胜，民族风情，热带作物及田园风光等。全省现有5A级景区2处、4A级景区10处、3A级景区13处、2A级景区5处、1A级景区2处。此外，还有国家地质公园1处、国家森林公园8处，国家级自然保护区9个（图1-7、图1-8）。

图1-7　国家级资源保护区分布图

更为重要的是，海南是我国唯一的热带海岛旅游休闲度假和避寒胜地。海南岛2/3的海岸线为热带沙质海岸，阳光、沙滩、海水、绿色、空气等五大要素构成的热带滨海旅游景点达100多处。

在海南长达1823公里的海岸线上，沙岸约占50%～60%，沙滩宽数百米至数千米不等，向海面坡度一般

图1-8　A级景区分布图

8

为 5°，缓缓延伸。多数地方风平浪静，海水清澈，沙白如絮，清洁柔软，岸边绿树成荫，空气清新。海水温度一般为 18 ~ 30℃，阳光充足明媚，一年中多数时间可进行海浴、日光浴、沙浴和风浴。环岛沿海有不同类型滨海风光特色的景点，在东海岸线上，还有红树林这一特殊的热带海岸森林景观和珊瑚礁这种热带特有的海岸地貌景观，均具有较高的观赏价值。目前，已在琼山市东寨港和文昌市清澜港等地建立了 4 个红树林保护区。

（4）海洋资源

海南省海域总面积约 200 万平方公里，环本岛海域使用管理面积约 2 万平方公里，可以利用的大陆架浅海 83 万平方公里，南沙海域 73 万平方公里。据不完全统计，共有岛、洲、礁、沙和滩 600 多个；全岛海岸线总长 1823 公里；环本岛港湾 84 个，可开发的 68 个；洋浦、海口、清澜、新村、三亚和八所等港湾面积较大、海水较深、腹地较广阔，适合建设港口；海南省周围海域油气资源丰富，居全国各海区之首，南海中北部海区蕴藏天然气水合物资源。海南省周围南海海域已探明油气资源储量占估算总储量不足 1%。

海南本岛近海有渔业资源 600 多种，其中经济价值较高的 40 多种，西、南、中沙海域有鱼类 1000 多种，其中具有较高经济价值的 80 多种；滩涂和水深 20 米以内浅海，总面积 5568 平方公里；全省有风景名胜资源 241 处，已开发为旅游点的 123 处，多数分布在海岸带地区，发展热带滨海和海岛休闲度假旅游潜力巨大；滨海砂矿资源 80 多种，其中钛铁矿、锆英石储量分别为 761.7 万吨和 129.6 万吨，占全国同类矿产储量的 1/4 和 1/3 以上。

（5）气候资源

· 海南省是我国唯一的热带气候省份，全省以北纬 8°为界，以北属于热带季风海洋性气候区，以南属赤道海洋性气候区。海南岛作为海南省最大的岛屿，地势中部高、四周低，独特的环状结构地形致使其气候要素也具有环状结构，如年总积温、日照时数等都具有自中部向沿海递增的特征，整体而言东部和中部属于湿润区，西部与南部属半干旱区，水分相对不足，北部地区则是半湿润区。

海南光热充足、降水丰富，且水热同期，整体而言，四季气候宜人，滨海水温适中。年平均气温 22.4 ~ 25.5℃，高温季节基本上同时是雨季，极端气温时，也没有闷热感。奥地利 Olive J E（1987）曾构建温度—湿度指数（THI）来测度气候对人体的影响[①]，通过对

---

① 温度—湿度指数（THI）的计算公式为 $THI=T_d-0.55(1-RH)(T_d-58)$，其中 T_d 为干球温度，RH 为空气的相对湿度，通常在不考虑其他气象因素的前提下，THI 在 60 ~ 65 时大多数人感觉舒适，在 75 时，至少有一半人感觉不舒适，在 80 以上时，几乎所有人都感觉不舒适。

海南的测算可以看出，海南大部分地区的温湿指数都大于 75，但由于受到海陆风影响，白天及夜晚风的频率都比较大，而且夏秋季海南岛主要风向是来自海洋的偏南风，因此整体气候环境使人感到舒适，即使是夏秋两季，只要在树荫或房子内部，都凉爽宜人，根本没有闷热感。唐少霞等（2008）根据特吉旺（Terjung W H，1966）的"舒适指数（comfort index）"计算公式，测算了海南等地的"舒适指数"（表 1-2），同样显示海南城市与别的城市相比具有更高的气候舒适度。

海南独特的气候资源条件，对于大力发展热带经济作物，尤其是利用冬季的气候资源优势，发展冬季绿色无公害瓜菜农业非常有利。此外，也有利于发展休闲度假旅游和冬季户外体育运动旅游和冬训基地建设等。

海南主要城市与国内几个主要城市昼夜舒适指数比较　　　　　表 1-2

地名		月份											
		1	2	3	4	5	6	7	8	9	10	11	12
海口	昼	0	0	1	-2b	2b	2b	2b	2b	2b	2b	1	0
	夜	0	0	0	1	1	2b-	2b	2b	1	1	0	-1
琼海	昼	0	1	-2b	2b	2b	-2b	2b	2b	-2b	2b	1	0
	夜	0	0	0	1	1	-2b	2b	2b	1	1	0	-1
东方	昼	0	1	1	2b	2b	2b	2b	2b	2b	2b	1	0
	夜	-1	0	0	1	1	2b	2b	2b	1	1	0	-1
三亚	昼	1	1	1	2b	2b	2b	2b	-2b	2b	2b	-1	-1
	夜	0	0	0	1	2b	2b	2b	1	1	1	0	0
广州	昼	-1	-1	1	1	2	2b	2b	2b	2	1	0	0
	夜	-2	-2	-1	0	1	1	2b	2b	1	0	-2	-2
上海	昼	2	-2	-2	-1	1	1	-2b	2b	1	0	-2	-2
	夜	-3	-2	-2	-2	-1	0	1	1	0	-2	-2	-2
北京	昼	-2	-2	-1	-1	2b	2b	2b	-1	-1	1	0	0
	夜	-3	-3	-2	-2	-2	0	1	0	-2	-2	-3	-3
哈尔滨	昼	-4	-3	-2	-2	0	1	1	1	0	-2	-3	-3
	夜	-5	-5	-3	-3	-2	-2	0	-1	-2	-3	-4	-4
指数代号			-6	-5	-4	-3	-2	-1	0	1	2a	2b	3
人体感觉			极冷	非常冷	很冷	冷	稍冷	凉	舒适	暖	热	闷热	极热

资料来源：唐少霞、赵志忠等，2008 年。

2. 海南优良的生态环境

优良的生态环境是海南发展的最大资本。在当前全球气候变暖的压力和各地生态环境遭到严重破坏的情况下，海南良好的生态环境优势逐步凸显出来。良好的生态环境既是海南经济社会发展的重要基础，也是今后发展的重要依托。目前海南生态环境各项指标在全国的排名均处于前列。反映在以下几个方面：海南空气质量始终保持在一级水平，全国领先（表1-3）；森林覆盖率不断提高，从1979年的11.9%提高到2012年的61.5%，提高近50个百分点；全省有50个自然保护区，其中国家级的9个，自然保护区数量增多，面积在逐步扩大；全岛有十大滨海热带景观密集地区，两大内陆热带雨林山区；独特的红树林保护区，面积约155.6平方公里；82.8%的河流和88.9%的湖库水质达到或优于国家地表水Ⅲ类标准，86.7%的近岸海域海水水质符合国家一类、二类标准。

海南重点城市及地区负氧离子平均含量　　　　　　　　　　　表1-3

地区	含量（个/cm³）	地区	含量（个/cm³）
一般城市	0 ~ 200	三亚	4000 ~ 6000
海南	5000 ~ 10000	海口	2000 ~ 4000
五指山	8000	海南的森林	80000

3. 海南核心的资源价值

潜在的资源价值能否转化为发展的现实优势，关键在于能否根据内外环境的变化客观准确地识别自身核心的资源优势所在，并根据核心资源优势选择适当的道路，实现资源价值的最大化。对海南而言，资源的效益能否真正提升，归根到底在于资源能够服务多大规模的外部市场，特别是广阔的国内市场对它的资源有多大的需求。

改革开放之前，国家对于海南的定位是能源原材料基地，这个时期海南的核心资源价值体现为橡胶等战略原材料。

改革开放初期，国家的整体发展处于谋求工业化起步阶段，当时整个国家处于短缺经济时期，物质需求是第一需求。国家对于海南的定位是"开放特区"，在这一定位指导下，海南的发展取向也是重点发展加工工业，努力推进工业化。这一时期海南的核心资源价值体现在热带农业资源、矿产资源等。

改革开放30年来，国家的发展已经由生存型阶段步入了发展型阶段，消费时代成为新的发展特征，精神需求成为新的诉求。以人的全面发展为基本取向，生存型压力逐步减小，发展型压力逐渐增大，人的发展问题开始受到重视，人们的生活需求开始发生转变，对服务、环境、休闲娱乐、旅游度假等的需求开始逐渐上升。新时期，面对一个蓬勃发展的工业化国家，海南真正的资源价值体现在无与伦比的森林资源、旅游资源、气候资源和生态环境上。

三、在国家战略视野中思考海南的发展

顺应国家发展阶段的变化，在国家整体发展格局中审视发展角色定位，把握发展的机遇，迎接挑战，是海南新时期选择自身道路和发展模式的基本前提。

（一）在国家整体发展阶段下把握海南的机遇：迎接消费时代

国家经过 30 年的改革开放，进入了工业化起步后的战略转型期，伴随着一系列的转型。首先，整体发展阶段由生存型走向了发展型；其次，经济发展由谋求工业化起步，以出口导向为主导，走向了以内需为主的阶段。工业化创造供给、城镇化创造需求，相应地，新时期的城乡转型也由生产主导走向了消费主导。归根到底，整体上大的判断是中国进入了消费时代。

消费时代强调以人为本，产生了新的生活方式，包括低碳生活、"绿色"需求等；同时产生了新的消费方式，包括临近消费、体验消费、健康消费等多样化、个性化的消费需求，更包括高标准、高品质的公共服务要求等。

新的背景下，海南应该在国家整体发展阶段下把握自身的发展机遇，主动迎接消费时代，面对全国庞大的工业化腹地所产生的消费需求，率先实现绿色发展。

以同为旅游业为主导的美国佛罗里达州发展历程为借鉴，可以看出，旅游业为主导的现代服务业发展离不开整个国家经济发展水平和居民消费能力的提高。佛罗里达几次跨越式发展与美国整体发展阶段息息相关（图 1-9），第一次跨越在 1900 年左右，美国进入工业化后期（人均 GDP 达到 6000 美元），佛罗里达人口达到 50 万人；第二次跨越在 1940 年左右，美国进入后工业化时期（人均 GDP 达到 10000 美元），佛罗里达人口达到 200 万人；第三次跨越在 1980 年左右，美国进入后工业化成熟期（人均 GDP 达到 27000 美元），佛罗里达人口达到 1000 万人。从实质上说，是美国的整体工业化带来了大量的旅游需求，进而带动了佛罗里达旅游业的发展。

反观目前中国的工业化发展阶段，中国目前整体上已进入工业化中后期，东部地区已进入工业化后期，人均超过 10000 美元的城市也已超过 10 个，与美国同阶段相对照，可以预见未来旅游业巨大的消费需求和广阔的市场前景。在强劲的旅游需求即将启动之际，不

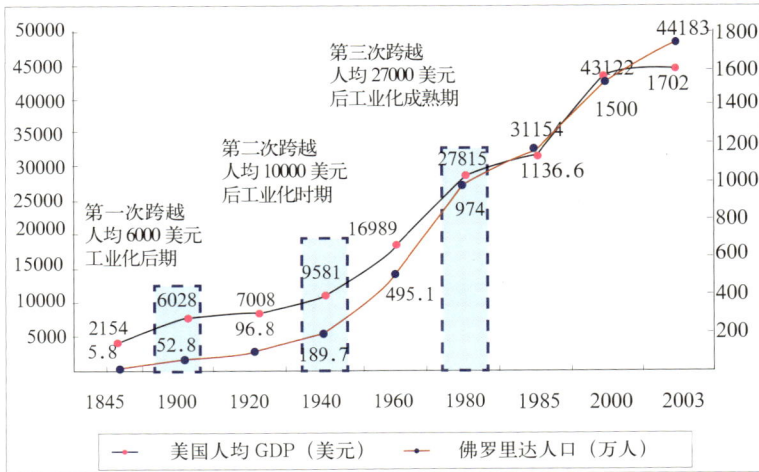

图 1-9　佛罗里达几次跨越式发展与美国整体发展阶段息息相关

失时机地借鉴佛罗里达当初的发展途径，将海南打造成"国际旅游岛"，正是一项适应未来的发展策略。

（二）在国家整体发展格局中审视海南的角色：旅游为引导的战略性消费空间

明确的国家战略布局是支撑我国改革开放和现代化建设的重要内容，30 年前的改革开放以及今天的新一轮改革开放，国家面临的整体发展阶段不同，战略空间的选择也有所不同。

30 年前第一轮改革开放的背景是谋求经济发展起步，发展是明确的工业化导向。选择的战略空间，无论是"特区"、"沿海开放城市"还是"高新技术园区"，其核心任务均是成为国家"外引内联"工业化"据点"。今天的新一轮改革开放，谋求的是工业化的深入推进和适应人的全面需求，发展具有明确的国际化、服务型导向，选择的战略空间，其核心任务均包括"服务领域的改革开放与先行先试"，成为国家服务业率先发展"高地"，例如天津滨海新区的"金融综改"、长株潭的"两型示范"、成渝的"城乡统筹"、海南的"国际旅游岛"等。

从战略空间的定位来看，第一轮改革开放是以"开放"带动"改革"，"改革"的重心在于服务"开放"，"开放"的重心在于"引进来、走出去"，战略空间的选择侧重于区位上开放的便捷性，推动力主要以"自上而下"的国家战略为主导。新一轮改革开放是以"改革"促进进一步"开放"，战略空间的选择尊重地方的差异性，并依托各地资源的特点赋予承担着某方面率先改革的重任。"开放"的使命在于参与全球化，代表国家参与全球竞争与协作，战略空间的选择侧重于发挥空间自身资源效益的最大化，推动的动力来源于"自上而下"的国家战略与"自下而上"的地方探索良性互动。

资源禀赋的不同决定了不同地区比较优势的差异，着眼于发挥资源效益最大化，不同地区应该具有不同的主体功能。同样以美国为例，在自由市场经济条件下，每个地区由于其自身条件、发展机遇的不同，都存在一个或几个最具优势的发展方向，在整体格局中表现为各有特色的主体功能（图1-10）。佛罗里达围绕区位、气候、生态等资源优势在全美整体功能格

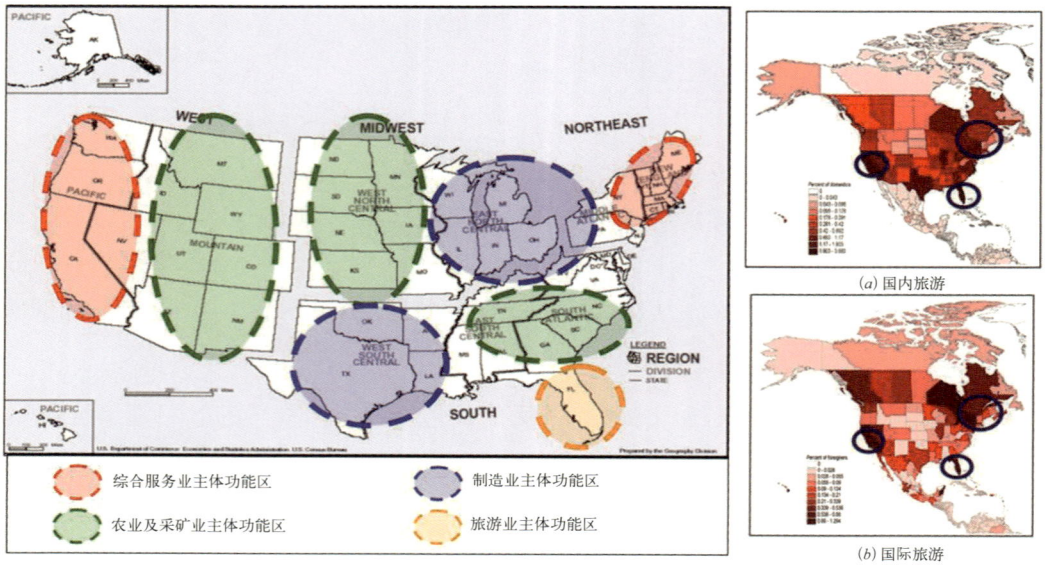

图 1-10 美国的主体功能区分及佛罗里达旅游主导功能地位

局中准确把握自己的特色定位，坚持走以旅游业、现代服务业、高新技术产业为主导的特色发展道路，实现了跨越式发展，从一个落后的农业州发展成为美国经济强州。

海南的跨越式发展，同样需要着眼于本地资源价值最大化，有针对性地发展主导功能，不求面面俱到，从国家整体发展格局中找准特色，发展成为国家以旅游为引导、现代服务业为支撑的战略消费空间（图1-11、图1-12）。

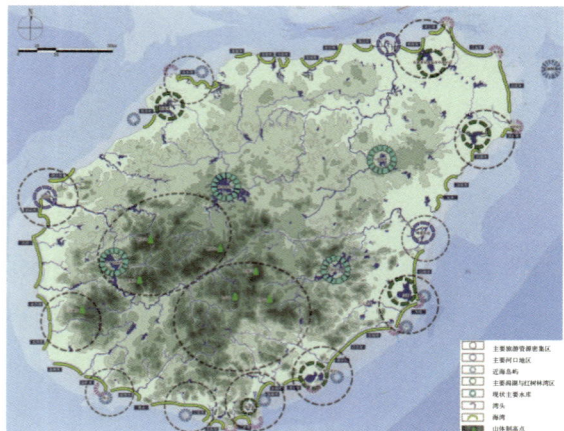

图 1-11 资源和景观密集区分布图

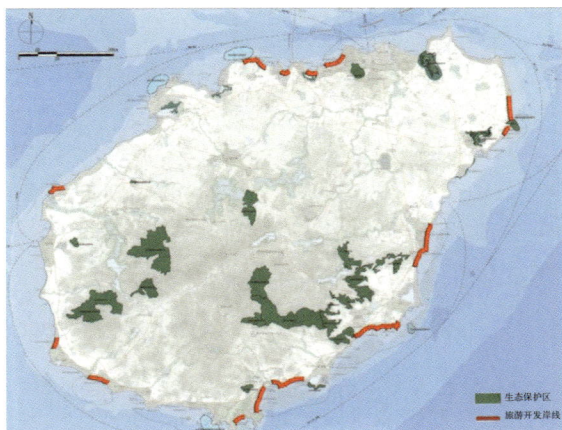

图 1-12 生态保护区与旅游开发岸线划分图

（三）在国际旅游岛框架下优化配置城乡资源

国际旅游岛战略是对海南城乡发展的综合性战略部署和整体安排，内容涵盖了经济社会的方方面面，其内在核心是国家在战略层面对海南空间资源的优化配置提出了明确的方向和要求，包括发展和保护两个方面。一是明确了资源价值最大化导向下的海南城乡资源利用的基本模式，即在国际旅游岛建设的整体框架下，充分整合旅游、生态、热带农业、天然橡胶和海洋油气等资源，促进资源的统一利用和高效开发，形成海南独特的发展模式和路径。二是要求必须严格保护好国家唯一的热带资源和优良的生态环境。

第二节　建设城乡高度融合的国际旅游岛

无论从哪个角度看，2009 年 12 月 31 日颁布的《国务院关于推进海南国际旅游岛建设发展的若干意见》（国发 [2009]44 号文）对海南而言都具有划时代的意义，它标志着在 1988 年海南建省和划为经济特区 20 多年后国家在战略层面又一次明确地赋予了海南新的定位和要求，更标志着海南在多年实践探索基础上终于确定了适合自身特点的新的发展方向。

"国际旅游岛"战略涵盖海南城乡经济社会发展的方方面面，其核心是从国家层面以"资源价值最大化"为导向对海南城乡资源优化配置提出了明确方向和要求，目的在于实现"强岛富民"。城乡资源的不可分割性决定了国际旅游岛建设必须和海南城乡发展同步推进，在推进城乡经济社会发展一体化的过程中建设国际旅游岛，努力将海南建设成为城乡高度融合的国际旅游岛[①]。

---

① 海南首先应该是"海南人的海南"，之后才是"全国人甚至全球人的海南"，"国际旅游岛"出台后的外来资本疯狂炒作事件，最终受害的只可能是海南本地的城乡居民。因此，无论从哪个角度看，推进城乡经济社会发展一体化都应该放在与"国际旅游岛"建设同样的高度来认真对待。

一、国际旅游岛战略的内容体系

国际旅游岛战略是一个丰富的完整体系，需要海南准确完整地把握其内容体系和空间内涵，防止和纠正建设过程中的种种认识偏差，明确建设的整体框架和路径，稳步加以推进[①]。

国家从战略层面，明确提出了海南国际旅游岛建设的目标是形成"两区三地一平台"，即我国旅游业改革创新的试验区、世界一流的海岛休闲度假旅游目的地、全国生态文明建设示范区、国际经济合作和文化交流的重要平台、南海资源开发和服务基地以及国家热带现代农业基地。进而逐步将海南建设成为生态环境优美、文化魅力独特、社会文明祥和的开放之岛、绿色之岛、文明之岛、和谐之岛。

事实上，国家在 30 多年发展积累的基础上，在谋求新一轮改革开放的起步时期，将海南国际旅游岛上升为国家战略，其意义不仅仅是促进海南发展模式的战略转型，更表现为通过海南的进一步开放，为新时期国家参与全球竞争与合作探索积累新的经验，推进我国新一轮的全方位对外开放。一定程度上讲，建设海南国际旅游岛事关国家科学发展和改革开放的全局。

从国家的要求看，国际旅游岛战略是对海南未来一段时期发展的综合性部署。国发[2009]44 号文共分为 9 个部分、28 条具体意见，内容涵盖了总体要求、生态文明建设、旅游业发展与管理、现代服务业发展、现代农业发展与城乡一体化、基础设施、社会建设、新型工业发展、政策保障措施等方面，是一个丰富的完整体系。具体可分为国际、国家和海南省三个层面的战略意义和内容要求（图 1-13）。

在国际层面，主要是代表我国在海岛旅游、生态环境、现代服务和特色文化四个方面参与国际竞争与合作；在国家层面，海南国际旅游岛的建设是国家的发展转型示范区，需要在经济发展方式转变、生态文明建设和旅游业改革创新方面先行先试，改革创新积累经验；在海南层面，国际旅游岛建设的根本目的在于"强岛富民"，通过国际旅游岛建设实现区域协调、城乡协调、民生改善和社会和谐。

可以看出，对"国际旅游岛"建设而言，有一个认识必须十分清晰并且始终清醒，即国际旅游岛不仅仅是指发展旅游业和相关房地产，更不是指发展以国际游客为主要潜在客

---

① 事实上，在海南国际旅游岛战略出台之后，对于"国际旅游岛"的片面认识已经大量出现，并直接导致了海南旅游业、房地产业的疯狂式炒作，上演了一系列"疯狂事"。例如，2010 年初累计超过 4000 亿热钱进入海南房地产；海南的房价一天涨价 5000 元，最高达到每平方米 12.5 万元；三亚酒店的房价日超万元，可去马尔代夫 5 天豪华游；农历新年后的"退房风波"等。

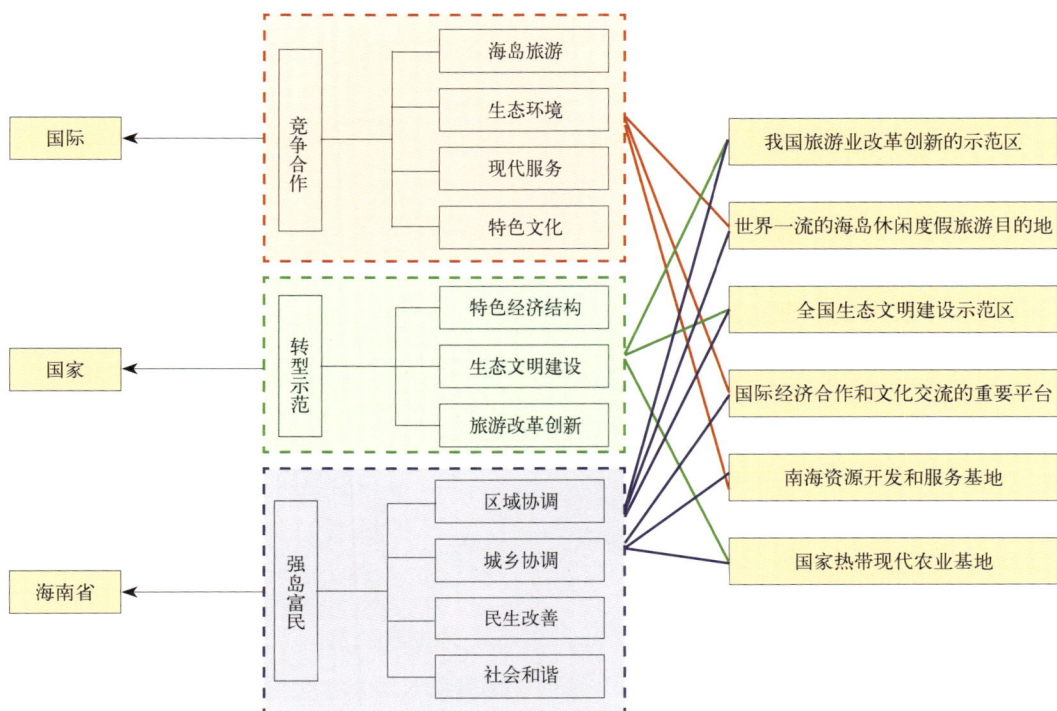

图1-13 "国际旅游岛"战略的内容体系

源的国际旅游业。它是以旅游业发展为龙头，涵盖了经济发展和社会建设方方面面的一个综合指引，是对海南很长一段时期的战略部署，也是一个漫长的发展建设过程。

专栏1

海南国际旅游岛的战略定位

《国务院关于推进海南国际旅游岛建设发展的若干意见》（国发 [2009] 44号）

我国旅游业改革创新的试验区。 充分发挥海南的经济特区优势，积极探索，先行试验，发挥市场配置资源的基础性作用，加快体制机制创新，推动海南旅游业及相关现代服务业在改革开放和科学发展方面走在全国前列。

世界一流的海岛休闲度假旅游目的地。 充分发挥海南的区位和资源优势，按照国际通行的旅游服务标准，推进旅游要素转型升级，进一步完善旅游基础设施和服务设施，开发特色旅游产品，规范旅游市场秩序，全面提升海南旅游管理和服务水平。

全国生态文明建设示范区。坚持生态立省、环境优先，在保护中发展，在发展中保护，推进资源节约型和环境友好型社会建设，探索人与自然和谐相处的文明发展之路，使海南成为全国人民的四季花园。

国际经济合作和文化交流的重要平台。发挥海南对外开放排头兵的作用，依托博鳌亚洲论坛的品牌优势，全方位开展区域性、国际性经贸文化交流活动以及高层次的外交外事活动，使海南成为我国立足亚洲、面向世界的重要国际交往平台。

南海资源开发和服务基地。加大南海油气、旅游、渔业等资源的开发力度，加强海洋科研、科普和服务保障体系建设，使海南成为我国南海资源开发的物资供应、综合利用和产品运销基地。

国家热带现代农业基地。充分发挥海南热带农业资源优势，大力发展热带现代农业，使海南成为全国冬季菜篮子基地、热带水果基地、南繁育制种基地、渔业出口基地和天然橡胶基地。

二、国际旅游岛发展的案例借鉴

"国际旅游岛"是一个新鲜事物，需要海南找准参照系，在吸纳和借鉴国外相关地区经验教训的基础上，主动创新和探索。笔者以美国佛罗里达州为案例，深入剖析了佛罗里达经济社会持续发展的历程阶段、动力来源及基本经验等，从中获取对海南国际旅游岛建设的相关启示，同时期望对我国其他地区的转型发展提供有益经验参考。

（一）海南与佛罗里达的相似性与差异性

佛罗里达州（以下简称佛州），又称"阳光州"，是美国大陆最南部的一个州，人口与经济总量均占全美第四，是美国旅游业收入第一大州。佛州是一个真正的国际旅游岛，旅游业是最大的产业，将近100万人从事与旅游直接相关的工作，每年超过20%的经营预算直接来自于旅游产业税收；在全世界旅游消费市场中，佛州占有2.29%的份额，排名世界第2。

海南与佛州在地理区位、自然条件、行政级别、经济特色等方面具有极大的相似性（表1-4）。

海南与佛罗里达发展基础与条件的相似性　　　　　　　　　　　　　　　　表 1-4

比较方面		海南省	佛罗里达州
地理区位	纬度	北纬 18°～20° 左右	北纬 24°～30° 左右
	位置	中国最南部	美国最南部
	东面	太平洋	大西洋
	西面	北部湾	墨西哥湾
	东南面	与东南亚马来群岛隔海相望	与中美洲西印度群岛隔海相望
自然条件	气候类型	热带季风海洋性气候	亚热带湿润气候
	全年平均气温（℃）	22	21
	冬天平均气温（℃）	16～24	16～23
	行政级别	省级	省级
	别称	阳光岛	阳光州
	经济特色	海岛型经济	半岛型经济

　　地理位置上纬度相当，并且均处于国土最南端；气温、气候条件相似；行政级别均属于省级；经济上均属于海岛型经济特色。更为重要的是，佛州的城市体系结构也与海南极为相似，旅游相关的两大核心区域为奥兰多（相当于海口）和迈阿密（相当于三亚），且两地之间车程约 3 小时。从客源结构上来看，佛州主要以本国的度假养老为主，与当前海南的客源结构也十分接近。佛州有肯尼迪航天中心，海南的文昌航天发射基地也即将建设。整体上来说，佛州的发展对海南来说具有很大的借鉴意义。

　　但需要明确的是，二者无论是在发展规模、水平，还是在发展阶段上均存在着较大的差距（表 1-5）。海南的陆地总面积仅相当于佛州的 1/4，人口约为 1/2；佛州的经济总量约为海南的 51 倍，人均 GDP 水平约为海南的 26 倍；游客数和旅游总收入分别为海南的 4 倍和 24 倍；佛州服务业比重达到 86%，同样约为海南的 2 倍；从整体发展水平上看，佛州已经进入了后工业化成熟期，海南大体相当于其二战后 1950 年代的水平。

　　发展规模的差距，表明海南应该辩证地学习借鉴，结合自身特色，因地制宜地确定发展道路。发展水平的差距，要求海南应该历史地学习借鉴，以佛州作为海南未来发展的目标，认真梳理其发展演变的动态过程，将海南放入其发展过程中特定阶段展开思考。

海南与佛罗里达发展规模和水平的差异性   表 1—5

指标类型	发展指标	海南省	佛罗里达州
土地与人口	面积（平方公里）	35400	140098
	本地人口（万人）	864	1800
海岸资源	海岸线总长（公里）	1528	2900
	沙滩总长（公里）	880	1930
经济发展状况 （2006 年数据）	GDP 总量	1053 亿元	7860 亿美元
	人均 GDP	1.3 万元	4.9 万美元
	三次产业比例	32.7：27.3：39.9	0.9：12.9：86.3
旅游业发展状况 （2008 年数据）	全年游客人数（万人次）	2060	8400
	全年旅游总收入（亿美元）	27	650

（二）佛罗里达的发展历程与动力来源

1. 佛罗里达的发展历程

从 1845 年建州成为美国第 27 个州开始，150 多年的发展历程中，佛州先后经历了农业主导、早期旅游业发展、旅游业拓展、军工产业发展、高科技产业发展、多元产业体系形成等不同阶段，出现了多次跨越式发展（图 1—14）。早期佛罗里达是美国南方的产棉大州，19 世纪后 25 年，大规模商品化农业逐渐繁荣，尤其是畜牧业和柑橘种植业，同时资源开采业也开始发展，产业的发展带来了公路、铁路等基础设施的大量建设；1870 年之后，北方居民开始到佛州旅游，享受那里的景色和气候，旅游业起步；20 世纪初，美国中产阶级兴起，旅游度假快速发展，佛州人口和财富剧增，"阳光州"逐渐显现出无限的潜力，州政府和开发者大力发展旅馆业和房地产业，到 1920 年左右，佛州人口首次突破 100 万，旅游业成为主导产业，期间在 1936 年开始建设了第一个主题公园。

第二次世界大战期间，由于气候适宜，佛州成为美国主要的军事训练基地，带来了高速公路、机场等现代化基础设施加速建设，至二战结束后，佛州已经拥有了高度发达的交通网络，为经济再次腾飞铺平了道路，同时以军工为龙头的工业快速发展。

1949 年美国航天发射基地选址在佛州建设，进一步带动了军工产业的发展；之后 1950 年代，州政府开始实施"人才计划"，采取多种形式吸引人才，1960 年代开始进行大规模的创意性景点开发，包括迪士尼在内的大型主题公园逐渐增多，旅游业的产品体系、服务水平等显著提升；1962 年导弹发射基地开始军民两用，衍生出大量的服务于导弹发射的高科技企业。总之，二战后至 1980 年代期间，佛州的产业开始多元化，人口稳步增长，许多

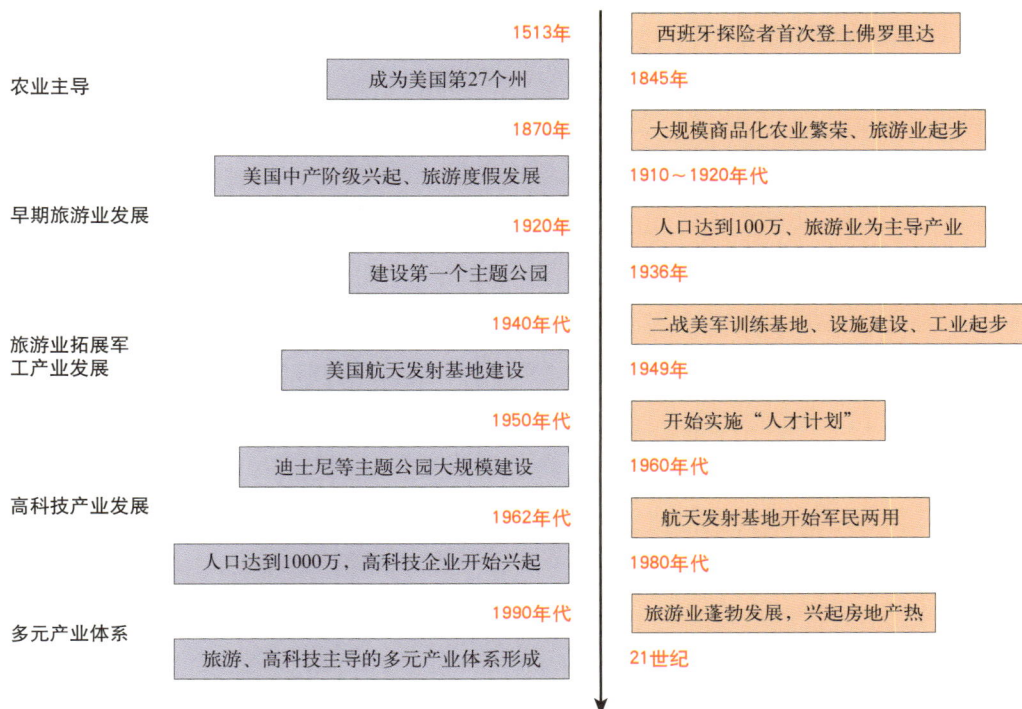

图 1-14 150 多年来佛罗里达州的发展历程

美国和西方国家居民选择定居佛州，使其逐渐成为美国人口第四大州。

1980 年代后，随着新技术革命的兴起，凭借着优越的生态环境、优惠政策等宜居宜业条件，佛州聚集了大量的尖端技术中小公司，一些大公司的总部也开始逐步迁往佛州，这些企业的聚集相应地带来了金融保险、商务、休闲、房地产等现代服务业的发展，带来了佛州的又一次跨越式发展，人口超过 1000 万。

之后的 1990 年代，旅游业再次蓬勃发展，并又一次兴起了房地产热。21 世纪的今天，佛州形成了以旅游业、现代服务业和高新技术产业为主导的多元产业体系。

对比而言，海南省同样经历了农业主导和旅游业早期的发展阶段，随着"国际旅游岛"战略的实施和文昌航天发射基地的建设，海南已经步入了类似于第二次世界大战后佛州的"旅游业拓展、军工产业带动高科技发展"的阶段（图 1-15）。

这一时期，可供借鉴的经验是，突出以主题公园为核心的创意性景点建设，实施"人才计划"培育发展的核心动力，以"航天发射基地"为核心壮大发展高新技术产业，以多元产业体系步入后工业化时代等。

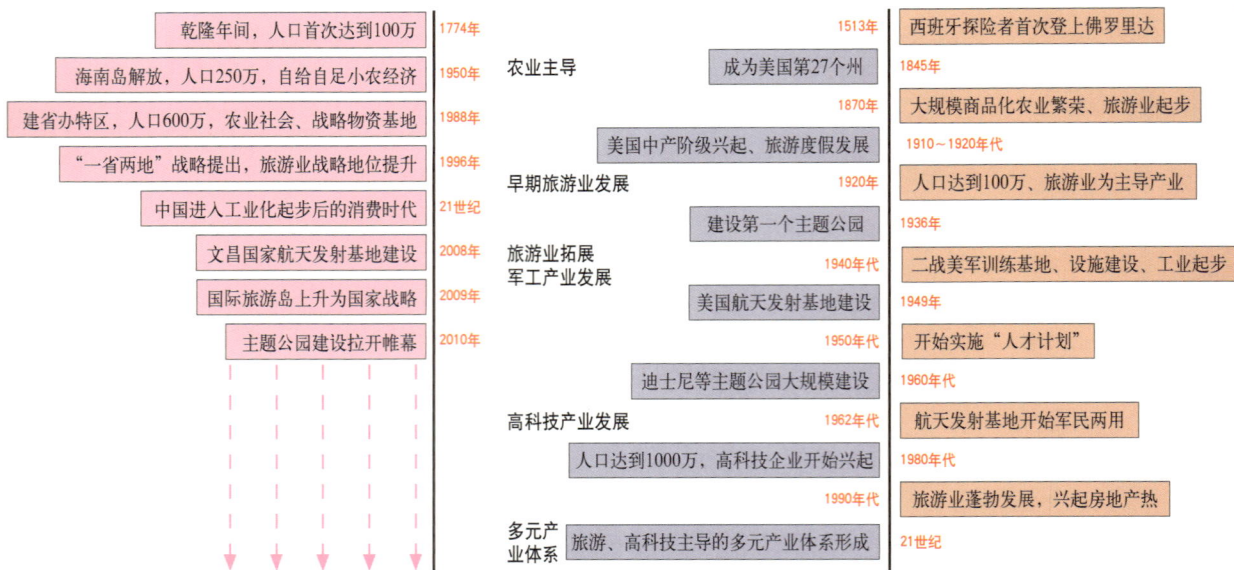

图 1-15 海南与佛罗里达发展历程对照

左侧（海南）：

- 1774年 乾隆年间，人口首次达到100万
- 1950年 海南岛解放，人口250万，自给自足小农经济
- 1988年 建省办特区，人口600万，农业社会、战略物资基地
- 1996年 "一省两地"战略提出，旅游业战略地位提升
- 21世纪 中国进入工业化起步后的消费时代
- 2008年 文昌国家航天发射基地建设
- 2009年 国际旅游岛上升为国家战略
- 2010年 主题公园建设拉开帷幕

右侧（佛罗里达）：

农业主导
- 1513年 西班牙探险者首次登上佛罗里达
- 1845年 成为美国第27个州
- 1870年 大规模商品化农业繁荣、旅游业起步
- 1910～1920年代 美国中产阶级兴起、旅游度假发展

早期旅游业发展
- 1920年 人口达到100万、旅游业为主导产业
- 1936年 建设第一个主题公园

旅游业拓展 军工产业发展
- 1940年代 二战美军训练基地、设施建设、工业起步
- 1949年 美国航天发射基地建设
- 1950年代 开始实施"人才计划"
- 1960年代 迪士尼等主题公园大规模建设

高科技产业发展
- 1962年代 航天发射基地开始军民两用
- 1980年代 人口达到1000万、高科技企业开始兴起
- 1990年代 旅游业蓬勃发展、兴起房地产热

多元产业体系 旅游、高科技主导的多元产业体系形成
- 21世纪

2．佛罗里达持续发展的动力来源

纵观佛州的发展历程，可以看出支持其持续发展的动力来源主要包括以下几个方面（图1-16）。

其一，丰富的旅游产品体系，早期是侧重在基于自然条件的景观度假旅游，其后包括主题公园在内的大规模创意性景点开发。

其二，务实的人才开发计划，州政府很早就认识到人才对于佛州发展的极端重要性，从1950年代开始实施"人才计划"，多种方式大规模吸纳和培育人才，其中高级人才主要借助外力、中级人才重点靠本州培养、低端人才主要靠吸引南方劳动力。

其三，军工引领的高科技发展，高新技术产业是支撑佛州经济的一大支柱，这些高科技企业包括服务于火箭发射的高科技公司、信息技术尖端科技公司和高新技术工业区等。

最后，生活质量的不断提高，事实上这也是保证前三条动力来源的基础，由便捷的设施体系、优良的生态环境、便宜的生活成本和有利的投资环境作为支撑。

3．佛罗里达的主导功能与产业支撑

佛州经过持续发展所具有的功能主要包括6个方面，即国际旅游度假中心、疗养度假目的地、国家航天及研发中心、热带农业养殖业基地和水上运动及娱乐中心（图1-17）。

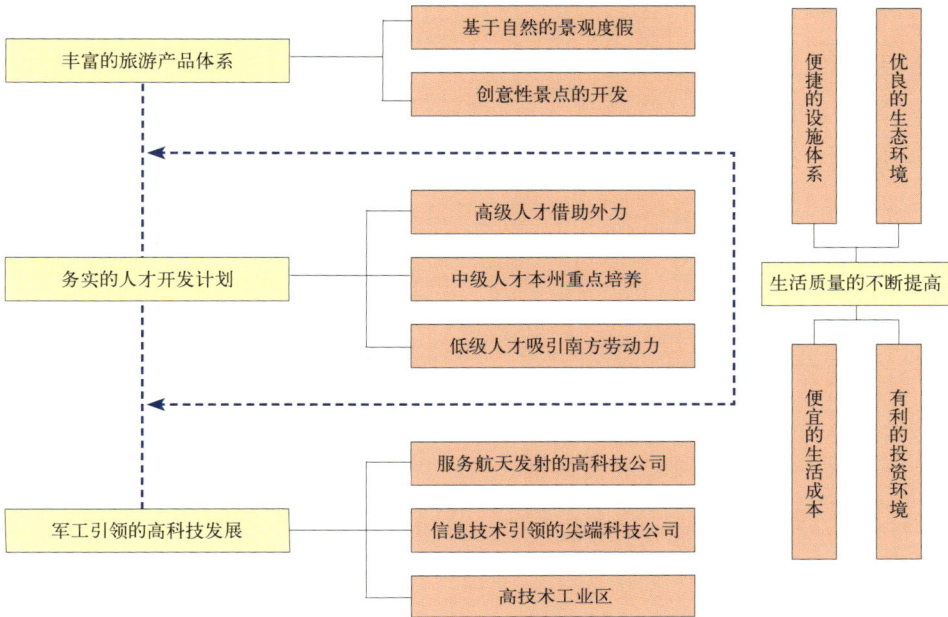

图 1-16 佛罗里达持续发展的动力来源

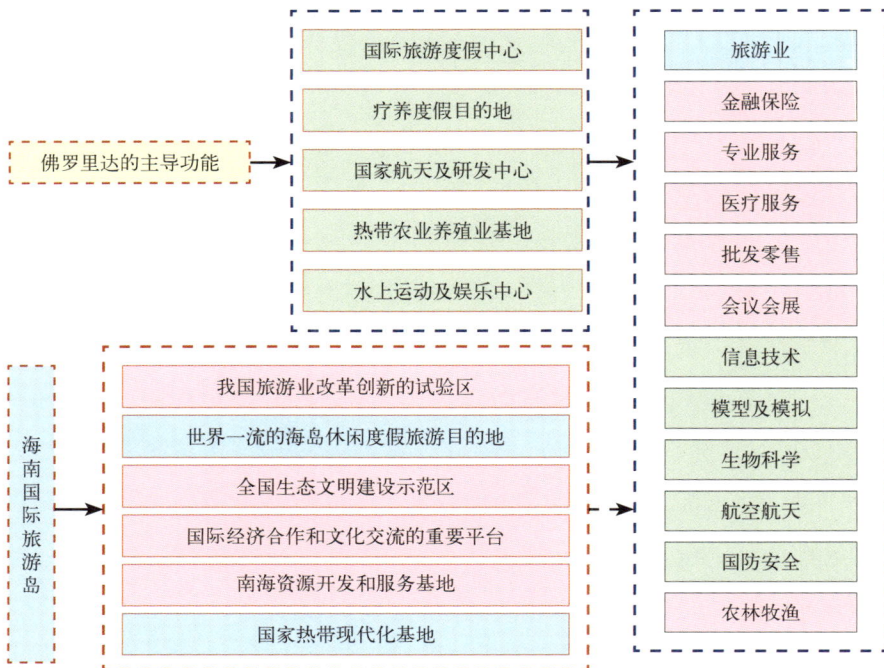

图 1-17 佛罗里达主导功能和产业体系与海南的比较

对比海南国际旅游岛的"两区三地一平台"的功能定位,可以看出,疗养度假目的地、国家航天及研发中心、水上运动及娱乐中心三项功能也可以成为海南建设国际旅游岛的重要组成内容。

支撑佛州主导功能的产业门类主要包括旅游业、金融保险业、专业技术服务业、医疗服务业、批发零售业、会议会展业等现代服务业,信息技术、模型及模拟、生物科学、航空航天、国防安全等高新技术产业,以及农林牧渔等现代农业。这些产业门类都是未来海南可以着力引导和发展的方向。

(三)佛罗里达发展的经验和启示

佛州150多年来的持续发展,在旅游、设施、服务、环境、城镇、政策等方面积累了许多对海南具有借鉴意义的有益经验。

1. 旅游:立足资源优势、挖掘文化内涵、创意性开发景点、实现多元发展

旅游是佛州的主导产业,这是带动其他产业发展的"龙头"和最早的"触媒"。佛州旅游业的最初发展同样定位在基于自然资源和良好生态环境的海岸度假、休闲和探险等内容,包括热带生活度假、垂钓、狩猎、游泳、观光、日光浴等,通过早期旅游资源的开发,积累了发展旅游业的经验和知名度,大规模建设了支撑后来旅游业快速发展的各类基础设施。

从1936年开始,在原来自然景观基础上,丰富旅游内容,开发建设了包括水文展览、水生动植物表演、水上运动、滨海度假、海洋探险等各种类型的主题公园、展览馆、博物馆等(图1-18)。时至今日,佛州创意性的旅游景点开发已经遍布全州,景点之趣味性、内容之创新性,令人叹为观止(图1-19)。

目前,全州共有80多个艺术长廊和博物馆,大大小小主题公园和主题景区335个,超过1000个高尔夫球场。

此外,旅游形象多元化是目前佛州旅游发展的核心,提出了"五色佛罗里达"的概念(图1-20)。一方面,其旨在扭转佛州单一旅游形象,争取那些"认为佛罗里达只是个海滩"和"认为自己已经玩过佛罗里达"的游客,要让"游客经历到除了阿尔卑斯山滑雪之外的所有体验",从而在很大程度上进一步挖掘市场潜力;另一方面,化解旅游业的季节性起伏,增加资源和设施的利用率,提高旅游业整体的产业效率和效益。

目前海南提出的"七彩海南"旅游形象与此发展理念不谋而合,应当进一步突出特色,充实旅游内容。在建设国际旅游岛的过程中,挖掘自身文化内涵,开发海洋文化、热带生态、地域风情、航天科技、时尚购物、康体养生、运动休闲等主题内容,形成丰富的、各具特色的

图1-18 佛罗里达早期的旅游项目与设施

图1-19 佛罗里达丰富的创意性旅游项目

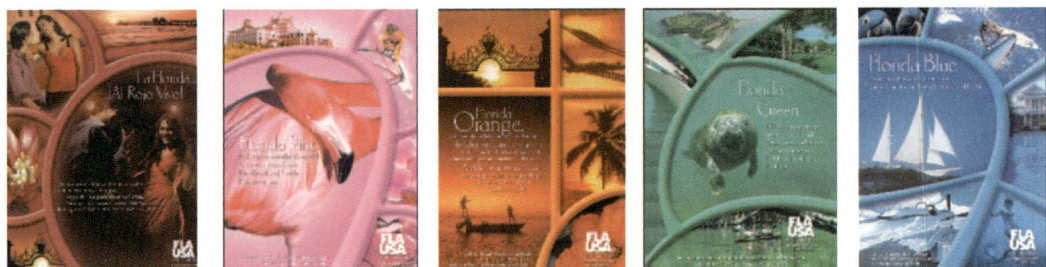

"红色佛罗里达"分册　"粉色佛罗里达"分册　"橙色佛罗里达"分册　"绿色佛罗里达"分册　"蓝色佛罗里达"分册

图1-20 "五色"佛罗里达旅游概念与形象

旅游产品体系。

2. 设施：各项设施齐全，交通网络发达

设施是支撑佛州发展最重要的前提和基础。目前，全州有16个国际机场、35个国内机场；铁路全长4800多公里；三条州际高速公路通往美国各州（10号、75号、95号）；5个主要邮轮母港、14个深水商港，基本实现了交通网络全覆盖。

（1）机场

佛州有16个国际机场、35个国内机场，与美国东西海岸的大城市都在3～5小时的飞行距离之内，相比夏威夷要近得多。所以，美国本土人更喜欢到佛罗里达来度假和开会。迈阿密国际机场，每年旅客超过3500万人次，是美国第三、世界第七大机场，是美洲航

空公司的主要集散地和最大单一国际门
户。北面的奥兰多机场和南面的迈阿密
机场是佛州的两个主要机场，它们之间
的关系跟海口和三亚机场的关系类似。
而中间类似于兴隆或博鳌的地方又有个
棕榈滩机场（离迈阿密 2 小时车程），就
连偏远的 Key West 也有个小型飞机场
（图1-21）。

图 1-21 佛罗里达的机场分布图

（2）四通八达的高速公路网

针对美国私家车普及率高的国情
和许多游客倾向自驾车游的旅游行为取
向，高速公路在佛州旅游业中扮演着重
要的地位。据统计，交通设施中每投入1
美元，能带动佛州GDP上涨0.35美元。
佛州有3条州际高速公路通往美国东南主
要市场，全州有公路14万公里。以迈阿
密为起点的跨海公路，用桥梁连接一长
列沿海岛屿，最后到达最南端的岛城基
韦斯特，全长250公里，是世界上最长的
跨海公路。在公路网的重要节点上，分

图 1-22 佛罗里达的基础设施布局

布有大大小小的旅游接待中心，使游客能够随时得到便捷的服务和帮助（图1-22）。

（3）邮轮港

佛州有 5 个邮轮母港，与加勒比海沿岸各邮轮港口共同形成了邮轮旅游港口链。迈阿
密港是世界上最大的邮轮母港，每年停3000多艘次邮轮，港口收入超过100亿美元。迈阿
密有 2000 米长的邮轮码头，可以同时停靠 7 艘大型国际邮轮，有 18 艘邮轮以迈阿密为母
港从迈阿密开出，驶向欧美各港口或世界各旅游胜地。海南三亚也已经开始着手在凤凰岛上
布局国际邮轮码头，在未来开发和市场拓展上可以积极借鉴迈阿密的经验（图1-23）。

（4）跨海通道

迈阿密是美国本土大陆的终点，再往南是一串珍珠一般的小岛，这些小岛和大陆通过

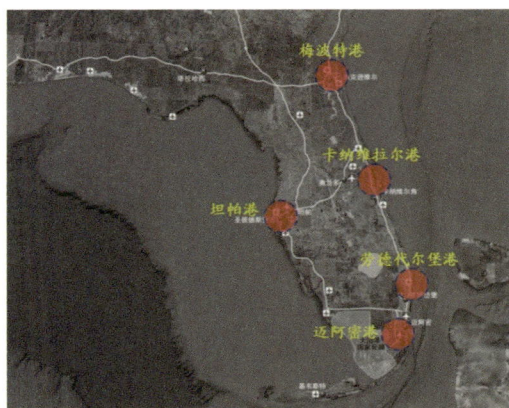

图1-23 佛罗里达的邮轮母港分布

图1-24 迈阿密跨海公路

多段跨海大桥连接，建有世界上最长的跨海公路，全长250公里。这些小岛上有数不清的度假别墅、酒店和宿营车基地（图1-24）。

（5）多种交通方式支撑旅游业的发展

包括公交车、火车、电车、小型旅游车、马车等在内的多种交通方式为游客提供了便捷的服务，同时增强了旅游的趣味性和参与感（图1-25）。

（6）对海南的启示

在国际旅游岛建设中，以对外通达性与对内便捷性为导向，加快设施建设。首先增加机场，包括扩建海口美兰机场、三亚凤凰机场，完成琼海博鳌机场建设，选址规划建设西部机场和五指山机场；其次，完成琼州海峡跨海通道建设；第三，近期在三亚建成邮轮母港；第四，依托中心城市和重点镇，建设遍布城乡的旅游接待、服务中心。

▲玻璃底面游船　有轨电车▶　公交车▶　▲马车　快艇▶

图1-25 佛罗里达多种旅游交通方式的便捷性与趣味性

27

3．服务：提供高品质生活质量，立足消费需求，完善配套服务

提供和保持高品质的生活质量，是佛州最重要的动力来源之一，对支撑旅游业发展、吸引人才集聚具有重要的意义。

（1）基本经验

其一，通过提供完善的配套服务支撑旅游业发展，并带动相关现代服务业的快速发展。佛罗里达目前有30多所学院和大学、30余所社区学院，保证了发达的教育服务；有4个主要交响乐团、4个主要表演艺术团体、4个著名演出场所、8个博物馆，提供了多样的文化服务。其二，细分门类，针对不同人群的服务需求提供特殊服务项目。如针对很多游客选择下飞机后租用汽车继续旅行的服务需求，提供了方便快捷的汽车出租服务；为了打造退休者的"乐园"，针对老年人的特殊服务需求，配置了最为完整的成套服务设施，包括不同阶层、不同标准、不同需求的老年公寓、老年休养所、老年康复院、老年医院、老年俱乐部、老年大学、老年人餐厅、老年人服务中心、老年人就业与培训所、老年问题研究所、老年人咨询服务所等。

据测算，如果海南真正建成与佛罗里达相当的国际旅游岛，还需要增加的服务设施包括：3个国际机场、10个大中型主题公园、8万套星级酒店房间；5万个篷位的野外宿营设施、4个深水或邮轮码头；8所大学、20所国际学校、200所养老院、50个超级购物中心；修筑自行车或人行道5000公里以上，以及大量医疗和紧急救助设施。

（2）对海南的启示

从劳动力结构来看，海南的服务业比重仅仅为35.7%，远远低于佛州的84.4%，第一产业依然是吸纳劳动力的半壁江山，在建设国际旅游岛的过程中，促进劳动力由农业向第三产业转移，为旅游业发展提供服务支撑是十分必要的努力方向（表1-6）。同时，海南也有必要细分旅游市场，学习佛州经验，重点打造"健康宜居疗养度假目的地"，大力吸引"退休人才"，鼓励其从事科技、教育、文化等事业（图1-26）。加快医疗健康服务、养老产业发展；建

有形资产出租，11.11%
停车和船舶，0.85%
节日期间供应商，0.03%
门票，11.31%
报摊，0.09%
礼物、明信片和创意店，4.19%
摄影服务，1.73%
烟草雪茄供应，0.22%
旅馆，23.09%
餐馆，38.51%
酒馆和夜店，4.70%
珠宝和皮革，4.17%

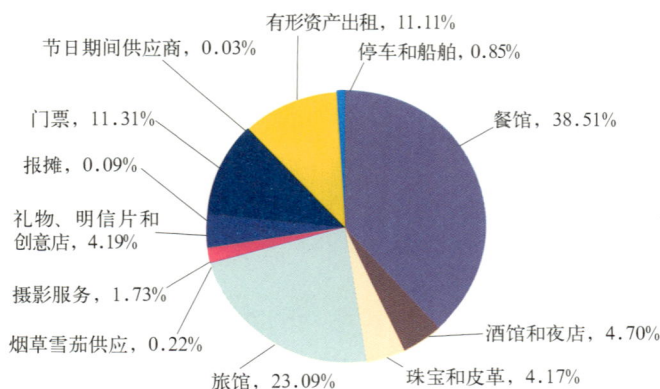

图1-26 佛州旅游业部门税收结构（2011年）

设系统的老年服务设施，争取变"第二居所"为"永久居所"。

佛罗里达与海南的劳动力结构比较（2011 年）　　　　　　　　表 1-6

产业部门	劳动力结构（%）	
	海南	佛州
农林牧渔及采矿业	54.8	1.2
制造业	4.9	5.9
建筑业	4.6	8.6
批发和零售业	9.2	16.2
交通仓储及公用事业	4.7	5.4
信息业	0.8	2.4
金融保险、房地产、租赁和商贸务业	3.2	8
教育、医疗卫生和社会救助服务业	3.4	19.7
文化艺术、休闲娱乐、住宿餐饮服务业	4.8	10.8
科学研究、技术服务、行政管理等	1.1	11.9
其他服务业	8.5	10
服务业合计	35.7	84.4

4．环境：生态环境的严格保护与高品质景观格局的塑造是支撑发展的基础

在发展的过程中，佛州始终将维护和保持良好的生态环境作为所有发展的基础，通过严格的立法保护和主动构建一些高品质的景观格局作为重要手段。

对生态环境的保护，由联邦政府和州政府两级分别立法加以监管。联邦政府层面，划定了 3 个国家公园和 1 个国家保护区立法保护（图 1-27）；州政府层面，将全州分为北部、东北、东南、西南和中部五个

图1-27 美国联邦政府立法保护的国家公园和保护区

区，划定 160 个州立公园立法监管。这些公园一方面成为维护生态环境和景观格局的重要单元，同时成为佛州旅游产品体系中重要的组成部分（图 1-28）。

从生态来看，佛州对于生态环境的认识和管理，同样经历了粗放开发、治理保护、大力保护三个阶段。1983 ~ 1998 年州政府实行生态复建计划，采取的措施包括：州政府制定法规控制湖泊河川和海域的污染；设立雨水径流管理基金，提供经费用来购买土地以建设污染处理设施；投入 3.7 亿美元，在 15 年内恢复河川自然状态，把 30 公里长的河道恢复成

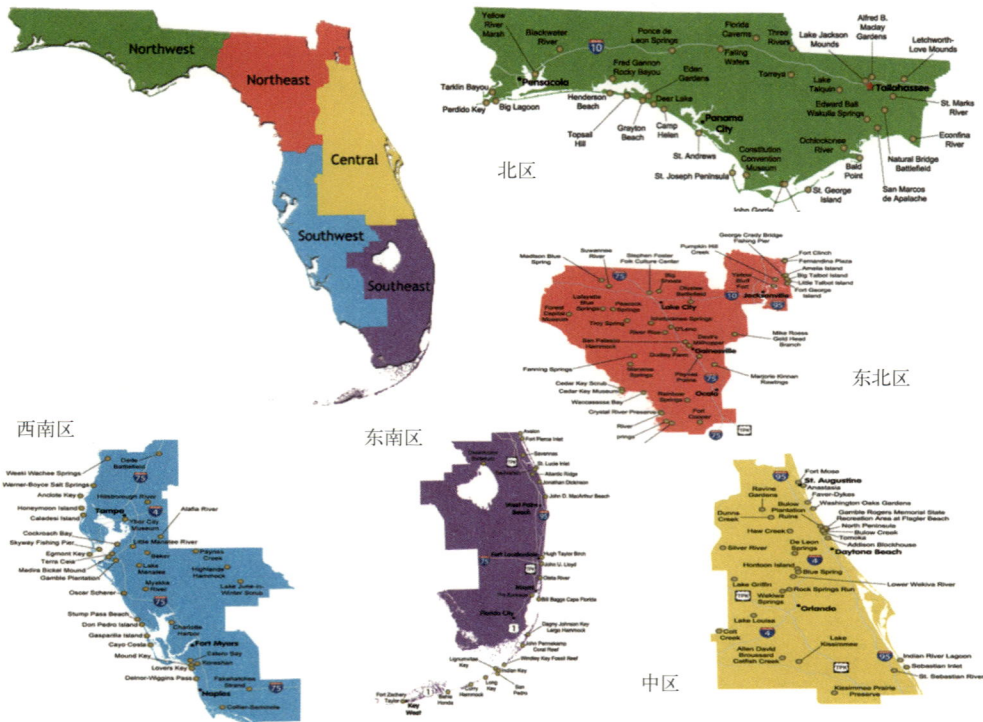

图 1-28 佛罗里达 5 区 160 个州立公园分布图

原来弯弯曲曲的形态，并建造 1 万多公顷的湿地；政府出钱收编湖边 1/3 的乳牛农场，每一家农场都依规定建立了管理作业系统，防止排泄物过量造成湖水污染；政府还配合学校研究机关、民间环保团体，针对水质、生物进行全面研究，控制污染，保护稀有动物等。

此外，对于重要空间资源的发展利用进行了有针对性的保护和管理。例如，对于海岸带、近海海域和岛屿，专门成立了海岸和水管理区域 DEP（环境保护部门）办公室负责监督管理全州的 41 个水生保护区、3 个 ENRR（国家河口研究保护区）、1 个国家海洋保护区，以及珊瑚礁保护项目。这些保护区和保护项目覆盖了佛州 400 万英亩以上最有价值的下沉陆地和海岸高地（图 1-29）。

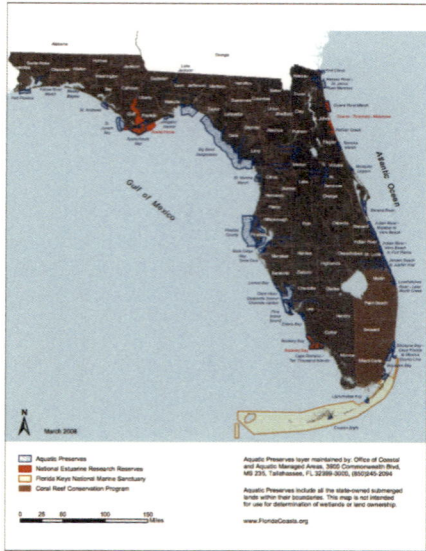

图 1-29 佛州的海岸与水域管理区划

对海南的启示是必须立法严格保护生态敏感地区，加强海岸带和滨海地区的管控。

5. 城市：打造核心城市，凸显各自特色，构建功能协调的城市网络

体系完整、分工合理、功能协调的城市网络是一个地区旅游业发展的重要支撑。目前佛州共有不同等级、不同功能的城市282个，其中50万人口以上的城市1个，10万～50万人的城市18个，5万～10万人的城市32个，1万～5万人的城市112个，1万人以下的城市119个，形成了一个结构合理、功能健全的城市网络。

其中不乏一批特色鲜明的核心城市，成为全世界游客向往的旅游胜地（图1-30）。卡纳维拉尔角是肯尼迪航天中心、卡纳维拉尔空军基地所在地；迈阿密为国际大都市，是商业、金融、媒体、娱乐、艺术和国际贸易中心；杰克逊维尔是重要港口城市；奥兰多为世界上最好的休闲城市之一；坦帕为西岸海港城市；圣彼德斯堡具有佛州代表性的海滩；基韦斯特被誉为"日落故乡"。

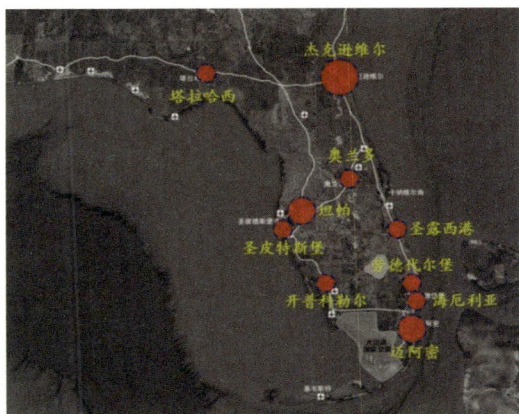

图1-30 佛罗里达十大核心城市空间分布

对海南的启示：主动强化和调整核心城市的功能，构建网络化功能体系。无论是迎接后工业化社会，还是适应国际旅游岛建设的需要，都必须进一步加快发展核心城市。主动强化和调整核心城市的功能，构建"多核心"的城市空间体系，打造一批功能突出、有竞争力的核心城市和中心城市，作为支撑海南省整体框架的空间枢纽。明确各城镇及城乡的功能分工，增强功能联系，构建网络化的城乡功能体系。发挥各功能点对于周边地区的辐射带动作用，协调同级各功能点之间的分工协作。重视小城镇和大量乡村服务点对于支撑国际旅游岛发展的重大意义。

6. 政策：配套相关政策，加强支持力度

政策是佛州政府引导发展的重要手段，在发展过程中，推行过一系列直接或间接促进发展的政策，包括人才开发、产业发展、税收、环境等各方面，值得海南学习借鉴。

（1）人才开发政策

振兴教育、提高居民文化教育水平，吸引人才；采取"高级人才借助外来力量，中级人才由本州重点培养，低级人才吸引南方大量廉价劳动力"的分类人才政策；尤其对高端人才（退休的老年高级知识分子、退役的军队高级知识分子、本地中级人才的资助与培训、

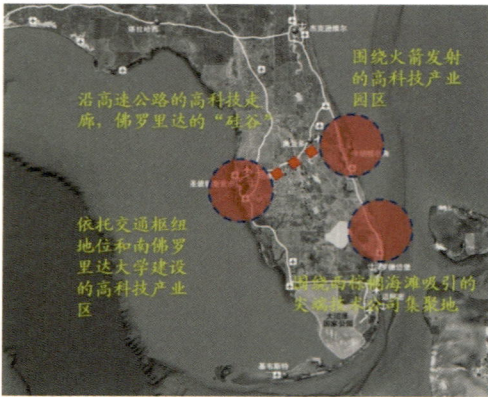

图1-31 佛罗里达高新技术产业空间集聚

私营企业中的高级知识分子）和本地教育的高度重视。

（2）产业发展政策

有针对性地调整产业结构、旅游业的多元延伸、高技术产业的应用性导向、吸引中小高科技企业进驻，并在空间上引导集中布局（图1-31）。

（3）税收政策

佛州是南方"阳光地带"唯一无个人收入税、财产税、地产税的州，实行以促进就业为导向的税收返还政策；提高烟税、酒税、汽油税和外来农产品税，以贴补教育经费和基础设施建设，保护当地农业。

（4）环境政策

严格保护生态环境，经济建设让位于生态保护，重点保护湿地和生态系统。

（5）特定的空间政策激励

休闲产业发展支持项目、基础设施激励、农村地区激励、城镇发展地区激励、企业区激励、污染区治理激励等。

（6）对海南的启示

实施"人才强岛"战略，重视无空间差别政策与空间政策结合。采取"引进、培养"等多种途径，加快构建一批满足国际旅游岛建设需求的高素质人才队伍；适应以旅游业为龙头、现代服务业为主导的现代产业体系要求，在现代服务、旅游业、生物医药、新能源、新材料、现代热带农业、海洋经济、电子信息、创意文化等方面，引进和培养一批国家级的高端人才；加强教育，提高少数民族地区、落后地区和贫穷地区的教育水平，提高乡镇地区基础教育的质量，合理配置教育资源，促进教育资源均衡化发展；深化户籍和税收制度改革，吸引各类人才参与海南发展建设，使海南成为华南地区中高层次人才集聚地；打破省内地区间劳动力和人才流动的限制，推动城乡人才自由流动；识别空间差异，因地制宜地制定不同地区的发展政策，注重政策的空间落实。

（四）小结：佛罗里达案例的有益借鉴

总结佛州经验，可以梳理出一系列对海南发展具有借鉴意义的启示，包括：

抓住定位、明确阶段，从国家战略的角度思考海南发展建设的任务与要求，以多元产业体系步入后工业化时代。

加大创意性景点（主题公园、博物馆、文化馆等）的开发力度，丰富旅游产品体系；借鉴佛罗里达经验，引导主题公园空间集聚发展（图1-32），依据自然条件和发展基础，在海口、三亚、陵水、文昌、五指山、莺歌海等地区规划建设主题公园聚集区；挖掘海南文化内涵，突出海洋文化、热带生态、地域风情、航天科技、时尚购物、康体养生、运动休闲等主题。

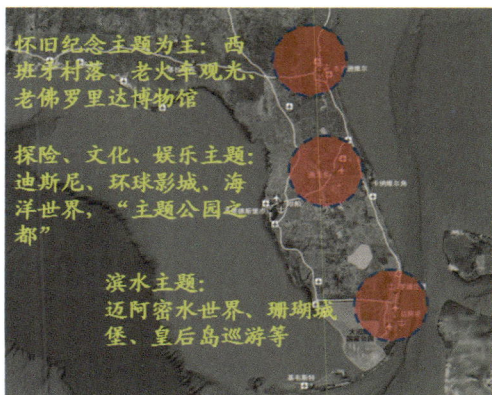

图1-32 佛罗里达主题公园三大空间集聚区

以对外通达性与对内便捷性为导向，加快设施建设；选址规划建设西部机场和五指山机场；近期在三亚建成邮轮母港；依托中心城市和重点镇，建设遍布城乡的旅游接待、服务中心。

实施"人才计划"，有针对性地制定人才、科技、教育政策，培育发展的核心动力；打造"健康宜居疗养度假目的地"，大力吸引"退休人才"，加快医疗健康服务、养老产业。

以"文昌航天中心建设"为突破口，壮大发展高科技产业和新型工业，空间集中布局。

立法严格保护生态敏感地区，加强海岸带和滨海地区的管控。划定空间开发边界，严格保护住生态环境本底；发挥规划的引导性，主动地构建全省的景观格局；对全省的核心资源包括海岸带、近海海域等从省级政府的角度进行统一规划和管理。

主动强化和调整核心城市的功能，构建网络化功能体系；构建"多核心"的城市空间体系，打造一批功能突出、有竞争力的核心城市和中心城市，作为支撑海南整体框架的空间枢纽；明确各城镇及城乡的功能分工，增强功能联系，构建网络化的城乡功能体系；重视小城镇和大量乡村服务点对于支撑国际旅游岛发展的重大意义。

适应以旅游业为龙头、现代服务业为主导的现代产业体系要求，在现代服务、旅游业、生物医药、新能源、新材料、现代热带农业、海洋经济、电子信息、创意文化等方面，引进和培养一批国家级的高端人才。

深化户籍和税收制度改革，吸引各类人才参与海南发展建设，使海南成为华南地区中、高层次人才集聚地；打破省内地区间劳动力和人才流动的限制，推动城乡人才自由流动。

三、国际旅游岛建设的整体框架

从规划、建设的角度看，我们认为"国际旅游岛"真正的内在核心是国家在战略层面对海南空间资源的优化配置提出了明确的方向和要求，包括发展和保护两个方面。保护方面，核心是要求必须严格保护住国家唯一的热带资源和优良的生态环境；发展方面，核心是明确了资源价值最大化导向下的海南新的发展路径。具体而言，需要构建四大核心体系作为支撑（图1-33）。

（一）以建设高品质的宜居环境为目标，构建生态为核心的绿色体系

首先，划定空间开发边界，严格保护住生态环境本底。对省级以上的自然保护区、水源保护区、生态敏感区和红树林保护区等由省级政府统一管理严格保护下来。其次，发挥

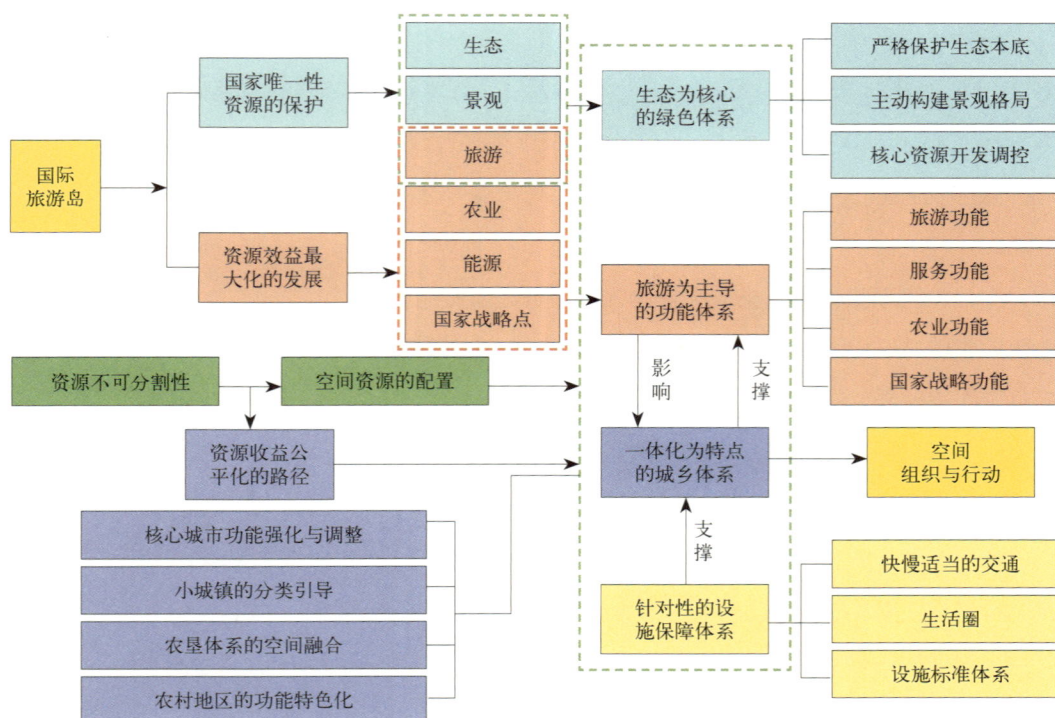

图1-33 "国际旅游岛"建设的整体框架

规划的引导性，主动构建全省的景观格局，包括依托河流水系、山体建设生态景观廊道，促进中部山区的"绿色景观"向沿海发展地区渗透，对于河口、潟湖、海湾等多类型景观密集的地区主动打造一些特色化的景观节点等，这些景观廊道、景观节点既是生态环境整体保护的一部分，同时本身也是旅游景点之一。最后，对于全省的核心资源必须从省级政府的角度进行统一规划和管理，包括海岸带、近海海域等。

（二）根据海南的资源特点与国家要求，构建绿色发展的现代产业体系

首先，需要明确，对于海南而言，通过大力发展工业实现传统意义上的工业化，进而谋求海南的整体发展，无论是从现实基础，还是从未来需求看，都不是最优的选择。海南未来产业发展的重点是形成以旅游业为龙头、现代服务业为支撑的现代产业体系，包括现代服务业、热带现代农业、新型工业、海洋经济和高新技术产业构成的五大产业群。

其次，构建包括旅游功能、服务功能、农业功能、工业功能、流通功能在内的国际旅游岛功能体系，促进三次产业的连接互动，保障人才、劳动力、资金、技术、信息、市场、资源、组织等各类城乡要素自由流动。

（三）优化配置城乡空间资源，构建以一体化为特点的城乡体系

资源的不可分割性以及保障全省城乡居民资源收益公平分享的需要，决定了海南国际旅游岛建设必须与推进全省城乡经济社会发展一体化相辅相成。因此，构建以一体化为特点的城乡体系也是国际旅游岛建设的重要方面之一。具体包括，根据国际旅游岛的功能要求，调整空间结构，主动地强化和调整核心城市的功能；根据旅游业发展的客观需要，走"小集中、大分散"的城镇化道路，培育量大面广的乡村服务点；发挥小城镇承上启下的连接作用，对小城镇发展进行具体的分类引导；面向海南西部地区旅游业未来发展的需要，主动地选择和重点建设"新城"作为服务中心等。

（四）根据海南的特点，因地制宜地规划、建设一套设施体系作为支撑

首先，根据海南中部山区到沿海平原台地的"圈层"结构特点，有针对性地建立快慢适中、内外有别的省域交通骨架，避免高速公路穿越中部山区；其次，根据海南岛面积小、通达性好的特点，采取组织"生活圈"的方式配置服务设施体系，全省规划建设一批基本生活圈，在每个生活圈内部配置公共服务设施和相关旅游服务设施，一方面满足基本公共服务需求，另一方面满足国际旅游岛的服务要求；最后，省级政府需要从国际旅游岛建设的高度出发，对全省各个层面的基础设施建设提出标准体系，统一规划、加强管理。

第二章　海南发展的非传统跨越

新中国建立以来，海南发展几经沉浮。发展的波动部分原因在于自身的底子薄、基础差，但更重要的原因在于发展思路和战略路径的摇摆，尤其是始终没有真正找到一条对内能够实现资源价值最大化，对外又能体现比较优势和竞争力的发展路径。国际旅游岛战略的提出，提供了海南在新时期的谋划新思路和实现新跨越的机遇。

"国际旅游岛"的精神实质，是要求独特的海南，走独特的道路。独特道路的核心是基于海南资源特点和外部发展环境的变化，实现海南发展的非传统跨越。

第一节　非传统跨越的基本取向

海南发展的非传统跨越，其基本取向是面对中国大陆庞大的工业化腹地所产生的消费需求，跨越传统工业化阶段，着眼于后工业化经济社会发展形态，率先探索发展方式的转变，构建生态文明基础上的现代产业体系、治理模式、空间形态和城乡结构，满足国家整体发展阶段的需要，也为国家积累改革创新的经验，同时实现"强岛富民"。

对海南而言，在现有的发展基础上，能否跨越传统工业化阶段实现新的发展？又该如何面向后工业化社会实现跨越？既是一个对"国际旅游岛"战略的深入认识问题，也是一个迫切需要思考的现实问题。

一、跨越传统工业化阶段

一般而言，随着经济发展水平的提高，农业比重逐步降低，服务业比重不断提高，工业比重呈现出"倒 U 形"变化，即在工业化推进阶段比重增加，随后保持稳定，当经济进入后工业化阶段时，工业的比重逐步下降。区域经济的发展演进大体呈现出由工业化起步到工业化实现，再到后工业化时代这样一个基本的路径。

对海南而言，通过大力发展工业实现传统意义上的工业化，进而谋求海南的整体发展，无论是从现实基础，还是从未来需求看，都不是最优的选择。海南缺乏大规模实现工业化的基础，工业化作为一个整体阶段不会出现。

但需要着重强调的是，跨越传统工业化阶段指的是从整体发展阶段上看，海南不会经历传统工业为主导的时期，并不是指海南不能发展工业。海南应充分利用本地资源条件和发展基础，有针对性地、集中节约发展新型工业和高新技术产业，这无论是对于壮大经济实力，还是对于促进劳动力就业而言，都具有十分重要的战略意义和现实必要性。

（一）海南跨越传统工业化阶段的理论基础

1.区域经济增长阶段的经验划分

区域经济发展是伴随着经济增长和结构演变的复合过程，古典经济发展理论将发展过程视为经济增长过程中的一系列阶段，不同阶段区域中的要素供给、经济活动以及经济结构都具有明显的阶段特征。区域经济增长阶段理论成为了解区域经济发展演变过程、理解区域经济增长实质的一把钥匙，比较有代表性的是胡佛－费希尔（Hoover-Fisher）的区域经济增长阶段理论、罗斯托（W.W.Rostow）的经济成长阶段论、钱纳里（Hollis B.Chenery）的经济发展阶段论。

1949 年美国区域经济学家胡佛和费希尔发表《区域经济增长研究》，认为任何区域经济增长都存在着相同的发展阶段，经历大致相同的发展过程（Hoover-Fisher，1949），具体而言包括五个阶段，即自给自足阶段、乡村工业崛起阶段、农业生产结构转换阶段、工业化阶段和服务业输出阶段。尽管之后的研究者对这一理论有这样或那样的评价，譬如认为"该理论是建立在中世纪区域封建自给自足型经济的假设之上的，阶段序列与经济史是断裂的（Douglas North，1955）"等 。但该理论首次对经济发展的历程从阶段论划分的视角进行观察和思考，确实开启了区域经济增长理论研究的先河。1960 年，美国经济学家罗斯托在《经济增长的阶段》中提出了"经济增长阶段论"，将一个国家的经济发展过程分为五个阶段，1971 年在《政治和成长阶段》中增加了第六个阶段（罗斯托，1991）。罗斯托依托投资积累率和主导专业化部门来判断经济增长的阶段，将经济增长划分为传统社会阶段、准备起飞阶段、起飞阶段、走向成熟阶段、大众高消费阶段和追求生活质量阶段（超越大众消费阶段），具有一定合理性且影响广泛而深远，大多数国家的发展都印证了这六个阶段的发展轨迹，但也不是绝对的。

上述理论是古典经济学的一种线性发展理论，在此基础上从 1960 年代开始利用结构变革的理论描述经济成长的阶段性，即不仅仅是关注经济增长，开始从经济结构变革的角度审视经济发展，重点是解释欠发达的经济体通过什么样的经济机制转变国内经济结构，实现从农业经济向制造业经济和服务业经济转换，比较典型的理论是钱纳里的经济发展阶段论。1968年钱纳里将不同时期对经济发展起主导作用的制造业部分划分为初期产业（食品、皮革、纺织等）、中期产业（非金属矿产品、橡胶制品、木材和木材制品、石油化工、煤炭制品等）、后期产业（印刷出版、粗钢、纸制品、金属制品、机械制造等部门），进而将经济发展划分为传统社会阶段、工业化初级阶段、工业化中期阶段、工业化后期阶段、后工业化社会和现代社会六个阶段（钱纳里，1968）。该理论区分了工业化发展的不同阶段，并明确了后工业化社会及现代化社会的特点，影响深远并应用广泛。

可以看出，无论是哪一种经济发展阶段的理论，在本质上描述的都是经济发展是由经济增长和结构转化不断由低级向高级演化的过程，其理论抽象更多的来源于对一个相对完整的国家发展过程的描述、分析和解释，强调的都是一个国家内部的自我循环。对于一个相对开放的区域而言，或者国家内部一个组成的区域而言，其发展的阶段性和模式路径有可能实现跳跃。况且理论本身也没有标明区域的经济发展必须绝对地遵循或经历每个阶段的演化过程。

事实上，早在1955年诺思（Douglas North）在一篇题为《区位理论与区域经济增长》的论文中，就评价了增长阶段理论的缺陷，认为他们没有解释区域增长的动力，并且关于区位的模型和关于增长的描述也存在着问题（North，1955）。诺思认为区域经济增长的动力来自于外部需求的拉动，区域外部需求的增加是区域增长最为关键的初始决定因素（North，1955）。诺思的思想后经蒂伯特（Tiebout，1956）等人的发展而逐步得到完善，成为解释区域增长的"输出基础理论"（Export Base Theory）。这一理论强调，为了理解区域增长的机制，不能孤立地对一个区域进行研究，一个区域能否快速增长，不可能完全在它的边界内部决定。该理论从一个开放的视角来分析区域经济的增长，虽然难以成为区域增长的一般理论，但是对特定国家（例如新加坡等）和国家中的某一区域的发展特征进行了简洁有力的描述和解释。

综上，区域经济增长的经典理论对于我们认识和谋划今天海南发展的启发在于：首先，必须承认经济的发展是有阶段性的，但并非任何区域绝对会经历经济增长的所有阶段。海南在经历了农业发展的传统社会阶段之后，始终没有形成工业发展主导的经济结构，经典理论中的起飞阶段或工业化阶段特征始终没有体现，反而逐渐体现出服务业主导的经济结构特征，跨越传统的工业化阶段，认真研究和借鉴更高的发展阶段（追求生活质量阶段、后工业化社会和现代社会阶段）所具有的特征和需求，对海南而言更加有意义。第二，经典的经济发展阶段理论更多的是对一个国家经济发展历程的描述，其基本假设是国家的封闭性，强调国家内部实现自我循环，通过内部的结构转化构建相对完整的经济体系。但是该理论对于开放条件下参与国际合作与竞争的小国家（如新加坡）或一个国家内部承担专业化分工的某一独特区域（如海南、佛罗里达等）适用性却有限。而"输出基础理论"强调发展的动力更多地来源于区外，对于认识这些国家和区域更加适用。面向省外，在国家整体发展格局中寻求发展动力，对海南而言具有重要意义，并且在理论上是能够支撑的。第三，无论是哪种理论，均强调了区域经济发展的核心是经济增长的同时必须带来经济结构的转化，从低级到高级的结构转换既是发展的重要内容也是必然结果。因此，海南新时期的跨越发展，必须面向更高的发展阶段来寻求经济结构（包括产业结构和空间结构等）的优化。

2.产业结构演变的左旋模式

产业结构是经济的具体表现形式，也是国民经济的核心内容，它反映的是一个国家或地区对经济发展道路和模式的选择。本质上来看，经济增长就是产业结构不断高级化的过程。不同的产业结构模式代表了区域经济发展不同阶段的水平和特点。

以Ⅰ表示第一产业，Ⅱ表示第二产业，Ⅲ表示第三产业，则区域产业结构演化的初级阶段是Ⅰ>Ⅱ>Ⅲ，它是最传统的经济结构模式，就其性质而言，它是自然经济的产业结构模式；产业结构演化的高级阶段是Ⅲ>Ⅱ>Ⅰ。区域产业结构由低级走向高级的演化过程，存在着右旋和左旋两种模式(图2-1)。右旋模式最为常见，即区域产业结构演化一般经历4个阶

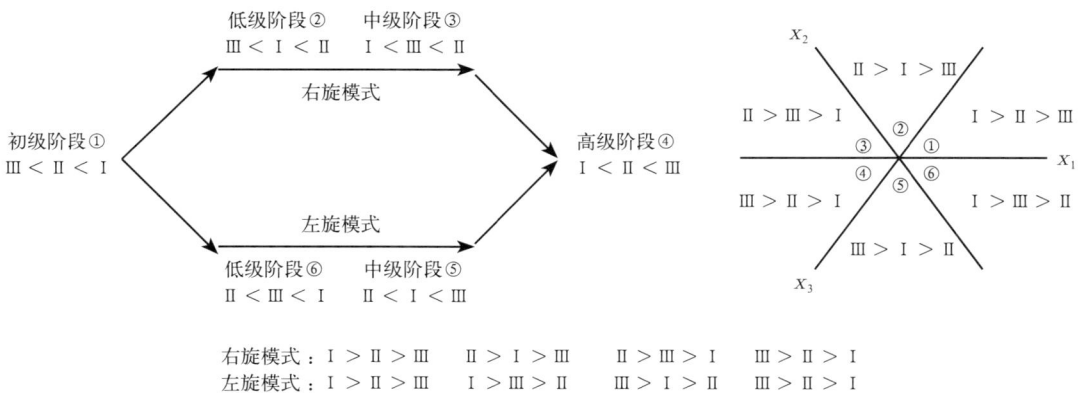

图2-1 三次产业演进的两种模式

段，I>II>III、II>I>IIII、II>III> I 、III>II>I，该模式通过工业化的带动来实现产业结构的转化。但对于特殊的区域而言，产业结构的演化还存在着另一种左旋模式，即通过 I>II>III、I>III>II、III>I>III、III>II>I 4 个阶段实现产业结构由低级到高级的转化，该模式对于岛屿经济体结构的转化具有很好的适用性，海南产业结构的演化将会遵循左旋模式展开。

3. 区域经济发展的动力来源

区域经济增长是多种影响因素相互作用的过程。早期古典经济增长理论主要关注影响区域经济增长的生产要素投入，包括资本、劳动力、资源和技术等。之后的新古典区域经济增长理论把区域空间结构的变动对区域增长的影响引入标准增长方程式，提出了融合空间维的区域增长模型（Richardson，1973）。1980 年代之后，增长理论领域又出现了新的突破，以罗默（Paul M. Romer）、卢卡斯（Robert E. Lucas）为代表学者从考察报酬递增和不完全竞争作用的角度对区域增长的源泉进行了重新分析，提出了新增长理论（即内生增长理论），将技术进步作为经济中可控制的内生变量，强调了知识外溢、人力资本积累和技术创新对经济增长的影响，同时提出政府的相关政策对经济增长也具有重要的作用。新古典增长理论和新增长理论对于区域经济增长机制的揭示，均是假设增长发生在均质空间中，缺乏清晰的空间概念。1990 年代以来，以克鲁格曼（P. Krugman）、藤田（M. Fujita）和维纳布尔斯（A.J. Venables）等为代表的"新经济地理"学派，开始重视空间因素对于经济增长的影响，强调经济活动的空间集聚和经济增长是一个难以分离的过程，集聚可以被认为是经济增长的地域对应物（Fujita and Thisse，1996，2002），集聚和增长间会出现循环因果关系，经济增长带来了空间集聚，而经济活动的空间集聚又能促进区域经济增长，（Ciccone and Hall，1996；Martin and Ottaviano，2001；Mitra and Sato，2007），并提出和不断完善了区域经济发展的"中心－外围"模型。

可以看出，从早期单纯的关注要素投入，到后来逐步认识到结构演变、创新、政策、空间集聚等因素对区域发展同样重要；从早期的封闭、均质空间的假设，到后来客观认识区域的开放性和空间的异质性；理论上对区域经济发展动力来源的认识是一个不断发展和逐步深入的过程。

概括起来，影响区域经济发展的动力因素主要来源于三个方面：一是内生因素（包括资本、劳动力、资源、技术进步和创新等要素投入），二是外生因素（包括区域环境、政策环境、区域结构等方面），三是空间因素（包括区位、空间结构、空间集聚等）。从这几个因素来观察海南的经济发展，可见其缺乏实现工业化的动力来源。首先，资本、劳动力、资源、技术等支撑大规模工业发展的要素投入缺乏，自身工业基础也比较薄弱；其次，政策环境也不支持海南实现工业化的进程；第三，从空间上看，一方面，海南自身缺乏能够带动全岛工业发展的空间集聚中心，另一方面，由于海南地理空间上的"孤岛"特征，导致其与珠三角等近距离的工业化地区建立连接的成本较高，与工业化"高地"建立便捷联系，参与区域产业体系，享受"毗邻效应"的优势也不明显。

（二）海南跨越传统工业化阶段的客观审视

在理论认识的基础上，从比较优势、现实基础和国家整体格局等三个方面来审视海南跨越传统工业化阶段的必要性和可能性。

1. 从比较优势看：发展工业不具备优势，整体上不会出现工业化阶段

首先，海南工业发展滞后，实现传统工业化发展的基础薄弱，2012年工业化率仅为18.3%，低于全国平均水平20个百分点（图2-2）。

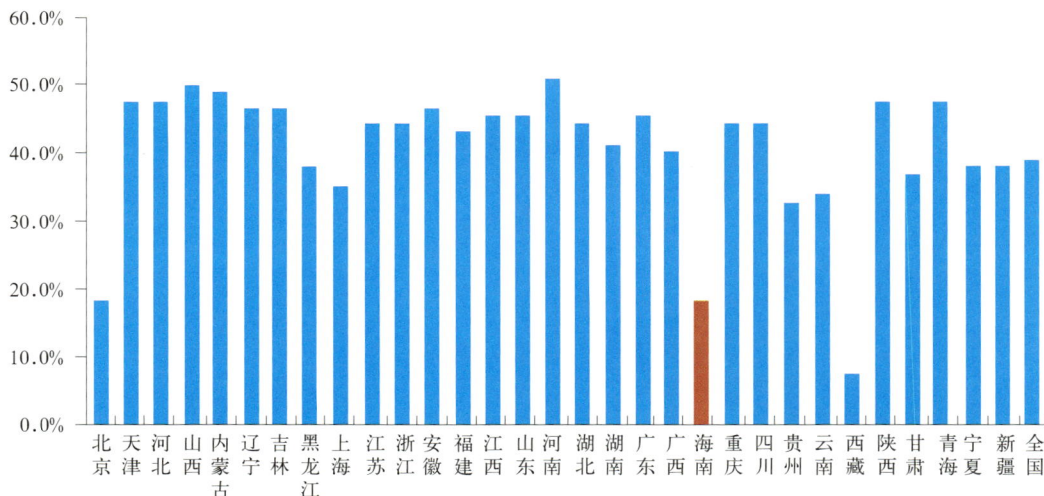

图 2-2　海南工业化率在全国的排名（2012 年）

其次，资源和市场两头在外，也加大了工业大规模发展的成本（图2-3）。除以能源为代表的石化产业，海南缺乏工业产业所需的各种原材料，岛内的有限需求也无法支撑产业发展。此外，缺乏工业文化，缺少技术工人等现象也非常严重。这也是第一轮特区发展的过程中，

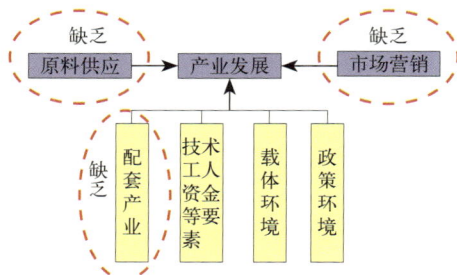

图 2-3　海南工业发展资源和市场两头在外

海南作为"外引内联"据点的发展定位难以实现的根本原因。

第三，由于海南岛屿的封闭性，其与近距离的珠三角工业化"高地"建立产业联系的成本较高，优势并不明显，传统的"外引内联"的工业化模式难以实现。

第四，海南的资源环境约束使得其发展工业的成本比大陆地区高出 20% 左右，工业发展的竞争优势并不明显。尤其是对全国人民而言，在海南大规模发展工业根本不可能取得共识。

2．从现实基础看：具备后工业化社会的初步特征，面向后工业化发展符合趋势

由于海南资源、区位和发展基础条件的独特性，已经体现出后工业化社会的初步特征。海南服务业快速发展，2012 年第三产业比重已达 46.9%，远远超过第二产业，成为带动经济发展和吸纳劳动力就业的重点行业（表 2-1、表 2-2）；消费需求趋向多元化，尤其是外来人口的大量存在，产生了许多享受型、健康型消费需求；社会主体多元，形成了相对复杂的网络化的社会结构；省直管市县的管理体制，体现出后工业化社会"扁平化"的管理体制。

海南省的三次产业结构（2012 年）　　　　　　　　　　表 2-1

	产值（亿元）	比重
地区生产总值	2855.54	100.0%
第一产业	711.54	24.9%
第二产业	804.47	28.2%
第三产业	1339.53	46.9%

海南的服务业内部各行业结构（2012 年）　　　　　　　表 2-2

行业	产值（亿元）	比重
交通运输、仓储和邮政业	133.4	10.0%
信息传输、计算机服务和软件业	62.19	4.6%
批发和零售业	300.52	22.4%
住宿和餐饮业	98.96	7.4%
金融业	130.69	9.8%
房地产业	238.11	17.8%
租赁和商务服务业	31.23	2.3%
科学研究、技术服务和地质勘察业	21.25	1.6%
水利、环境和公共设施管理业	13.96	1.0%
居民服务和其他服务业	39.4	2.9%

续表

行业	产值（亿元）	比重
教育	89.2	6.7%
卫生、社会保障和社会福利业	42.55	3.2%
文化、体育和娱乐业	24.37	1.8%
公共管理和社会组织	113.73	8.5%

3．从国家发展格局看：大陆腹地庞大消费需求，提供了海南面向后工业化发展潜力

海南的发展动力更多的来自岛外，从外部寻找支撑海南发展的潜力，是海南能否实现发展的关键。国家经过改革开放 35 年的发展，经济取得了巨大成绩，进入了工业化时代的战略转型期，国家整体发展阶段由生存型走向了发展型。经济发展由谋求工业化、以出口导向为主导，走向了以内需为主导的阶段。相应地新时期的城乡转型也由生产主导走向了消费主导。2012 年全国人均 GDP 超过 6100 美元，国际经验表明，人均 GDP 超过 3000 美元标志着一个国家和地区处于消费加快升级时期，整体判断中国已进入了"消费时代"。面对国内庞大的工业化腹地所产生的消费需求，海南具有面向后工业化发展的巨大潜力。

二、面向后工业化社会全面转型

20 世纪 40 年代，后工业化社会在发达国家开始出现，作为一种全新的社会发展阶段，在经济类型、社会形态、空间组织等方面表现出完全不同于工业化社会的特征（贝尔，1973）。准确把握后工业化社会的基本特征和建设经验，对实现海南的非传统跨越，促进社会全面转型具有重要意义。

（一）经济类型与结构

1．"软化"的产业结构

后工业化社会在生产和再生产过程中，体力劳动和物质资源的消耗相对减少，脑力劳动和知识的消耗增长，与此相适应，劳动和资本密集型产业的主导地位日益被知识和技术密集型产业所取代，呈现出产业结构"软化"的特征。具体有两层含义:第一是指在产业结构的演进过程中，第三产业（软产业）的比重不断上升，出现了"经济服务化"趋势；第二是指随着高加工度化和技术集约化过程，在整个产业过程中，对信息、服务、技术和知识等（软要素）的依赖程度加深。

产业结构的变化主要表现为传统技术条件的资源产业、制造业衰落，工业生产由劳动密集型向知识密集型转变；服务业占据主导地位，一般而言比重超过 60%，同时服务业内

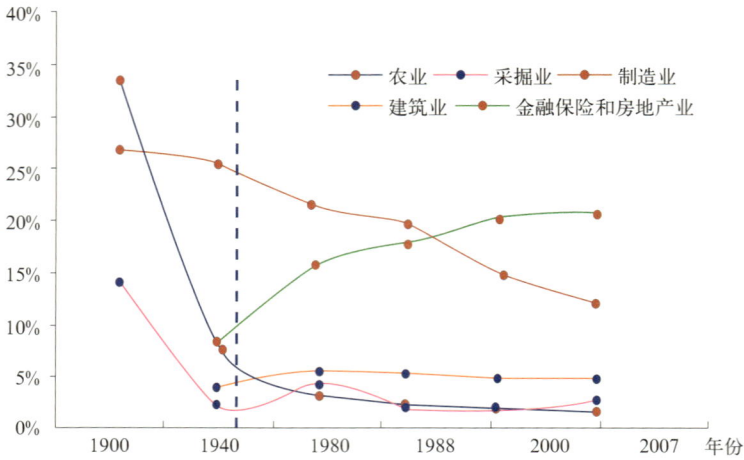

图 2-4 美国 100 年来经济结构的变化

部结构变化，新兴服务业兴起。以美国为例，1940年代进入后工业化时代，人均 GDP 近 1 万美元，服务业比重超过 50%；农业和采掘业比重分别维持在3% 以下，并逐渐降低；制造业比重同样逐步降低，由 1980 年代的 20% 降低到 2007 年的 11%；建筑业比重 60 多年来，稳定在4.5% 左右；服务业逐步上升，内部结构改变，金融保险服务业上升为 20% 以上（图 2-4）。

产业结构的软化同样带来了就业结构的软化：一方面，服务性就业需求大大增加，生产性就业需求减少；另一方面，技术人员需求增加，半技术、非技术蓝领需求减少。

随着产业结构的软化和知识技术密集程度的提高，经济发展对人才尤其是对高新技术人才的依赖大大增强（图 2-5）。在后工业化时代，人才超过自然资源、资本，成为制胜关键，后工业化社会企业的选址，最重点考虑的是能否吸引到专业人才和技术工人。因此，

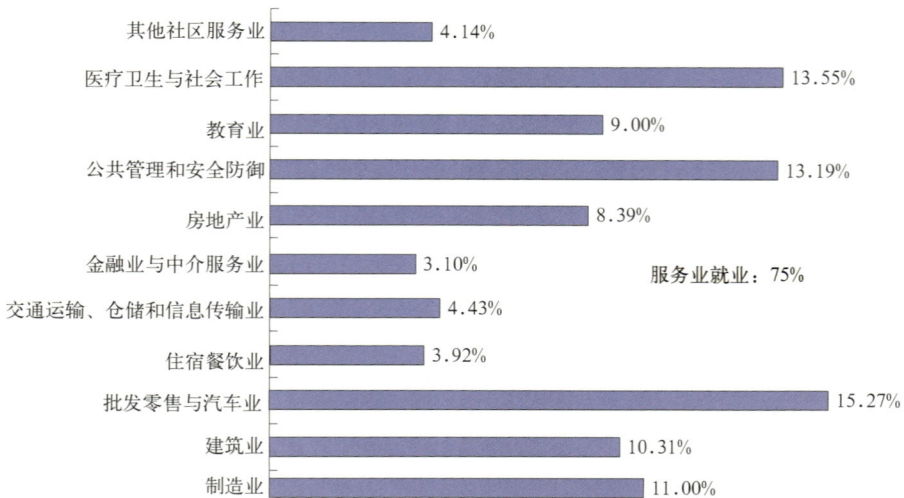

图 2-5 英国的就业结构(2010 年)

建设公园、学校和宜人的环境等所构成的良好"生活质量"取代了低税收和宽松的管理，成为刺激经济发展的主要手段。很大程度上讲，后工业化时代重要的资产不再是自然资源，而是获得专业人才的能力。工业化时代，企业追随低成本地区，人才追随企业；后工业化时代，创新主导经济活动，人才追随优越环境，企业追随人才。

2．就业选择的分化：柔性化就业

后工业化社会在就业方面出现了核心就业和边缘就业的分化，就业呈现出柔性化特征（图2-6）。表现为三个方面：其一，主要劳动力市场的全职核心就业群体出现功能柔性，即就业的多样化；其二，次级劳动力市场的数目柔性，构成了人才就业群体；其三，短期合同、兼职、临时工制度大量出现并逐步完善，构成第二边缘就业群体。就业的自由度和多样化增大，人才和劳动力的利用方式更趋灵活。

3．对海南的启示

海南应重点扶持现代服务业和高新技术产业的发展，特别是要加快发展

图2-6　后工业化社会中劳动力市场的柔性特征

休闲旅游、金融保险、医疗保健、文化娱乐、教育等产业发展，同时注重建筑业、热带农业等传统产业对于解决就业的现实意义，积极利用知识和技术改造传统农业和制造业；结合后工业化就业的"柔性化"趋势，海南应利用其环境、劳动力工资、生活成本、政策等优势有针对性地吸引人才；加强教育、管理和设施建设，采用多种方式培育人才；改革户籍制度、财税制度等，提倡"柔性化就业"，促进人才在省内的自由流动。

（二）社会形态与结构

1．社会结构的重组：网络化社会

工业社会本质上是"市场经济"，组织原则是职能效率，最迫切的要求是"以少取多"和选择比较"合理"的行动路线。而后工业化社会本质则是"网络经济"，组织原则是多元共赢，强调的是生活质量、发展可持续性和安定和谐。整个社会通过每个人对他人做出贡献，实现更广泛共同体的利益最大化，进而提高个人的福利，社会发展基于信任，各阶层之间保持较密切的关系。支撑这样一个社会的是一系列多元、高效的网络组织，包括供应者网络、生产者网络、消费者网络、标准联盟、技术合作网络等，它广到涉及社会生活的方方面面，细到覆盖社会生活的每个环节。

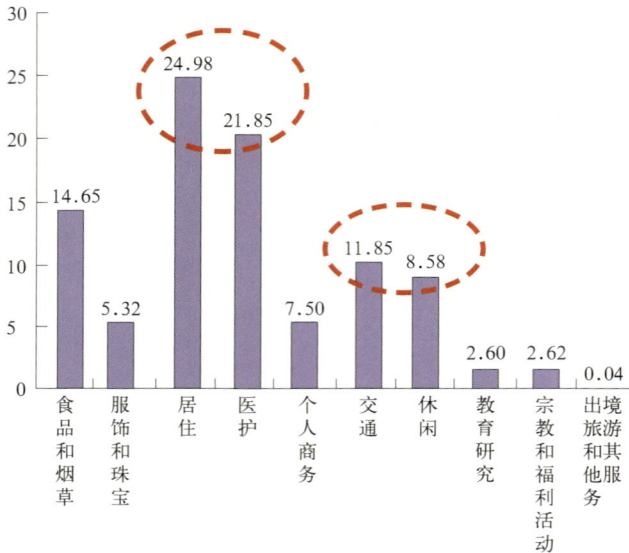

图 2-7 美国的消费结构（2008 年，%）

2. 消费视角的拓展：享受型、个性化消费

后工业化社会，随着物质丰富、收入增加和个人素质的提高，整个社会进入消费时代。工业社会的消费主要局限在生存型消费和发展型消费，而到了后工业化社会，消费重点转移到发展型消费和享受型消费（图 2-7）。对耐用品（汽车、住房）、奢侈品、娱乐文化等需求不断增长，医疗保健、教育等成为普遍需求。服务需求更加强调个性化、多元化。对应新的消费需求，后工业化社会致力营造优越的文化、生活环境。以纽约为例，有 36 家百老汇剧院、300 多家演出场所、500 多家书店、400 多家画廊、150 多家博物馆、9 座体育场馆、273 家夜总会式俱乐部、50 家音乐俱乐部、6.5 万间旅馆、1.7 万家饭店和酒吧。

3. 管理体制的分权：扁平化管理

为与集权管理体制相适应，工业社会往往采取金字塔状的组织结构，当企业规模扩大时，采取增加管理层次的方法加以应对。而后工业社会信息化程度高，更趋向于采取扁平化管理。它与分权管理体制相适应，当企业规模扩大时，采取增加管理幅度的方法来有效应对。扁平化管理各层级之间的联系相对减少，各基层组织之间相对独立，能快速地将决策权延至最基层，是一种高效率、富有弹性的新型管理模式。

4. 对海南的启示

海南社会结构主体多元，促进多元主体的包容和融合是未来发展的必然要求。应注重积极价值观的塑造，营造多元包容、和谐共赢的氛围和优越的文化、生活环境，加强城乡和区域之间的联系，构建网络化的社会形态。利用良好的生态环境条件，增加文化内涵，营造优越的文化、生活环境，满足不断产生和扩大的多样化、个性化、享受型消费需求；结合后工业化时代柔性就业的趋势，面向大陆市场多种方式吸纳劳动力和人才；巩固其省直管市县"两级"管理体制，进一步探索扁平化的管理模式。

（三）空间组织与结构

1. 中心与网络：高效的空间组织

后工业化时代要素流动性增强，城市和区域空间结构呈现出"多中心"格局，城市体系由传统的"等级—规模"序列走向更加明显的"中心—网络"结构，形成多个城市就业中心和高度紧密的功能网络（图2-8）。大城市的功能空间进一步扩大，由大城市、中小城市及乡村地区共同形成具有竞争力、联系密切的大都市区。

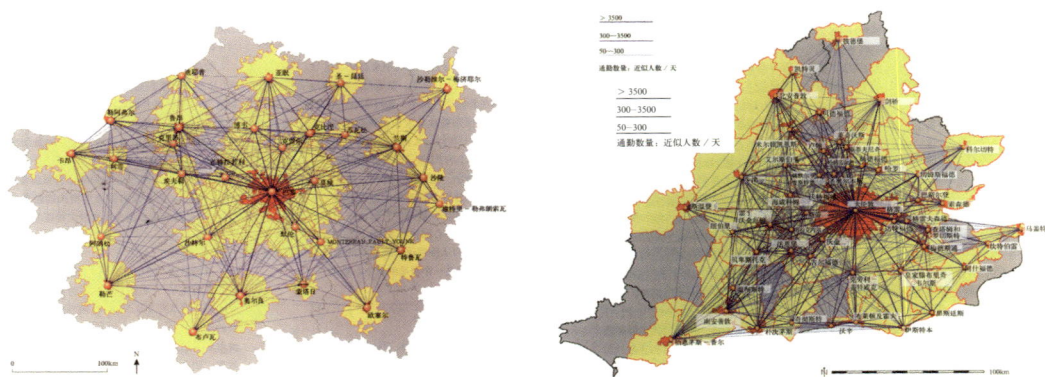

图 2-8 大都市区"多中心网络化"空间结构

（图引自：彼得·霍尔、凯西·佩恩编著，罗震东等，2010 年）

同时，在后工业化时代，郊区化、逆城市化的趋势较为明显，出现了包括"乡村中心"、"乡村社区"、"高端郊区"、"近郊都市"等在内的大量"新兴空间"。例如，1990 年代后欧美等国家相继出现了"重返乡村运动"、"乡村复兴"等空间发展新趋势，农村人口和就业大幅度增加，小城镇反弹，乡村中产阶级化进程加快。

2. 对海南的启示

一方面，进一步做大核心城市，发挥核心城市的辐射带动作用，构建以核心城市为枢纽的都市区，增强核心城市与周边地区的功能连接，形成有实力的功能区域。另一方面，应该看到郊区化和逆城市化是大趋势，从全国的格局看，海南相当于大陆的郊区，优势是环境、劳动力工资、生活成本、政策优势等，应该顺应趋势有针对性地吸引人才、集聚产业；从海南内部来看，面向后工业化社会，应高度重视乡村地区的重要性，在强化大城市核心作用的同时，塑造有吸引力的特色乡村和有竞争力的小城镇。

（四）小结

概括起来看，后工业化社会发展的基本经验包括以下几点：其一，产业结构逐步高级化，知识技术密集程度提高，经济发展对人才尤其是对高新技术人才的依赖大大增强；其二，社会形态"网络化"，多元社会主体和谐共赢；其三，城乡体系由传统的等级—规模序列走向中心—网络结构，高度紧密的功能网络支撑了城乡的共同发展，特色乡村和小城镇显现出独特的竞争力和吸引力（图2-9、表2-3）。

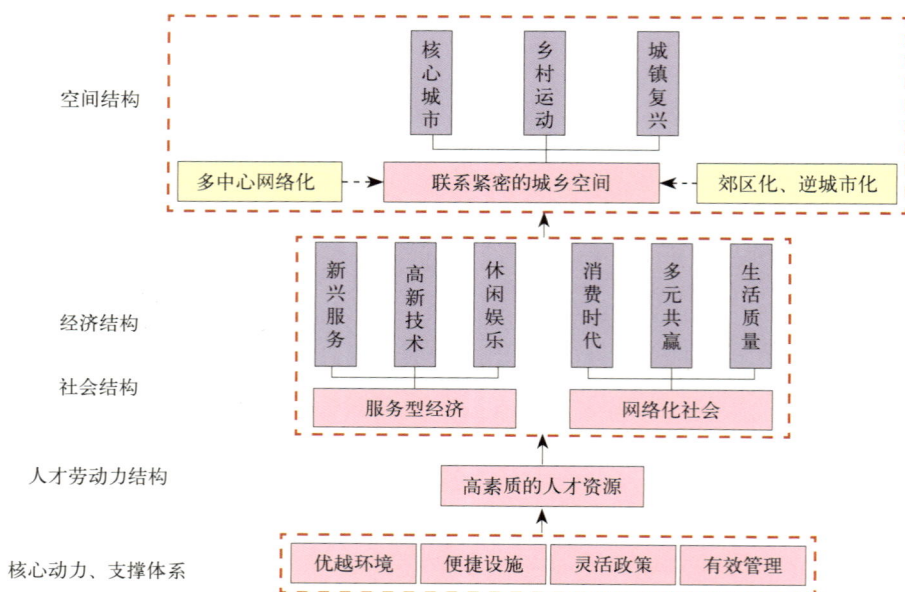

图 2-9 后工业化社会发展的基本经验

工业化社会与后工业化社会主要特征比较 表2-3

类型	内容	工业化社会	后工业化社会
产业发展	产业结构	传统技术条件的资源产业和制造业主导	服务业主导
	主要产业类型	劳动和资本密集型产业	知识和技术密集型产业
	企业区位选择	倾向于低税收和宽松的管理	更依赖于环境与人才
社会结构	结构本质	市场经济、注重效率	网络经济、多元共赢
	消费模式	生存型和发展型消费	发展型和享受型消费
	就业结构	核心—边缘	核心和边缘分化，柔性化趋势
	管理体制	集权、金字塔状的组织结构	分权、扁平化管理
空间组织	空间结构	等级—规模序列	中心—网络结构
	城市化趋势	城市化	郊区化、逆城市化

借鉴这些经验，海南未来应该在经济结构、人才建设、社会发展、空间发展等方面未雨绸缪、主动作为，全面实现发展方式的转变：

（1）调整产业结构。以国际化标准提升发展旅游业，用知识和技术改造传统农业和制造业，扶持和引导现代服务业和高新技术产业发展，培育和发展低碳经济，特别是要加快金融保险、房地产、医疗保健、文化娱乐、休闲旅游、教育等产业的发展。

（2）实施人才战略。利用环境、劳动力工资、生活成本、政策等优势有针对性地吸引人才，加强教育、管理和设施建设，多种方式培育人才。

（3）倡导多元社会。立足社会主体多元的现状，增加文化内涵，塑造积极的价值观，营造多元包容、和谐共赢的氛围和优越的文化、生活环境，构建网络化的社会形态。

（4）引导消费升级。利用良好的生态环境条件，大力发展旅游休闲产业和现代服务业，迎接消费时代来临。

（5）加强空间联系。一方面构建以核心城市为枢纽的都市区，增强核心城市与周边地区的功能连接，形成有实力的功能区域；另一方面强化区域之间的功能联系和要素流动，形成联系紧密的空间网络。

（6）协调城乡关系。增强城市辐射带动作用，重视乡村地区的发展，塑造有吸引力的特色乡村和有竞争力的小城镇；促进城乡生产要素的自由流动，公共资源的均衡配置，资源综合利用和生态环境的统一保护，实现城乡经济社会发展的高度融合。

第二节　非传统跨越的发展路径

结合海南的发展特点，借鉴后工业化社会的基本经验，从经济、社会、空间、设施等方面明确海南实现非传统跨越的发展路径。

一、培育"两大核心三大支撑"的现代产业体系

面向后工业化社会，在推进国际旅游岛建设的过程中，积极发展服务型经济、开放型经济、生态型经济，形成以旅游业为龙头、现代服务业为主导的特色经济结构。在这一总体思路下，通过对三次产业重点领域以及由融合而产生的新兴产业进行重新整合、重组，构建"两大核心三大支撑"，共五大产业群，形成海南特色的现代产业体系。

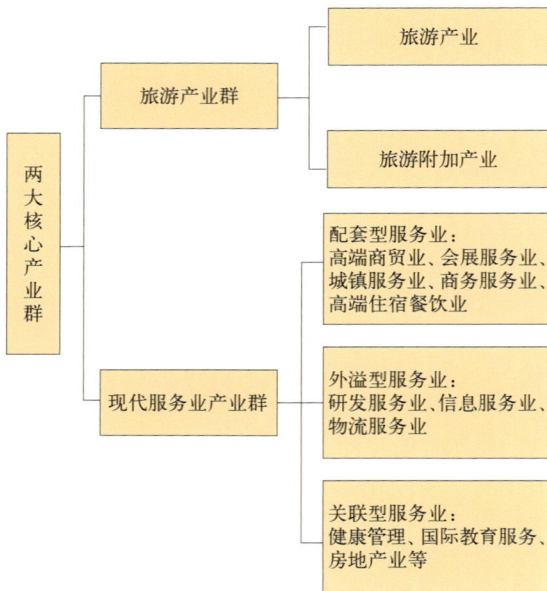

图 2-10 海南的两大核心产业群

（一）两大核心产业群

旅游业为龙头、现代服务业为主导，是海南特色经济结构的基本内涵，也是基于海南资源、区位特点和国家新时期对海南战略定位所作出的必然选择。从这一角度出发，确定海南城乡经济发展的两大核心产业群，分别为旅游产业群和现代服务业产业群（图 2-10）。

1．旅游产业群

充分发挥海南城乡旅游资源价值，着力提高旅游业发展质量，打造具有海南特色、达国际先进水平的旅游产业体系。具体而言，涵盖旅游产业和旅游附加产业两大门类。

旅游产业，要开发和丰富海南旅游产品体系。加快对现有休闲度假旅游产品的升级改造，大力开发新的旅游产品，不断挖掘和丰富旅游产品文化内涵，逐步形成以滨海度假旅游为主导、观光旅游和度假旅游融合发展、专项旅游为补充的旅游产品结构。重点培育和发展度假旅游、海洋旅游、运动休闲、疗养休闲、商务会展旅游、民族风情和文化旅游、红色旅游、休闲农业与乡村旅游、热带森林等特色旅游、自助旅游等旅游产品。

旅游附加产业门类，包括旅游产品加工制造业、旅游咨询服务业、旅游策划项目服务业等。

2．现代服务业产业群

以改善岛内生产生活环境、满足岛外旅游者需求为导向，加强旅游产业的延伸，快速提升与旅游产业相关的配套产业发展，积极利用旅游产业的溢出效益，大力发展关联性产业，做强以旅游产业为龙头的现代服务业产业群，成为海南省经济发展的产业支柱。

以旅游业为核心，海南的现代服务业产业群包括三大类：

（1）配套型现代服务业，指与旅游业配套发展的相关现代服务业，包括文化体育产业、金融保险业、高端商贸业、会展服务业、商务服务业、高端住宿餐饮业，也包括同时服务于本省居民生产、生活的现代城镇服务业。

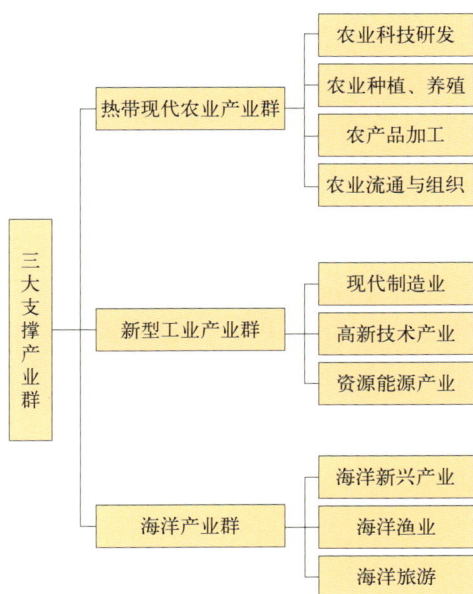

图 2-11 海南的三大支撑产业群

（2）外溢型现代服务业，指依托于旅游产业带来的人流物流、周边商务环境改善等外溢效益而发展起来的现代服务业行业，包括现代物流业、研发服务业以及以软件及服务外包为主的信息服务业等。

（3）关联型现代服务业，指基于海南省的资源禀赋和区位优势以及国际旅游岛的审批，具有一定的发展机会的现代服务业行业，包括房地产业、健康管理产业、国际教育业等。

（二）三大支撑产业群

从战略上看，仅仅依靠旅游业或现代服务业，无法支撑海南城乡经济的整体长远发展，更无法保障海南经济的现实发展。依托本地资源特色，积极发展热带现代农业，集约高效发展包括资源能源产业、现代制造业和高新技术产业在内的新型工业，有序发展海洋产业，既是旅游业和现代服务业两大核心产业的重要支撑，也是海南现代产业体系的必要组成部分（图 2-11）。

1. 热带现代农业产业群

热带农业是促进海南城乡发展、改善民生的重要支撑型产业，也是海南具有明显优势和竞争力的产业门类。

从完善农业产业链条、提高热带农业的附加值和综合经济效益的角度出发，海南的热带现代农业产业群，既包括农产品的种植养殖业，也包括前期的农业研发服务业、后期的农产品的加工业，还包括农业的流通与组织服务业等。

在现有优势的基础上，大力发展热带水果、瓜菜、畜产品、水产品、花卉等现代特色农业。积极推动热带特色农业与旅游业相结合，制定实施观光农业、休闲农业支持计划。

2. 新型工业产业群

坚持在不污染环境、不破坏资源、不搞重复建设的原则下集约发展新型工业，决不以牺牲生态环境为代价盲目追求工业扩张。充分利用本地资源优势，加大项目聚集力度，进一步延伸现有优势产业链条，壮大支柱产业。大力发展现代制造业和高新技术产业，集约集中发展资源能源产业，提升综合经济实力。

（1）现代制造业

充分利用现有产业基础、港口条件和重点工业园区以及开发区，大力发展包括林纸一体化、汽车及零部件制造、机电产业等在内的先进制造业；大力发展包括食品加工及制造、水产品加工制造、旅游装备制造等在内的都市工业。

（2）高新技术产业

大力发展以南药、黎药、海洋药物为代表的生物医药产业，加快海口"药谷"建设，构建包括生物育种、生物食品、生物农药、生物化肥、生物环保等产业在内的生物产业体系。积极培育发展以光伏新能源、风能发电、潮汐能发电等为代表的新能源、新材料产业。依托文昌航天发射基地发展航天及相关技术产业，推动军转民科技产业及航天配套产业发展，推动文昌航天配套产业园建设。加快发展电子信息、软件产业，鼓励和引导国内外知名信息技术企业向海南软件园等园区、三亚创意产业园、陵水"智慧城"等园区集聚。

（3）资源能源产业

依托资源特色和大项目大企业所形成的产业基础，培育发展资源能源产业，提升海南整体经济实力，支撑海南跨越式发展。具体包括，石油开采加工及上下游产业链延伸而形成的石化产业群，充分利用海南丰富的玻璃用砂、锆英砂、钛铁砂等砂矿资源形成的滨海矿砂产业体系。

3．海洋产业群

集约高效利用海洋资源，加快构建海洋产业群，推动海洋产业结构转型升级，逐步实现由海洋资源大省向海洋经济强省的转变。海洋产业群包括海洋新兴产业、海洋渔业和海洋旅游三大门类。

（1）海洋新兴产业

加快发展临港工业、海洋能源开发与利用、海洋生物制药、海水淡化等海洋新兴产业。通过加大海洋石油资源勘探开发力度，提高海洋油气资源开发利用水平，把海南建成南海油气资源勘探开发服务和加工基地；适应南海开发的需要，发展海洋工程装备制造、修理项目；积极引进大型船舶企业发展游艇产业。加强港口基础设施建设，加快发展航运业。

（2）海洋渔业

压缩国内捕捞，积极拓展外海和远洋捕捞，努力推进水产健康养殖，培育发展休闲渔业；加快中心渔港和国家一级渔港建设，完善渔业生产服务体系，推进西沙渔业补给基地和外海捕捞基地建设。依托渔港条件发展休闲渔业，拓展垂钓、观光渔业、渔家乐等项目。

（3）海洋旅游

重点发展滨海度假旅游、海洋观光旅游、海岛旅游、邮轮旅游、游艇旅游、海上运动旅游等。加强旅游基础设施建设，逐步开通空中、海上旅游航线，积极稳妥开放、开发西沙旅游。选择特殊海洋生态景观、历史文化遗迹、独特地质地貌景观及其周边海域或海岛建设海洋公园，统一规划、分区管理，适度开发潜水、垂钓、海底观光、海上休闲运动等旅游产品，打造世界级海洋探奇景观区。

（三）产业发展次序安排

基于海南的五大产业群战略架构，细化海南的现代产业体系共包括25个产业类别，涉及140个行业门类。根据各产业类别的现状发展基础和未来发展前景的判断，对25个产业类别的发展次序及发展策略进行进一步明确（图2-12）。

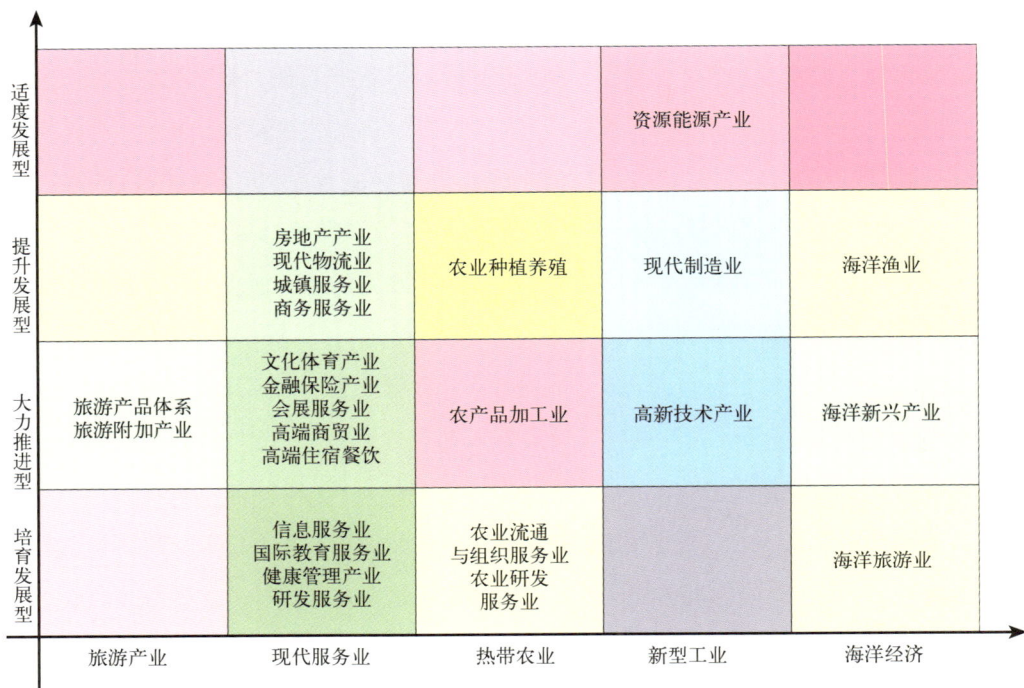

图2-12 海南的现代产业体系发展次序

1. 培育发展型

该类型的行业门类目前在海南基本处于发展起步阶段，产业规模较小、产业竞争力不强，但产业的发展前景广阔、战略意义重大，做强做大此类产业，对全省的产业结构调整、产业统筹发展有深远的影响。这类产业具体包括海洋旅游业、研发服务业、健康管理产业、国际教育服务产业、信息服务业、农业研发服务业、农业流通与组织服务业等七个行业门类。

对此七类行业门类的产业促进策略以培育提升发展为主，制定产业促进专项资金给予扶持，争取相关制度突破以培养产业发展环境，对此类行业的重大项目给予重点支持。

此类产业的大力发展，除了对全省产业提升有重要影响外，其中健康管理产业、海洋旅游业、农业流通与组织服务业对拉动本地的就业也有一定的影响。

2．大力推进型

此类行业目前产业基础良好、发展较为平稳，是全省的重要支柱产业或重要补充产业。但总的来说，这类产业普遍存在规模偏小、品质较低、发展模式落后等问题，尚有很大的提升空间，做强做大此类产业，使之成为海南省经济的重要支柱产业是目前产业发展的重要任务。

这类产业包括旅游产品体系建设、旅游附加产业、农产品加工业、高新技术产业、文化体育产业、金融保险业、会展服务业、高端商贸业、高端住宿餐饮服务业、海洋新兴产业等十个行业门类。

对此十大行业门类的发展对策，以积极推动为主，是现阶段全省产业发展的重中之重，在 3～5 年内，通过汇集资源要素、构建良好的产业政策环境、加强重大项目的引驻等多种手段，促使其快速做大做强。

另外，此类产业也是海南省众多行业门类中，对就业有最强拉动效益的产业领域，对有效解决非农人口就业等社会问题将发挥重要作用。

3．提升发展型

此类产业已具有一定的产业规模，在海南经济体量中占有重要份额，包括房地产业、现代物流业、城镇服务业、商务服务业、农业种植养殖业、现代制造业和海洋渔业等七个产业门类。

提升发展型产业的发展策略是进一步提升产业品质，稳定推进产业体量，发挥此类产业对促进城市建设、增强经济体量的重要功能。同时此类产业也是吸纳就业的重要行业门类。

4．适度发展型

此类产业发展相对成熟，主要是指资源能源类产业。需要在考虑环境承载能力、土地等资源集约使用的基础上，适度发展。但此类产业对就业的吸纳能力有限。

二、组织满足基本公共服务和国际旅游岛建设的生活圈

实现城乡居民享受均等化的基本公共服务是海南跨越式发展的根本要求，也是保障国际旅游岛建设的最低要求。从发展的现状来看，海南城乡公共资源配置的不均衡既表现在同一地区内的城乡之间，也表现在海口、三亚和一般市县之间。公共服务水平的地区差距，又会进一步促使公共服务人才、设施等向核心城市集中，从而加剧这种空间不均衡。

如何缩小区域间与区域内部在公共服务、生活环境品质等方面的差距，是海南发展所必须思考的核心问题。针对海南的实际条件，借鉴国际经验，组织满足基本公共服务需求，服务国际旅游岛建设的"两级生活圈"作为解决这一问题的平台。

（一）经验借鉴与海南实际

从国内外的经验看，在引导经济一段时期的快速发展之后，发展的基本导向均转变为强调生产与生活的协调、经济与社会的统筹，空间组织方式和表达形式也相应地发生了改变，以满足人的需求为主的生活圈成为较为普遍的选择。

例如，日本在第三次国土综合开发规划中，开始关注环境与人，强调自然、生产与生活的协调，并在空间上组织了44个生活圈；中国台湾，从1970年代后期开始考虑社会建设与经济建设相适应的问题，并开始以生活圈作为基本空间单元，规划社会服务供给网络。生活圈以满足人的食、衣、住、行、育、乐等需求为目标，充分考虑通勤和空间均衡，从早期规划的18个生活圈开始，之后的台湾历次空间规划，均将以人为本的生活圈规划作为重要内容，在最近的台湾空间发展架构中明确提出，在地方层面发展的重点是20个以满足人的工作、居住、休闲、就学、医疗及购物等需要为核心的生活圈。

从海南的实际来看，按照全岛18个市县目前配置的公共设施，难以满足基本公共服务均等化的要求。在现行的行政格局下，18个市县的经济发展水平不一、财政能力差异较大，依靠地方财政很难达到基本公共服务水平的均等，需要省级政府统筹考虑。

海南岛面积小、空间距离短、人口空间分布不均衡，在财力有限的情况下，完全按照城乡居民点体系等级序列，配置公共服务设施，既不现实，也不经济。通过对全岛18个市县通勤范围的定量计算看出，各县市中心一小时的通勤半径覆盖全岛，半小时通勤范围涵盖全岛人口分布的大部分地区（图2-13、图2-14）。组织以满足人的需求为导向的生活圈是存在可能性的。

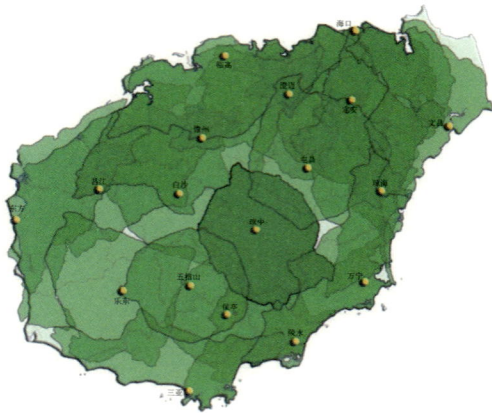

图 2-13 海南岛 18 个县市一小时通勤圈叠合　　图 2-14 海南岛 18 个县市半小时通勤圈叠合

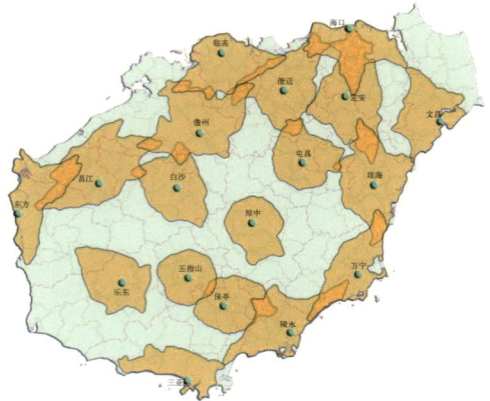

（二）基本原则与类型

生活圈的构建从满足人的各种需求出发，已经得到的基本需求应该提高品质；与经济社会发展水平相对应的需求应该得以满足；高水平的需求应该提供满足的可能。生活圈构建的目的在于为全岛居民和外来游客提供优质的生活，一方面，满足全省基本公共服务均等化的要求，另一方面适应国际旅游岛建设与国际标准接轨的高端服务需要。

1. 基本原则

以人的活动需求为主导的空间单元，打破县市行政边界，以乡镇为最小单元。

依据地区自然环境、文化、经济和社会等因素综合考量。

生活圈的大小，依据各地方人口规模、人口密度、人口迁移趋势、经济发展水平、运输网络疏密程度和汽车持有率的高低而定。

理论基础是克里斯泰勒的中心地理论，遵循不同的服务类型具有不同的空间服务半径。

充分考虑通勤距离，据调查，出行距离在 1 小时内对身心没有影响，如果路上时间增加，经常出行超过 1 小时，就会因较少休息时间而影响身心健康；而人的工作、就学、医疗、购物及休闲等基本需求，则在 30 ～ 40 分钟的通勤距离内完成最为合适。

满足生态环境优美的需要。

2. 生活圈类型

基于以上原则，从满足基本公共服务和满足国际旅游岛高端服务两个层面，在全省范围内组织都市生活圈和基本生活圈两种类型。

56

（1）都市生活圈

以满足国际旅游的高端服务需求为重点，进行组织。以全省核心城市为中心，在每个都市生活圈内建立快速交通系统，满足都市生活圈内的通勤距离在 1.5 ～ 2 小时之内；每个生活圈内部的城乡资源统一开发利用，区域整体效益能够达到最优；各都市生活圈的整体经济实力和综合性相当，提供的服务等级较高（图 2-15、图 2-16）。

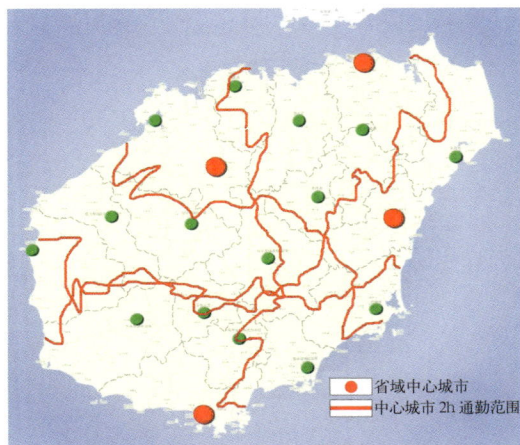

图 2-15　未来四个核心城市 2 个小时通勤距离

图 2-16　海南岛的四个都市生活圈

（2）基本生活圈

满足城乡居民基本公共服务需求，实现全岛基本公共服务均等化。基本生活圈以县城和人口密集地区的重点镇为中心，每个生活圈内，通过完善路网结构，达到通勤距离在 30 ～ 40 分钟以内；在每个基本生活圈内从工作、居住、休闲、就学、医疗及购物等人的基本需求出发，配置社会服务供给系统；打造生活圈内优美的生态环境和高品质的生活。

（三）生活圈的组织方案

基于以上原则，结合现有发展条件与未来发展趋势判断，分两个层次组织都市生活圈和基本生活圈。

1. 四个都市生活圈

以海口、三亚、琼海、儋州为核心组织四大都市生活圈。

海口都市生活圈，以海口为中心，未来通勤半径为 1.5 ～ 2 小时的空间范围内，包括海口、澄迈、文昌、定安、临高、屯昌六个县市，是海南国际旅游岛建设的北部核心区域，形成以海口为核心服务国际旅游岛的高端服务网络。

三亚都市生活圈，以三亚为中心，未来通勤半径在 1.5～2 小时的空间范围内，包括三亚、乐东、保亭、陵水、五指山五个县市，是国际旅游岛建设的南部核心区域，构建以三亚为核心的高端旅游服务网络。

琼海都市生活圈，以琼海为中心，未来通勤半径在 1.5～2 小时的空间范围内，包括琼海、万宁、琼中三个县市，是国际旅游岛建设的东部核心区域，以琼海—博鳌为核心，构建服务国际旅游的高端服务网络。

儋州都市生活圈，以儋州为核心，来通勤半径在 1.5～2 小时的空间范围内，包括儋州、白沙、昌江、乐东四个县市，是国际旅游岛建设的西部核心区域，以儋州—洋浦为核心，构建服务国际旅游、高新技术产业、现代制造业的服务体系。

2．21 个基本生活圈

通过全岛半小时通勤圈与人口密度分布图的叠加可以看出，以 18 个县市为中心的半小时通勤圈能够覆盖全岛人口分布的大部分地区，但是乐东南部滨海地区莺歌海镇周边、文昌北部滨海地区锦山镇周边和儋州洋浦白马井周边人口密度较大，现有半小时通勤圈难以覆盖（图 2-17）。

以 18 个县市驻地及乐东莺歌镇、文昌锦山镇和儋州白马井镇为中心，组织全省共 21 个基本生活圈覆盖全岛。基本生活圈以乡镇为最小空间单元，每个生活圈以 30～40 分钟的通勤距离为半径（图 2-18、图 2-19）。

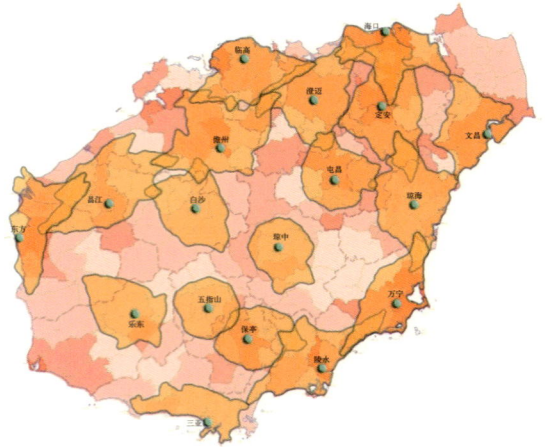

图 2-17 县市半小时通勤圈与人口密度叠合

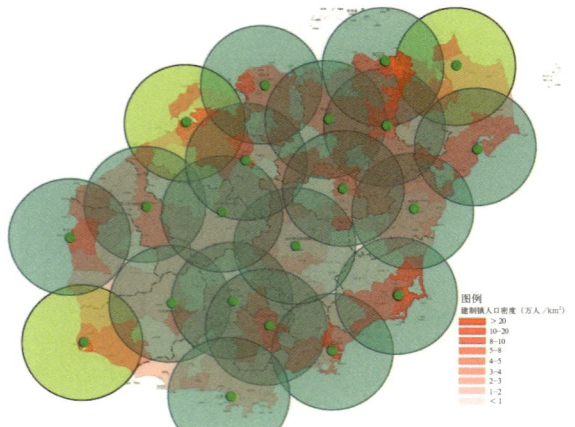

图 2-18 海南岛 21 个基本生活圈空间划分

图 2-19 海南岛的 21 个基本生活圈

21 个基本生活圈分别为，海口基本生活圈、三亚基本生活圈、澄迈基本生活圈、临高基本生活圈、文昌基本生活圈、屯昌基本生活圈、定安基本生活圈、儋州基本生活圈、东方基本生活圈、昌江基本生活圈、白沙基本生活圈、乐东基本生活圈、保亭基本生活圈、陵水基本生活圈、五指山基本生活圈、琼海基本生活圈、万宁基本生活圈、琼中基本生活圈、洋浦基本生活圈、莺歌海基本生活圈和锦山基本生活圈。

其中，除文昌、乐东和儋州在县市范围内分别组织两个基本生活圈外，其余基本生活圈与县市域行政边界相一致。以基本生活圈为载体，构建满足城乡居民需求的社会公共服务网络。

专栏 2

从工业圈到生活圈：日本国土开发规划的历史启示

日本的五次国土综合开发规划奠定了日本经济社会持续发展的基础，并对区域规划的方法和理论产生了重要的影响。纵观五次规划，每次规划都根据日本当时经济社会发展的时代背景，有针对性地提出规划所采取的理念和价值取向；每次规划都在审视上版规划的基础上，有继承更有创新地确定目标和战略；尤其难能可贵的是针对不同的战略取向，选择不同的空间组织方式来准

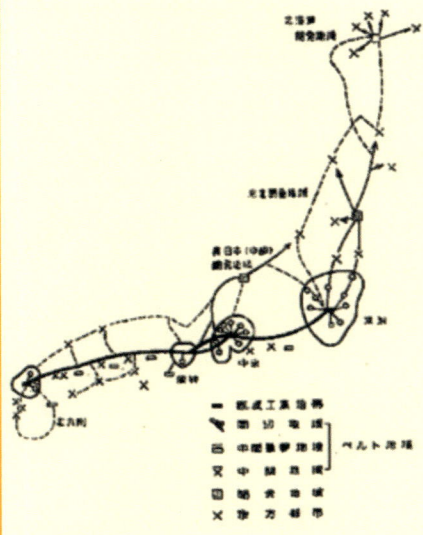

专栏 2 图 –1 工业圈　　　　　　专栏 2 图 –2 生活圈

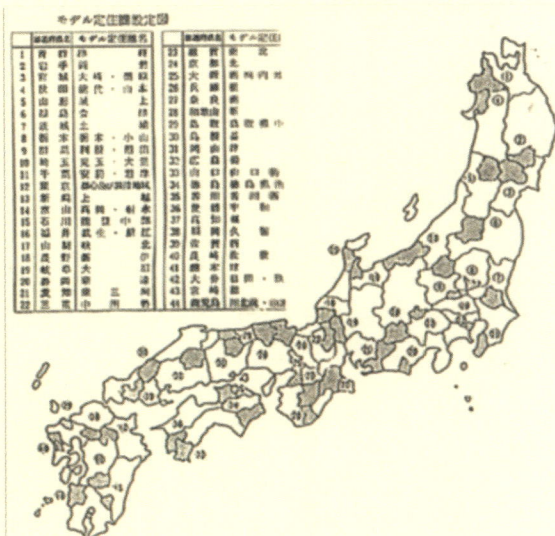

确地表达规划的核心内容，这一点尤其值得我们借鉴和学习。

　　前两次国土规划的主题是促进经济增长，因此规划的基本导向是工业发展与项目安排，因此，在空间组织上采取的是工业圈、重大项目选址、沿太平洋开发带等表达方式。这些空间规划安排，直接带来了经济要素的空间集聚，促进了日本三大都市圈的形成。

　　从第三次规划开始，针对工业发展所带来的问题，规划开始关注环境和人，强调自然、生产和生活的协调；规划的理念开始由追求勤奋、拼命干转变为追求美丽和潇洒。相应地空间组织的方式也发生了改变，通过组织生活圈、流域圈和协调圈等来实现经济社会环境的协调发展，并强化有空间差别的政策来纠正和缩小地区差距和城乡差距。

三、构建"圈层网络扁平化"的城乡空间结构

面向后工业化社会的城乡空间形态与空间结构特点，基于满足海南特色的现代产业体系和高品质的生活圈需要，构建海南新时期的城乡空间结构。

（一）空间组织思路与原则

1．空间组织的基本思路

从保障生产要素在城乡之间的自由流动这一要求出发，经济空间组织的核心导向有两个方面。其一，保障要素的自由流动，这就需要明确核心枢纽城市的内外联系作用，构建自由流动的城乡功能网络，建设支撑要素流动的基础设施系统等；其二，保证要素的有效率流动，这就需要进行有方向的空间引导，划定空间发展与保护的功能分区，并赋予相应的政策意义。

从实现公共资源在城乡之间均衡配置、保证基本公共服务均等化实现这一要求出发，社会空间组织的核心导向是，因地制宜地探索公共资源配置模式，构建服务均衡化的城乡空间。

2．空间组织的基本原则

（1）符合国外相关案例的基本规律

海南面向后工业化社会的非传统跨越，是在建设国际旅游岛的大目标下展开的，城乡空间的组织必须体现国际旅游岛建设的要求和特点，国际上以国际旅游为主导的国家或地区空间发展所体现出来的基本规律，应该借鉴和遵循。

（2）符合海南资源环境的基本特征

对于城乡空间发展与保护的思考，必须符合海南资源、环境的基本特征，做到因地制宜。

（3）对已有空间组织方式在继承基础上进行创新

海南的城乡空间发展，在省域层面的历次规划中都有所安排。历次规划的空间方案都是基于一定目标导向和时代背景的最优选择，其中所反映出来的超越发展阶段的基本空间要素和空间规律，应该得到继承；不适应现实发展阶段，尤其是国际旅游岛建设要求的内容应该得到修正。

基于以上思路和原则，构建新时期海南"圈层网络扁平化"的城乡空间结构。

（二）四个圈层：引导要素有效率流动，统筹发展与保护

城乡资源和要素的自由流动，从效率的角度来看，应该是有方向的。引导要素的合理有序流动是体现要素和资源价值的核心所在。海南的自然本底条件和发展的现实基础，在空间上呈现出较为明显的圈层特征，遵循这种圈层特征，采取圈层分区的空间结构，并赋予一定的政策内涵，引导生产要素有效流动，统筹发展与保护的关系（图 2-20、表 2-4）。

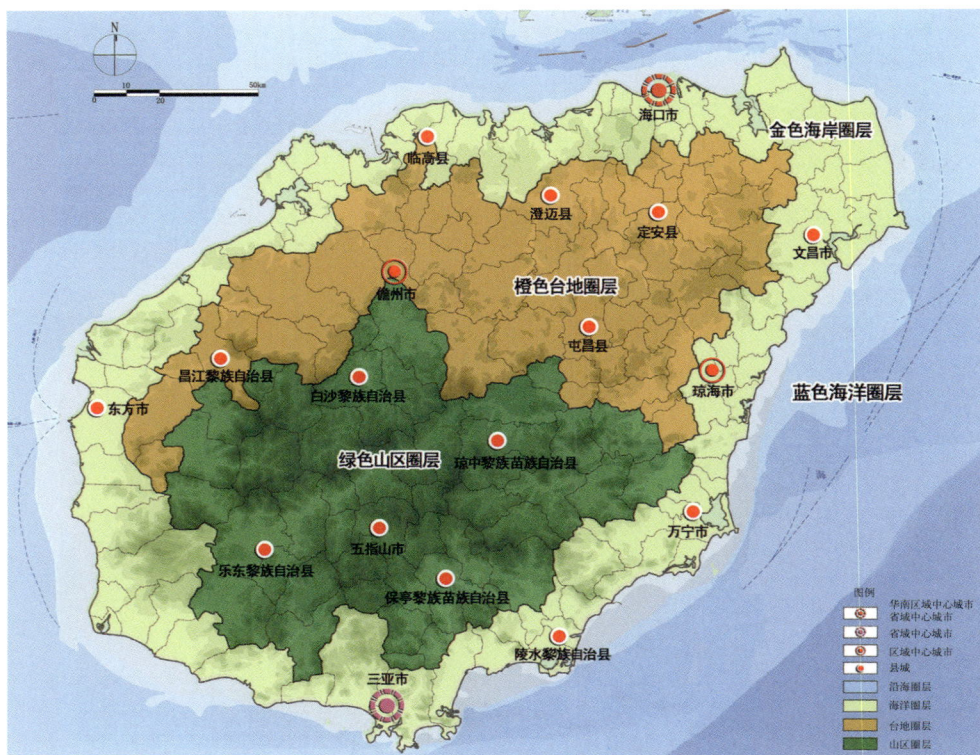

图 2-20 城乡空间发展的四个圈层

海南四个圈层的人口承载力　　　　　　　　　　表 2—4

圈层划分	人口承载力低值（万人）				人口承载力高值（万人）			
	生态开敞区	生态较低敏感区	生态敏感区	合计	生态开敞区	生态较低敏感区	生态敏感区	合计
沿海圈层	699.3	82.0	9.0	790.3	1048.9	123.0	17.9	1189.8
台地圈层	771.6	178.3	16.3	966.2	1157.4	267.5	32.6	1457.5
山区圈层	187.7	69.5	17.6	274.8	281.5	104.2	35.2	420.9
海洋圈层	6.3	0.9	0.0	7.2	9.4	1.3	0.1	10.8

1. 沿海圈层：金色海岸

沿海圈层包括海南省 5 米等深线及向内陆延伸 10 公里范围的海洋与陆地结合带，由河口、三角洲、海岸平原、滩涂湿地、沙滩等地理单元组成。

在行政区划上包括海口、文昌、琼海、万宁、陵水、三亚、乐东、东方、昌江、儋州、临高和澄迈等 12 个市县的沿海区域，面积约 12273 平方公里，约占海南省陆地面积的 36.3%。

从生态环境的承载力看，该圈层能够承载 790～1190 万人。

沿海圈层是海南人口和产业分布的核心区，人口分布集中，经济发展较快。集中了全省约 70% 的人口和 75% 的城市人口；建设用地约占全省总建设用地的 67.2%；人口规模和人口密度较大的地区均分布在该圈层（图 2-21、图 2-22）。

该圈层是未来海岸城乡发展的核心区域，也是海南以旅游业为龙头的现代产业体系的主要空间载体，引导城乡各类资源要素空间流动向该圈层进一步集聚。未来该圈层将会承

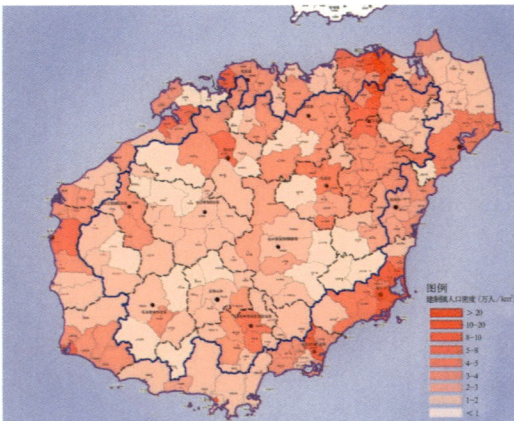

图 2-21 建制镇人口密度分布图　　　　　　　　图 2-22 人口规模最大的城镇分布

载总人口的 80%，城镇人口的 85%。

2．中部山区圈层：绿色山区

中部山区圈层主要包括中部地区海拔 300 米以上的山地和部分丘陵，面积约 8803 平方公里，其中陆地面积约占海南省陆地面积的 26%。

在行政区划上包括五指山、琼中的全部辖区以及三亚的北部、陵水的西部、乐东的北部和东部、昌江的东部、白沙的东部、儋州的东南部、保亭的北部、东方的东部。

从生态环境承载力看，该圈层能够容纳 280 ～ 450 万人。

该圈层是南渡江、万泉河、昌化江等主要河流的发源地与主要水源涵养区，是海南省生态敏感区和生态多样性富集区，发育并保存着我国最大面积的热带雨林及丰富的生物多样性，是我国生物多样性保护最具价值和最有潜力的地区之一，是我国陆地上 11 个具有全球意义、最具生态价值的生物多样性地区之一。

该圈层是海南省未来需要重点保护的核心区域，自然保护区和重要的生态敏感区均集中分布在该圈层。规划引导该圈层产业发展以农业和旅游业为主，空间上一方面强调城乡各类要素向中心城市集聚；另一方面，引导人口、产业等向海岸圈层集中。未来该圈层将会承载全省 5% 的总人口和 5% 的城镇人口。

3．台地圈层：橙色台地

台地圈层处于中部山区圈层和沿海圈层之间，面积约 12773 平方公里，其中陆地面积约占全省陆地面积的 37.7%。

在行政区划上包括海口、澄迈和临高三市县的南部，安定和屯昌两县的全部，琼海和文昌两市的西部，万宁和陵水两市县的中西部，保亭的东南部，三亚的中北部，乐东的中东部，东方的西北部，昌江、白沙和儋州三市县的西部。

从生态环境承载力看，该圈层能够容纳 960 ～ 1460 万人。

该圈层是海南农业生产和橡胶生产较为集中的区域，分布有热带季雨林和半干旱稀树草原，是未来海南热带现代农业发展的核心区域。同时，该圈层还具有农业等社会生产的生产系统产品服务功能、防洪蓄洪等水文调节功能以及水土流失和沙化控制等功能。

该圈层是发展与保护需要动态平衡考虑的地区，在整体保护生态环境的基础上，采取环境友好型的农业发展模式，大力发展热带现代农业。未来，该圈层会承载 15% 的全省总人口和 10% 的城镇人口。

4. 海洋圈层：蓝色海洋

海洋圈层包括海南省管辖的 5 米等深线以外的所有海域及岛礁，面积 200 多万平方公里。

其中 200 米等深线以内的大陆架范围约有 83 万平方公里，包括海南省周围海域的 222 个海岛，西沙、南沙、中沙群岛海域的 270 多个岛、洲、礁、沙和滩。

该圈层具有重要的生态功能，具有调节气候、净化环境和环境污染缓冲的作用。同时，该圈层内自然环境丰富，拥有北部湾、三亚、清澜和西沙、南沙、中沙渔场，分布有丰富的天然气和石油资源，是西太平洋和印度洋的重要通道，是开发利用海洋资源，积极发展海洋产业的重点区域。

（三）四核多心功能网络化：保障要素自由流动，统筹城市与乡村

城乡要素的自由流动在内涵上看是要素流动的"额外成本"趋于零，从空间经济学的理论出发，即是要加大空间经济密度，缩小空间经济距离。战略途径是，一方面，促进要素的空间集中，强化集聚效应，培育核心，作为联系内外、带动周边的枢纽（图2-23）；另一方面，明确各城镇及城乡的功能分工，增强功能联系，组织网络化的城乡功能布局（图2-24）。

1. 四个极核

集中培育海口、三亚、儋州—洋浦、琼海—博鳌四大核心，引导各类城乡发展要素，尤其是创新型要素向它们集聚，丰富中心职能，提升中心地位。四大核心城市，是海南联系外部空间的枢纽门户，也是海南组织内部空间的核心枢纽，在功能上具有综合性，在影响力上具有区域性。

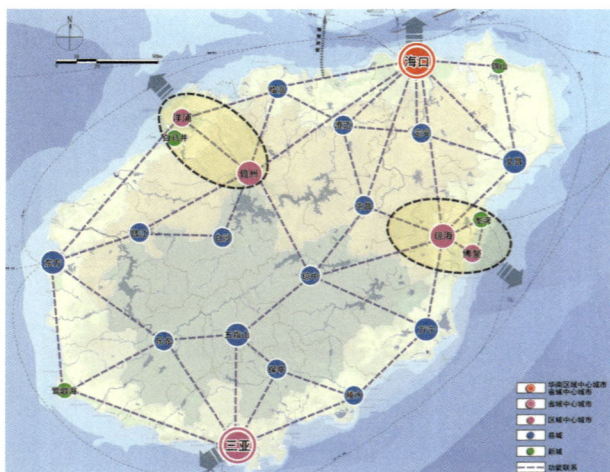

图 2-23 "四核多心"网络化功能结构图

（1）海口

海口是海南联系内外的核心空间枢纽，是支撑海南国际旅游岛的中枢，也是国际旅游岛建设的重点。海口的功能具有高度的综合性，一方面其是全省最为重要的商贸中心、商务中心、科研中心、教育中

图2-24 "圈层网络扁平化"的城乡空间结构

心、旅游服务和管理中心,中心职能门类最复杂;另一方面,海口是海南最重要的门户,随着跨海大桥的建成,更成为联系大陆的枢纽。需强化海口省会中心城市的地位,提高规模效应和"发展极核"作用,增强其区域带动能力,并以此为核心,培育发展海口都市区。

(2)三亚

三亚是海南国际旅游岛建设的重要空间核心和重要标志,是具有强大竞争力的国际旅游城市,同时也是带动周边五指山、乐东、保亭、陵水等旅游城市发展、组织全省旅游网络的中心,是服务于国际旅游岛的现代服务业核心枢纽之一。三亚的功能同样具有综合性,承担着海南省旅游中心、商贸中心、高端商务中心、现代服务、先进制造、高新技术等功能,同时也是海南南部内外联系的交通枢纽和对外开放门户。

(3)儋州—洋浦

儋州—洋浦共同发展,构成带动海南西部地区的复合中心,承担着海南新型工业中心、资源能源基地、对外贸易中心、西部商贸中心和现代制造业中心等功能。其中,依托洋浦经济开发区,全力打造面向东南亚、背靠华南腹地的航运枢纽、物流中心和出口加工基地;儋州依托现有发展基础和科研教育人才资源优势,发展农业科技产业、现代服务业,成为国际旅游岛的服务枢纽之一和支撑洋浦经济开发区的服务基地。

(4)琼海—博鳌

琼海—博鳌共同发展,构成带动海南东部地区的复合中心,承担海南国际会展中心、高端商贸商务中心、现代农业基地、东部休闲度假旅游中心等功能。以博鳌亚洲论坛建设为重点,以国际性会议、会展及旅游度假为特色,建设海南西部国际旅游核心。

2.多个中心

引导各类要素向东方、文昌、五指山等14个地区中心城市集聚,积极培育壮大能够发挥省内区域性中心作用的中等城市,成为带动省域城乡发展的空间节点。

东方,进一步发挥港口优势、资源优势和工业基础优势,延伸工业发展产业链条,壮大东方化工城的规模和整体实力，建设成为全国重要的海洋天然气化工基地、南海开发服务基地以及西部重要港口城市。

文昌，以卫星发射中心建设为契机，全面拓展城市功能。依托卫星发射所带来的技术和人力资源优势，发展相关高新技术产业和现代工业，成为海南东部沿海的新型工业基地；利用国际旅游岛建设契机，与海口联动发展，建设国际旅游和现代服务重要节点。

五指山、琼中作为中部山区的中心城市，以生态旅游开发、国家森林公园建设、民族文化旅游度假为重点，带动相关产业发展，增强中心地位。

万宁、陵水作为东部沿海地区的中心城市，以国际旅游岛建设为契机，重点发展国际旅游和现代服务业，成为带动周边城乡发展的中心。

澄迈、定安、临高、屯昌等中心城市，一方面，作为区域中心城市，承担为周边城乡地区的农业和旅游发展提供服务的功能；另一方面，加强与海口的联系，共同构建海口都市区。

乐东、保亭等中心城市，加强与三亚的功能联系，共同构建海南南部旅游功能服务网络。

白沙、昌江等中心城市，进一步强化集聚效应，提升中心地位，加强对县域经济的辐射带动作用。

3．量大面广的乡镇服务点

旅游发展的特性决定了旅游服务供给的分散性，按照"小集中、大分散"的城镇化战略要求，重点选择建设大量服务于不同旅游需求的服务型乡镇，培育量大面广的乡镇服务点，作为支撑国际旅游岛建设的空间细胞。

4．城乡互动的功能网络

在培育城乡各级功能点的同时，增强城乡功能联系，构筑城乡互动的功能网络。一方面发挥各功能点对于周边地区的辐射带动作用，另一方面，协调同级各功能点之间的分工协作。针对海南特点及国际旅游岛建设的需要，从农业生产、工业生产、旅游发展、服务支撑、流通网络等几个方面组织城乡功能网络。

（四）扁平化的社会空间：满足多样化需求，统筹经济与社会

从满足人的不同空间层面需求出发，服务于实现基本公共服务均等化和国际旅游岛建设，构筑海口、三亚、儋州和琼海 4 个都市生活圈和 21 个基本生活圈，实现社会公共服务的空间相对均衡。

专栏 3

国际旅游岛城乡空间结构的多视角案例借鉴

建设国际旅游岛，跨越传统工业化阶段，着眼于后工业化社会，构建新型的城乡空间结构，是海南非传统的重要支撑。从旅游主导型的空间发展、岛屿空间发展和后工业化时代的空间发展等多个角度选取案例，总结梳理基本规律，作为海南国际旅游岛城乡空间组织的经验借鉴。

1. 案例视角 1：旅游业主导型空间发展

（1）济州岛：国际自由都市

明确旅游功能分区，有侧重地引导发展；交通轴向拓展，双中心多节点空间结构；扁平化的城乡体系，济州、西归浦两大对外门户，量大面广的乡镇旅游服务点。

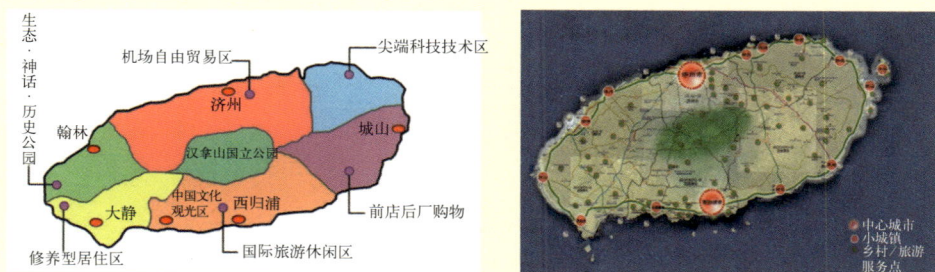

专栏 3 图 −1 济州岛的功能分区与城乡体系示意图

启示：三级城乡体系 1∶6∶25，小城镇／乡村的核心地位。

（2）夏威夷：太平洋的天堂

空间形态：每个岛屿自成系统，按照自身特点配置生活服务和旅游服务设施，呈现散点式分布格局。

空间结构：一主多副多中心结构，檀香山为联系内外的核心枢纽和组织空间体系的核心。

功能组织：各个岛屿特色明显、自成系统功能体系；岛屿之间依托空中交通密切连接。

专栏 3 图 -2 夏威夷群岛的空间功能连接

启示：功能高效连接是核心，空间集中与分散不是重点；各岛屿内部功能的自成体系。

2. 案例视角 2：岛屿空间发展

中国台湾省：建设亚太运营中心

通过四个空间层次引导空间发展：

①国际层面：建设亚太运营中心；

②全岛层面：分区制定不同的发展策略；

③地区层面：交通网络连接，三个城乡协调发展的都会带；

④地方层面：以人为中心的生活圈规划；考量人的工作、居住、休闲、就学、医疗及购物等六项主要功能。

启示：分层次、分地区、分类型组织空间发展，生活圈（从经济到社会，

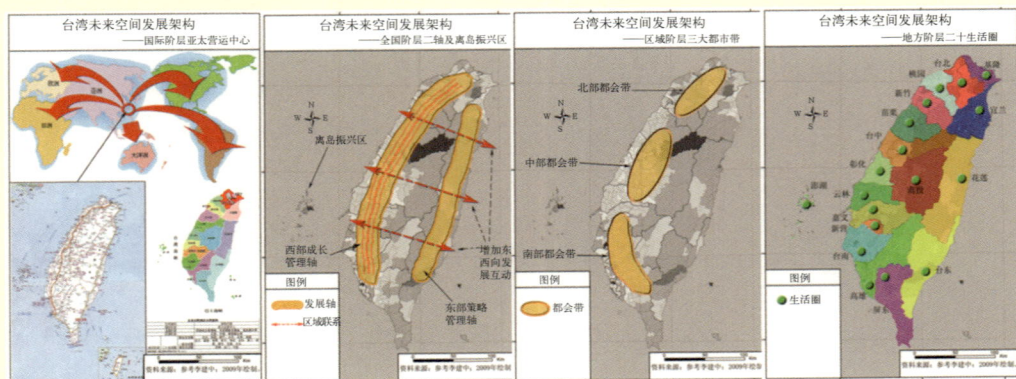

专栏 3 图 -3 中国台湾省建设亚太运营中心的空间发展架构

规划的作用）。

3. 案例视角3：后工业化社会的空间组织：多核、网络化

新加坡：1个城市中心，3个区域中心、5个次区域中心和多个边缘中心的多级中心体系结构；密切交通连接，形成便捷的通勤。

台北市：多核心等。

4. 总结：多角度案例借鉴中得到的空间组织基本规律

联系外部、组织内部的核心枢纽；小集中、大分散的城镇化路径；扁平化的城乡体系；量大面广的乡镇中心； 交通网络化支撑的密切功能联系；优美环境的维持与营造。

四、建设快慢适当、内外有别的综合交通系统

建设机场、铁路、港口、跨海通道等对外交通设施，完善高速公路、环岛高速铁路、国道省道等内部快捷交通体系，建设旅游公路、内河航运码头、游艇码头、直升机场等旅游休闲观光交通设施，形成陆海空一体、有机衔接的综合立体交通系统。

结合海南自然资源环境特征，服从并服务于"圈层网络扁平化"的城乡空间结构，建设网络化、分散化的省域交通系统。

（一）基本思路

1. 适应国际旅游岛建设的需要，建设慢行道路交通系统

慢行道路交通无论是对生态环境保护而言，还是对旅游业发展而言都具有重要的意义。海南慢行道路交通系统的建设，从省域、市县两个层面进行（图2-25）。

省域层面，在建设环岛快速交通系统的同时，建设滨海慢行观光路；结合海南圈层分布的空间结构特征，在不同圈层采取不同的道路等级，避免高速公路穿越中部山区。

市县层面，因地制宜大力建设自行车

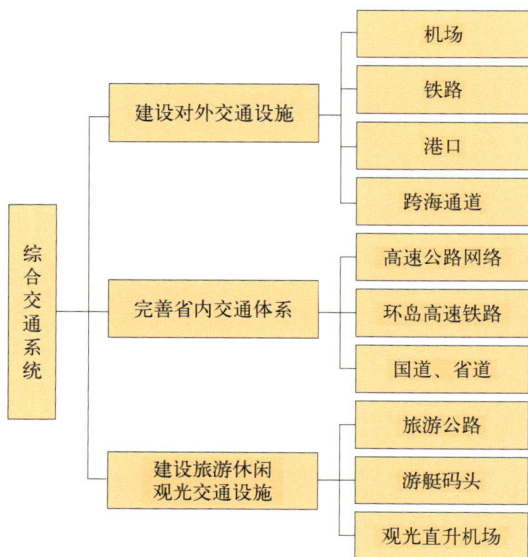

图 2-25 海南综合交通系统框架图

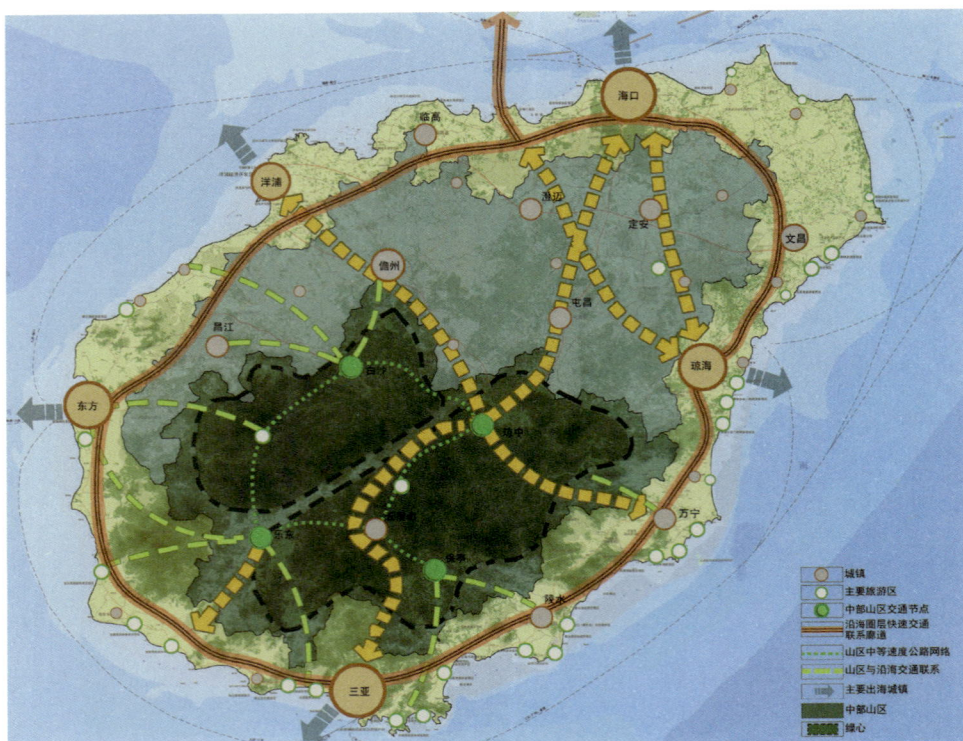

图 2-26 海南岛交通系统示意图

道路系统、非机动车道路系统，采用公交车、汽车、火车、电车、小型旅游车等多种交通方式支撑旅游业发展；在滨海旅游度区建设慢行道路系统（图 2-26）。

2．结合圈层结构，建设道路系统

根据海南城乡发展的圈层结构，发展建设重点在于环岛海岸圈层，现阶段这个圈层集中了全岛的大部分人口，集中了全省全部的大中城市。海南中部山区作为海南的"生态绿心"是以生态保护作为重点，引导人口往沿海城市转移。

根据海南城乡的发展设想，将来海岸带圈层和中北部平原台地区将集中全省 95% 的人口，而作为全省"生态绿心"的中部山区人口只占 5%。这样就决定了环岛交通是省域交通的重点，需要继续加强环岛的交通能力。

在作为海南"绿心"的中南部山区区域，交通系统应采用与生态环境较为协调的中低等级公路网络的交通方式，将干线公路集中化，并丰富支线公路网络。以琼中乌石（湾岭）作为中部地区中部山区对外交通的"北大门"，以保亭大本与乐东抱由作为中部山区对外交通的两个"南大门"。

"绿心"北大门以北区域属于琼北平原、低丘台地区，地形条件有利于工程建设，该区域人口多、经济比较发达，交通量比较大，而且北大门与其他城市及环岛高速公路的距离比较远，宜采用快速、大运量的、集中式廊道交通方式。

"绿心"大本、抱由两个南大门以南区域主要是要解决南大门与南部各旅游区之间的交通，这个区域交通以旅游交通和区域内短距离交通为主。南大门与三亚市区、海棠湾、亚龙湾以及环岛高速公路的距离均比较近，均不超过40公里，采用二级公路与高速公路所需的交通时间节省不到10分钟，而且地形条件比较复杂，建议建成分散化、网络化的二级公路交通网络。

（二）快慢适当的道路交通系统

基于海南城乡空间发展"圈层网络扁平化"的结构特征，并对中国台湾、日本北海道等国内外发达地区的相似海岛道路交通结构进行研究与借鉴，分地区、有差别地构建海南交通路网结构，建设适应国际旅游岛要求，快慢适当、内外有别的城乡一体化交通系统。

在环岛沿海岸圈层和北部平原台地区域以构建快速交通系统为重点，建立快速、廊道式的高速公路和铁路系统。

在中南部山区圈层，充分考虑生态系统比较敏感脆弱、工程建设影响破坏比较大、工程造价高等因素，不采用高速公路的交通方式，而采用普通公路，但是加大道路网密度，建设生态、舒适的中低等级路网系统。

在中南部山区与海岸圈层之间，建设分散化、网络化的二级公路交通网络。

专栏4

案例借鉴：发达地区相似海岛道路交通结构研究

1. 中国台湾岛道路交通结构

中国台湾岛的地形地貌跟海南岛较为相似，台湾岛面积35960平方公里，比海南岛略大，以山地、丘陵为主，约占土地总面积的2/3，低平地约占1/3。

中国台湾省总人口接近2300万人，是海南省人口的两2倍多，人口分布与经济发展的重心位于西部平原台地区，而东部与中部多山地与丘陵，人口稀少。

目前中国台湾省的公路分国道、省道、县道、乡道和专用公路五大类，总里程约2.1万公里。

在高速公路中，最重要的是从西部贯穿南北的国道一号和国道三号两条。

专栏4 图-1 中国台湾岛道路结构

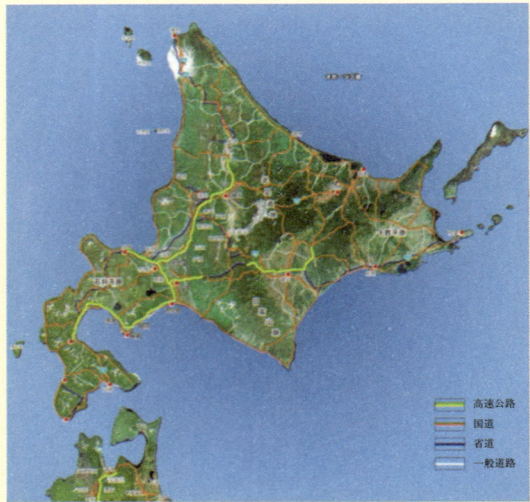

专栏4 图-2 北海道岛道路交通结构

国道一号（又称中山高速公路）北起基隆港、南至高雄港，全长 373 公里；国道三号（又称福尔摩沙高速公路）北起基隆、南至屏东林边。这两条为西部纵贯南北的高速公路。

国道五号自国道三号南港系统交流道分出，迄于宜兰苏澳，一般多称为北宜高速公路，是台湾目前唯一通往东海岸的高速公路，但是从东北角绕过山区，并且长度只有 50 公里左右，没有往南穿越多山的区域。

省道约 90 余条，仅台 9 线从东部穿越山区纵贯全岛，其他多数是东西部之间联系公路。

以上的分析可以看出岛内快速交通道路系统主要连接西部沿海平原的发达城市，而对于交通流量不大的中部地区南北向交通以普通省道和省道为主；在中部山区，则以大量的县道和乡道连接，但道路网络密度很大，纵横交错，伸入各县乡，既充分满足了当地居民出行的需要，又保护了中部与东部地区生态环境，降低社会传统文化受到的影响，同时也避免在山区丘陵地带修建高速公路导致的成本过高的问题。

2. 日本北海道岛道路交通结构

北海道岛位于日本国的北部，本岛面积 7.8 万平方公里，是日本列岛中仅次于本州的第 2 大岛，是海南岛的 2.3 倍。人口 564 万。

北海道有大约 1825 公里的高标准干线道路（高速公路）和大约 88000 公里的一般道路。

在一般道路中，其中一般国道约有 7000 公里，省道约有 12000 公里，市町村道大约有 70000 公里。

日本经济发达，北海道地域广袤，但高速公路里程只有 1825 公里，仅占北海道全部公路里程的 2%。然而，北海道路网密度极大，达到了 115.29 公里／百平方公里。

当地的公路建设理念是，仅以高速公路连接主要的城市、机场和港口，而本着尽量保护生态环境与维持社会文化和旅游资源的原则，大量修建连接各个县、乡、村的次级道路，以满足当地居民出行的需要，促进当地的经济发展。

例如，西部的石狩平原与日高山脉东侧的平原区域以自动车道（高速公路）连接主要城市，中部北见高地与日高山脉一带联系东西两大平原区的交通干线公路并未采用高速公路联通，而是只用普通国道进行连接。

3. 案例对于海南的启示

可以看出，社会经济都比较发达的中国台湾岛、日本北海道等地区高速公路只是连接人口稠密、经济发达的平原区域或低丘、台地区城市和城镇。而在生态系统比较敏感脆弱、工程建设影响破坏比较大、工程造价高的山区均不采用高速公路的交通方式，而是采用普通公路，但是道路网密度都比较大，这些都是值得海南借鉴和学习的地方。

五、打造和维护海南高品质的绿色生态格局

得天独厚的生态环境条件是海南发展的最大资本，也是保证海南可持续发展的最根本前提。国际旅游岛战略明确要求高度重视生态环境保护和建设，坚持生态立省、环境优先。一定程度上，保护和维护海南岛高品质生态环境，打造魅力独特的海南岛绿色体系，是海南国际旅游岛建设的根本。

海南绿色体系包括严格保护生态本底、主动构建生态景观格局等多个方面。

（一）划定空间开发边界，严格保护生态本底

划定省级层面需要严格保护和禁止开发的地区，作为空间大规模开发的边界，由省级

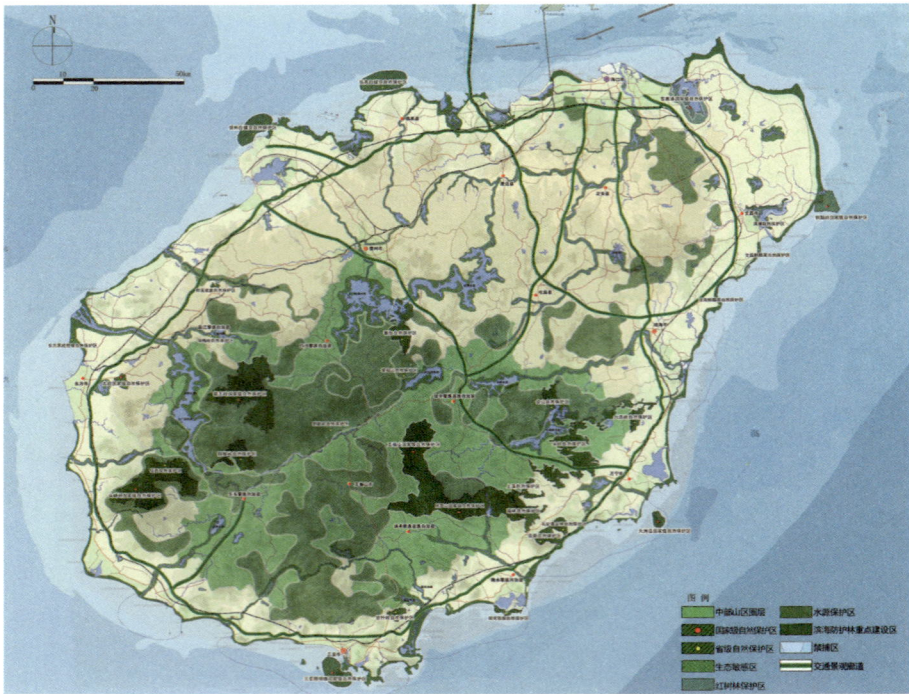

图 2-27 海南岛严格保护和禁止开发的地区

行政主管部门管理（图 2-27）。范围如下：

1. 自然保护区核心区

包括东寨港自然保护区、铜鼓岭自然保护区、霸王岭自然保护区、大田自然保护区、三亚珊瑚礁自然保护区、尖峰岭自然保护区、五指山自然保护区、吊罗山自然保护区和大洲岛自然保护区等 9 个国家级自然保护区核心区；海南东岛白鲣鸟自然保护区、西南中沙群岛自然保护区、儋州白蝶贝自然保护区、临高白蝶贝自然保护区、文昌麒麟菜自然保护区、琼海麒麟菜自然保护区、会山自然保护区、甘什岭自然保护区、清澜自然保护区、茄新自然保护区、尖岭自然保护区、礼纪青皮林自然保护区、六连岭自然保护区、南林自然保护区、上溪自然保护区、东方黑脸琵鹭自然保护区、猕猴岭自然保护区、保梅岭自然保护区、佳西自然保护区、南湾猕猴自然保护区、番加自然保护区、邦溪坡鹿自然保护区、黎母山自然保护区、鹦歌岭自然保护区等 24 个省级自然保护区核心；永兴鸟类自然保护区、大东海火岭自然保护区、六道自然保护区、三亚河红树林自然保护区、铁炉港红树林自然保护区、亚龙湾青梅港自然保护区、名人山鸟类自然保护区、白石岭自然保护区、保国山自然保护区、屋基村白鹭自然保护区、新英湾红树林自然保护区、儋州磷枪石岛珊瑚

74

礁自然保护区、洋浦鼻自然保护区、花场湾沿岸红树林自然保护区、加连潭自然保护区、大花角自然保护区、彩桥红树林自然保护区等 17 个市县级自然保护区。

2．区域水源保护区、保留区

包括南渡江龙塘水库保护区、永庄水库保护区、松涛水库、南渡江金江水库保护区、福山水库、万宁水库、下园水库保护区、深田水库保护区、竹包水库保护区、石碌水库保护区、太平水库保护区、南圣河源头水保护区、百花岭水库保护区、赤田水库保护区、福万水库保护区、南茶水库保护区、昌化江源头水保护区、保城西河源头水保护区等 29 个市县城饮用水水源保护区和 60 个乡镇集中饮用水水源保护区。

3．森林公园核心区

包括兰洋国家森林公园、黎母山国家森林公园、七仙岭国家温泉森林公园、吊罗山国家森林公园、海口火山国家森林公园、尖峰岭国家森林公园、霸王岭国家森林公园、猴猕岭省级森林公园等。包括风景名胜区、河湖湿地、地质遗迹、公益林地、基本农田、自然生态岸线等法律、法规确定的禁止建设地区和生态高度、极度敏感地区。

（二）主动构建生态景观格局，拓展城乡绿色空间

依托景观密集区，构建体现海南特色的生态景观格局，拓展城乡绿色空间（图 2-28）。

保护和维持中部山区高品质的生态环境条件，建设海岛绿心。依托河流、生态保护区、林地分布，构建十条生态绿廊，由山区向沿海渗透，促进山海联动。

10 条生态绿廊分别是：南渡江廊道、万泉河生态廊道、会山—六连岭生态廊道、茄新生态廊道、赤田—藤桥河生态廊道、宁远河生态廊道、霸王岭—尖峰岭生态廊道、昌化江—鹦哥岭生态廊道、珠碧江生态廊道、松涛水库—牙拉河生态廊道。依托"环形"基础设施廊道构建绿环和生态节点，形成沿海城镇外围绿色生态背景和屏障，提高区域生态系统的连通程度。

12 个生态节点包括：南渡江河口生态节点、东寨港生态节点、八门湾生态节点、官回洋坡生态节点、六连岭滨海生态节点、茄新滨海生态节点、藤桥河口生态节点、宁远河口生态节点、尖峰岭滨海生态节点、昌化江河口生态节点、珠碧江河口生态节点、新英湾生态节点等。

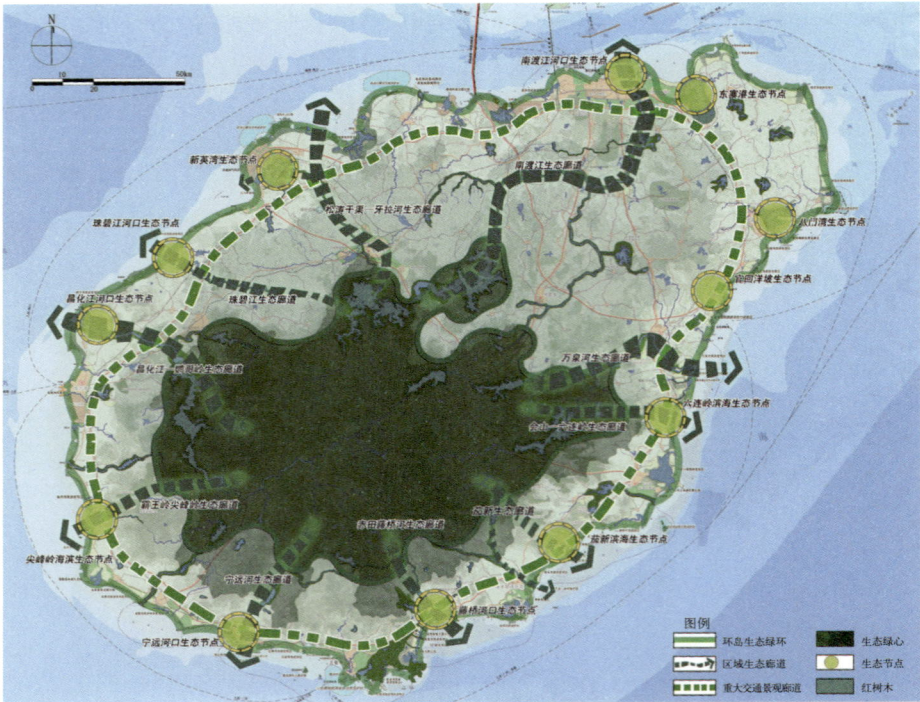

图 2-28 海南岛生态廊道及生态景观格局

六、完善适应后工业化发展的海南特色社会形态

面向后工业化社会，建设完善海南特色的管理体制、人才结构和社会形态。

（一）巩固和完善"扁平化"管理体制和社会结构，引导社会多元融合

进一步完善海南省直管市县的管理体制，推进农垦系统改革，减少开发主体，建设扁平化的社会管理体制；深化户籍和税收制度改革，消除城乡壁垒，实现公民权利和发展机遇的平等，科学规划引导全省人口流动和劳动力转移、就业。

以服务多元社会为导向，从满足人的不同层面需求出发，在文化、教育、卫生医疗、社会保障等方面推进基本公共服务的均等化，并在空间上探索实现基本公共服务均等化的模式，建设全省一体化的服务保障体系。

（二）大力实施人才战略，多种方式吸引和培养人才，加强人才储备

实施具有海南特色的"人才强省"战略，统筹推进各类人才队伍建设。制定面向人才创新创业扶持政策、非公经济组织和社会组织人才发展政策、城乡和区域人才流动引导政策、教育先行政策等多种人才政策；同时采取多个务实的人才开发计划，包括高层次创新

创业人才引进培养工程、旅游业为龙头的现代服务业人才开发工程、热带农业人才和南海资源开发工程、优秀企业家培养工程等。

（三）加强文化建设，建设开放包容文明的国际旅游岛

以文化建设来改善社会结构、引导社会风尚、打造发展软实力。以建设多元包容的社会主义和谐文化为主导，弘扬民族优秀文化传统，借鉴人类有益文明成果，倡导和谐理念，培育和谐精神，充分展现国际旅游岛的文化价值，奠定具有海南时代精神的文化、思想和道德基石。以文化创新作为构建后工业化社会和国际旅游岛建设的重要内容，积极发展各种、各类文化事业和文化产业，创建独具特色文化环境和文化氛围，坚实国际旅游岛发展的文化基础。形成多元化、多样性、独特性、卓越性共存，多种文化融合，特色文化卓越，文化事业繁荣，文化产业发达，市民文化素质较高，开放包容文明的国际旅游岛。

第三章　海南的城乡经济发展

海南城乡经济发展具有很强的独特性，在客观认识独特性的基础上，明确新时期城乡经济发展的目标和重点是支撑海南非传统跨越的重要基础。在系统梳理城乡经济发展的研究脉络、确定城乡经济发展的认识框架基础上，结合海南的实际，提出新时期海南城乡经济发展的重点是加快城乡经济发展的同时，增强城乡经济联系，完善城乡经济结构和优化城乡经济布局。核心是强化城乡资源的统一开发利用，引导海南形成独特的产业结构和空间结构。

第一节　城乡经济发展的认识框架

城乡经济关系是城乡关系的重要组成部分，无论是在西方还是在中国，对城乡经济发展的认识均是随着对城乡关系的不断认识而逐步深入的。把握城乡经济发展研究基础和脉络，厘清城乡经济发展的认识框架，是研究海南城乡经济发展的重要基础，也是界定研究内容的根本前提。

一、城乡经济发展的研究基础和脉络

早期西方对于城乡经济发展的研究是从简单的城乡关系分析入手的，起源于对工业革命后城乡经济日益突出的矛盾的思考。莫尔（1516）的"乌托邦"理想社会、傅里叶（1799）的"和谐制度"、欧文（1823）的"新村公社"等早期空想社会主义设想首先提出了城乡一体化的构想。19世纪末叶霍华德（1898）的"田园城市"、20世纪上半叶拉塞尔（1925）的"城乡相互作用机制"、沙里宁（1943）的"有机疏散理论"、赖特（1935）的"广亩城"等思想和理论也都开始体现了城乡融合发展的基本理念。这些理论均体现了朴素的城乡经济整体发展观。

1950 年代之后，西方对城乡经济发展的研究重点逐步转向对"城乡经济二元结构"的关注。自从帕克首次提出了"二元结构"的概念后，对城乡经济二元结构的研究从产业结构和空间结构两个维度不断推进。产业结构方面主要通过对产业结构变迁、劳动力转移、资本积累、技术选择等方面的分析，构建了工农业互换融合的基本框架和理论模式，典型的包括刘易斯的"二元经济模型"（1954）、费景汉和拉尼斯的"刘－费－拉模型"（1961）、乔根森的"乔根森模型"（1961）等。空间结构方面，重点是对城乡经济发展的差距从空间视角给予关注、解释和引导，典型的包括佩鲁的"增长极"理论（1955）、缪尔达尔的"地理二元结构"理论（1957）、赫希曼的"不平衡发展理论"（1958）、弗里德曼的"核心－边缘"理论（1972）等。这些理论均带有明显的"城市偏向"，"以工促农、以城带乡"是其基本假设前提。

1980 年代后，西方对于城乡经济发展的研究视角和思路更加宽广，并且研究更加细致微观。研究的重点已经从单纯的城乡经济二元结构，拓展到城乡产业联系、城乡经济功能组织、城乡收入差距、城乡经济发展模式等领域。研究普遍抛弃了"城市偏向"的思维，更加注重在实证研究的基础上对城乡均衡发展模式的总结和提炼，更加关注实证案例背后的动力机制解释。典型的如麦吉（1989）对于"Desakota"模式的总结与解释、道格拉斯（1999）以"流"为方式研究城乡经济联系构建的"区域网络模型"、爱普斯坦（2001）构建的以乡村增长区域、乡村增长中心及城市中心为基础的"三维城乡合作模式"等。

在我国，城乡经济发展研究的关注点始终在"城乡二元结构"上，一直以来强调的是通过城乡关系的调整来达到经济发展的目的，新中国成立后是通过强化"城乡二元结构"来实现城市和工业的发展，改革开放后则是通过不断的改革创新来弱化和破解"城乡二元结构"，解决"三农"问题。与西方相比，国内对于城乡经济发展的研究，以对策性的应用研究为主，基础理论和具体实证案例研究较少，多是借鉴西方研究理论来认识、衡量、评价和解释中国的城乡经济二元结构，并在政策上谋求破解二元结构的对策。

值得肯定的是，这些应用性的对策研究在漫长的城乡关系调整进程中，不但解决了大量的发展中的实际问题，而且最终反映在了新时期国家层面上城乡关系的战略调整上。2003年，党的十六届三中全会，明确提出了"五个统筹"的战略思想，"统筹城乡"发展上升为国家战略，并首次明确提出了"建立有利于逐步改变城乡二元经济结构的体制"。之后，2004 年十六届四中全会，"两个普遍性倾向"的提出；2005 年十六届五中全会，"社会主义新农村"建设的提出；直到 2007 年十七大"形成城乡经济社会发展一体化新格局"的明确提出，标志着国家在战略层面真正进入了城乡经济社会发展一体化的新阶段。2012年党的十八大和十八届三中全会更加明确了城乡发展一体化的战略任务和改革重点，强调了通过新型城镇化解决"三农"问题、调整城乡关系、推进城乡发展一体化的逻辑思路。国家战略层面的调整，带动了以"城乡一体化"为目标的大量规划实践的开展。实证案例的不断丰富，又进而带动了对具有中国特色的城乡经济发展模式和理论模式的总结和归纳。典型的如陈宗胜、黎德福（2004）构建了一个内生农业技术进步的二元经济增长模型，并以此对颇多争议的"东亚奇迹"及中国二元结构的转换进行了分析；曾国平、王韧（2006）构建了一个四部门的双二元递推理论模型，研究了中国经济开放与收入差距的变动趋势；向国成（2005）构建出超边际分析模型，认为提高社会分工水平可以解决"三农"问题；李陈华、柳思维（2006）根据Harris-Todaro模型，建立一个更为切合我国城乡经济关系实际的二元经济模型，综合分析城乡收入差距、农民工进城就业问题等。这些研究，引导我国对于城乡经济发展的理论模型研究逐步走向深入。

可以看出，协调城乡经济关系始终是城乡经济发展研究的核心命题，无论是着眼于缩小城乡经济差距，还是着眼于完善城乡经济结构、建立城乡经济联系，其取向均是引导城乡均衡发展，对我国而言就是引导形成"城乡经济发展一体化"。传统的研究中，对于城乡经济结构（主要是产业结构）、城乡经济联系（主要是要素"流"）的关注较多，对于空间要素虽有关注，但始终没有形成成熟的理论框架和体系。随着新经济地理学的不断发展，从空间距离、空间密度、空间分割等角度来观察和解释城乡关系的思路和方法不断成熟，缩短城乡空间距离、增强城乡空间密度、减少城乡空间分割对促进城乡经济发展一体化的重要意义逐渐被认识和接纳。

二、城乡经济发展的认识框架

对城乡的理解可以有两个视角：其一，从资源（尤其是空间资源）配置的角度看，城乡是一个整体，是一个完整的区域概念。从这个视角理解城乡经济发展，其核心是城乡整个区域资源配置方式和配置效率的问题，而经济结构是决定资源配置方式的基本形式，包括产业结构和空间结构。如果一个区域拥有符合经济发展趋势且有优势资源作支撑的主导产业，拥有产业间紧密联系的产业结构，以及由强大增长中心为空间组织核心，各产业合理布局的空间结构，就能够实现本区域快速经济增长。其二，将城乡分别作为独立发展的个体，从二者之间的关系理解城乡经济发展，其核心则是增强二者联系，破除二元分割，

加快城乡经济发展 → 加快城市经济发展 / 加快乡村经济发展

城乡经济发展一体化

完善城乡经济结构 → 明确主导产业 / 缩小收入差距 / 调整所有制结构 / 改善规模结构

增强城乡经济联系 → 拓展产业链条 / 促进产业优势互补 / 提升城乡经济合作 / 增加财政转移支付力度

优化城乡经济布局 → 高效农业布局 / 新型工业布局 / 现代服务业布局

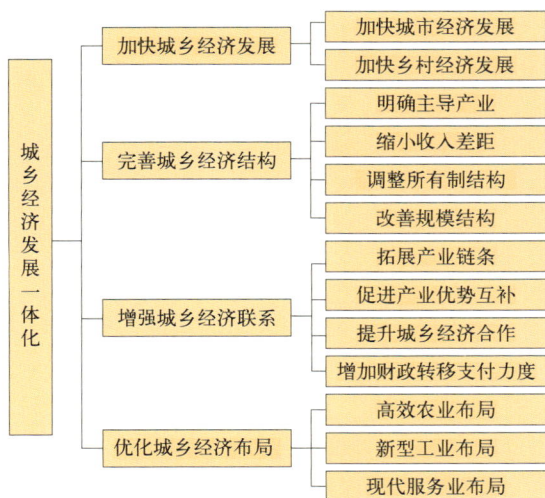

图 3-1　城乡经济发展一体化的内容体系

实现一体化融合的问题。城乡产业联动发展、城乡功能协调则是城乡经济发展的主要命题。综合两个视角，可以看出城乡经济发展的核心是城乡经济关系的调整和城乡空间资源的配置，经济关系调整的目标是实现一体化，空间资源配置的目标是实现价值最大化。

新时期，我国城乡经济发展的核心任务是实现城乡经济发展一体化，其基本内涵是城市（城镇）与乡村在产出效益上趋于一致，根本要求是实现城乡经济要素的自由流动和平等交换，城乡空间资源的统一高效开发利用与保护，最终城乡在实现整体价值最大化的同时，在内部实现相对均衡化。主要途径则是，在保持城乡经济增长的同时，以资源配置为核心实现经济结构的优化（包括产业结构的优化升级和空间结构的优化完善）和城乡经济联系的增强（图 3-1）。

遵循上述理解，结合海南的实际，确定新时期海南城乡经济发展的重点是在加快城乡经济发展的同时，增强城乡经济联系，完善城乡经济结构和优化城乡经济布局。核心是强化城乡资源的统一开发利用，引导海南形成独特的产业结构和空间结构，支撑海南面向后工业化社会的非传统跨越。

基于这一认识框架，参考前述城乡经济发展的分析理论和方法，本章首先从经济结构、经济联系、经济距离和经济分割四个角度入手，分析海南城乡经济发展的独特性；之后结合新时期海南跨越式发展的目标，提出支撑海南城乡发展的产业体系、功能格局；最后针对"国际旅游岛"的具体要求，对海南城乡功能体系和功能分区给予具体的指引。

第二节　海南城乡经济发展的独特性

海南是我国最大的经济特区和唯一的热带岛屿省份。建省办经济特区 20 多年来，经济发展取得显著成就。2013 年，全省生产总值 3146.5 亿元，其中，第一产业增加值 756.5 亿元，第二产业增加值 871.3 亿元，第三产业增加值 1518.7 亿元。按常住人口 895 万人计算，人均生产总值 35145 元。城镇居民人均可支配收入达到 22929 元，农民人均纯收入 8343 元，全口径财政收入 821.1 亿元。具有海南特色的产业结构初步形成，热带特色农业、新型工业、服务业迅速发展，三次产业结构比例为 24.0：27.7：48.3。

与此同时，海南也是我国的经济小省，是我国经济结构最为独特的省份，凭借其独特的资源优势和重要的战略地位，经济发展走过了不同于其他省区的独特历程。从 1992 年之前以农业为主体的传统经济格局到其后以第三产业为主导，海南的产业发展过程中，第二产业一直未占主导地位。无论是经济结构、经济联系还是经济距离、经济密度均有一定的独特性。

一、经济结构：依托资源特色的产业结构，面临转型升级迫切要求

（一）农业地位突出，但现代化程度偏低

海南的产业结构存在一些特殊性，第一产业占 GDP 比重居全国之首，而非农产业比重低，居全国末位。2012 年海南农业占 GDP 的比重为 24.9%，远高于全国平均水平，也高于安徽、四川等农业大省；而非农产业占 GDP 比重为 75.1%，位居全国末位。从各市县产业结构来看，第一产业仍是大部分市县的主导产业。2012 年，包括临高、乐东、琼中、白沙等市县的第一产业比重超过 50%，农业不仅是本地经济的主要支柱，也具有较强的对外竞争力（图 3-2）。

通过对各市县第一产业竞争力的比较分析看出（图 3-3），临高、文昌、定安、临高、儋州、乐东、白沙、琼海、琼中、陵水等县市，农业不仅是占据较高的比重，同时也体现

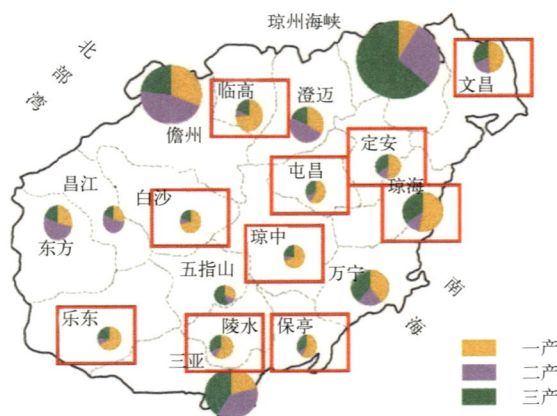

图 3-2 各市县经济规模及三次产业结构（2012 年）

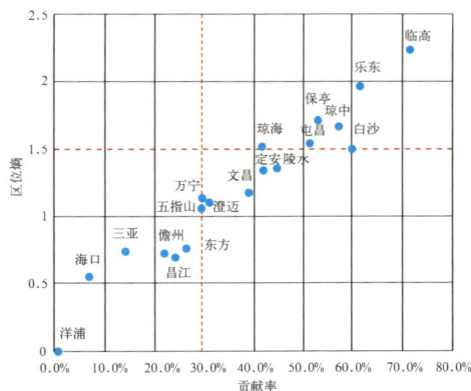

图 3-3 各县市第一产业竞争力比较（2012 年）

出较突出的区域优势。

优越的热带农业生产条件，决定了农业在海南国民经济中的重要地位。同时，也是由于热带农作物一年三熟、种植相对简单且高效、单位土地面积经济效益高于全国平均水平的特点，依靠种植一项就能让农民有较为丰厚的收入，制约了农民延伸产业链条、发展现代农业。因此，海南的农业无论是从组织模式、技术创新、观念与劳动力素质等方面来看，还是从现代农业发展的配套环境看，其现代化程度均偏低（表3-1）。

海南省农业现代化水平考核情况（2012年）　　　　　表3-1

指标	农业现代化时期	海南
人均GDP（美元）	>3400	5151
第一产业从业人员占全社会从业人员的比重	<20%	47.69%
第一产业增加值占国内生产总值的比重	<10%	24.90%
耕种收综合机械化程度	>85%	—
农业劳动生产率（美元）	>2600	4905
预期受教育年限	12～14年	9年
成人文盲率	<10%	5.07%
农民人均年纯收入（美元）	>1200	1178.59
城市化率	>65%	51.60%
平均预期寿命	>70岁	76.3岁

（二）旅游业的经济拉动作用明显，但面临优化提升、转型升级的挑战

海南产业结构的另一个特色就是旅游业收入对GDP拉动效果较为显著。2012年海南旅游收入379.12亿元，相当于当年GDP的13.3%，占第三产业增加值的28.3%（图3-4）。分析2005～2012年海南省旅游收入对国民生产总值及第三产业的拉动效果，可知旅游收入对GDP增长的贡献率基本保持在10%以上，2008～2012年旅游收入对GDP增长拉动1.3～3.6个百分点。

但整体而言，除部分旅游地产等重大项目外，海南旅游产业的发展多数仍处于初级开发状态。面对"国际旅游岛"

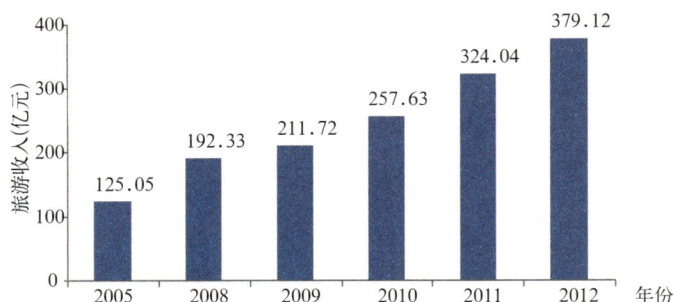
图3-4 近年来旅游收入变化（亿元）

83

建设的要求，旅游产业面临着优化提升、转型升级的诸多难题，譬如旅游产业对地区经济的拉动不足；旅游产业链未得到有效延伸；开发主体多元、效率较低；旅游服务和管理需要加强，欺骗性旅游购物现象频现，旅游信息的咨询服务不足，对生态型开发的关注程度需要提升等。

以旅游景区项目为例，旅游景区项目是海南省旅游产业的重要组成部分，但布局高度集中，对乡镇地区拉动作用不明显（图3-5）。

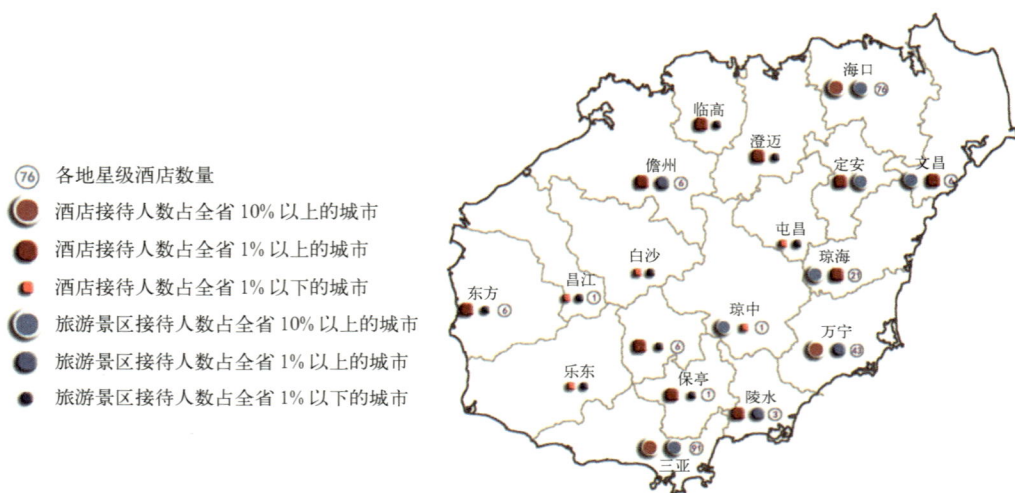

图3-5 各地区旅游接待与景区人数分布图

从旅游产业链来看，海南旅游业的食、住、行、游、购、娱产业要素结构尚不合理，产业链难以延伸至乡村，当地居民未能充分参与旅游发展。城乡基础服务功能的不完善，使得海南旅游产业要素相对单一。在现有的度假区等旅游产品的发展运营中，由于多方面的制约，旅游区所需的设备、产品、原料很少能从社区的范围内获取；从另一方面来看，海南的热带农业、林业、渔业资源丰富，具备向旅游产业延伸的潜在优势。但目前海南除了开发了一些像兴隆热带植物园、呀诺达等类型的景区外，并未充分利用其特有的农、林、渔业资源，发展高附加值的旅游产品深加工和旅游服务业。

（三）现代服务业发展相对滞后，难以适应国际旅游岛建设的实际需求

数量上看，从1992年开始第三产业比重超过第一产业成为海南省支柱产业，到2012年海南第三产业对经济增长的贡献率达到61.6%。但从内部结构看，海南的服务业主要是由旅游业衍生而来的传统服务业，包括交通运输、批发零售、住宿餐饮等，而包括金融保

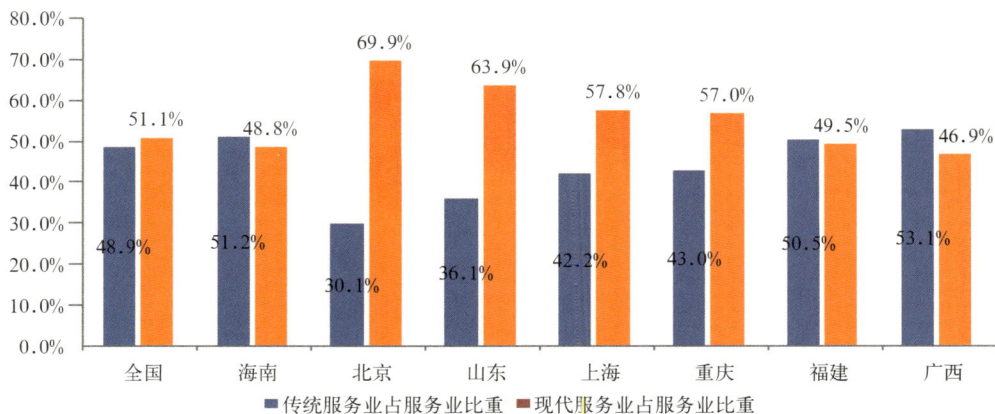

图 3-6　国内部分省区服务业结构比较（2012 年）

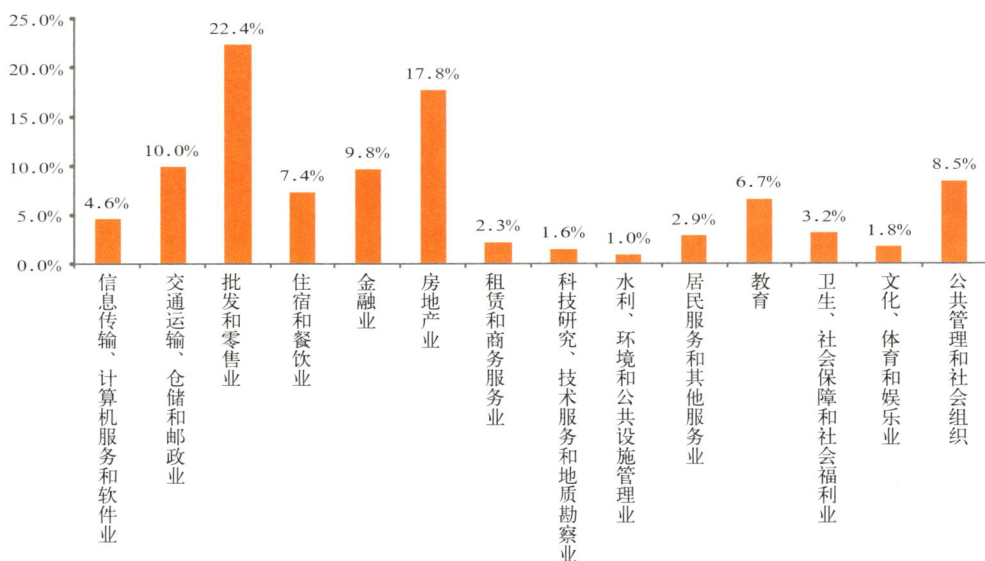

图 3-7　海南省服务业内部结构（2012 年）

险、房地产等在内的现代服务业所占比重为 48.8%，低于全国平均水平的 51.1%，更低于经济发达的省市。（图 3-6、图 3-7）。

　　尤其是，面对国际旅游岛建设的要求，包括教育、医疗、金融保险、文化体育娱乐等在内的现代服务业，海南现状发展水平与国内其他省区相比差距较为明显。

　　教育方面，岛内居民高中以上受教育水平低于全国平均水平，尤其是为旅游服务的相关服务类职业教育发展相对不足。高等学校服务业相关专业中，培养学生占据主导地位的是国际贸易、电子商务等，直接面向国际旅游服务的休闲服务、金融服务等比重较低，难以满足国际旅游岛建设的服务需求（表 3-2）。

海南高等学校服务类专业设置及招生情况   表 3-2

服务业门类	相关专业在校生数（人）				备注
	本科	比例(%)	专科	比例(%)	
信息服务业	4501	10.62	9086	15.17	通信、网络、传媒、广告等
中介服务业	3523	8.31	8157	13.62	会计、审计、评估、法律服务等
金融服务业	1037	2.45	284	0.47	金融、证券、保险等
休闲服务业	5056	11.92	5456	9.11	宾馆饭店、景区管理、度假旅游等
房地产服务业	2338	5.51	2168	3.62	建筑装潢、环境设计等
公共服务业	1490	3.51	2228	3.72	物业管理、社区服务、公关礼仪、秘书服务等
流通服务业	4972	11.73	12156	20.29	国际贸易、电子商务、物流管理等
维修服务业	113	0.27	1813	3.03	汽车维修、电器维修、办公设备维修等
医疗保健服务业	4050	9.55	3130	5.23	临床医学、护理等
文化产业	6729	15.87	6833	11.41	汉语言、英语、日语等
教育服务业	8593	20.27	8587	14.34	师范类专业
合计	42402		59898		

　　医疗保健服务方面，海南卫生医疗资源难以满足群众多层次需求，更难以满足未来国际旅游岛建设的需要。反映在以下几个方面：一是人均享受的医疗资源与发达地区相比偏低，每千人拥有医师数 1.57 人，低于北京（4.4）、上海（3.8）、天津（2.8）等地区；每千人注册护士数 1.47 人，同样与北京（4.19）、上海（3.39）、天津（2.21）等地区有明显差距；二是医疗机构分布不尽合理，海口、三亚高度集中，病床使用率达 120%；三是公共卫生人才缺乏，卫生从业人员中本科学历以上比重为 14.08%，低于全国 17.1% 的平均水平，高级职称比重 6%，同样低于全国 7.1% 的平均水平（图 3-8）。

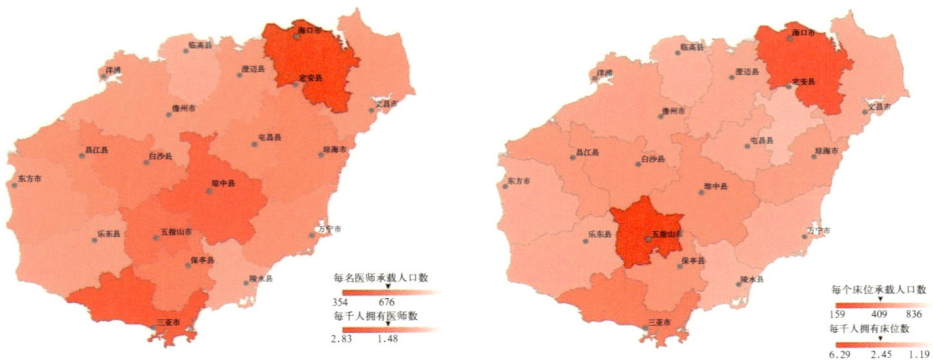

图 3-8 人均享有的医疗资源分布情况（2009 年）

二、经济联系：产业链短，产业间关联度不高，城乡协作水平较低

对经济联系的判断分三个层次看，首先是各产业领域内部产业链的联系；其次是各产业之间的合作与融合，包括产业间配套协作，也包括因产业融合而形成新兴产业、新型商业模式等；三是城乡产业之间的协作联系。

（一）产业链较短，本地带动能力不足

1. 热带农业方面

热带农业是海南省第一产业的支柱，也是海南省的特色产业，多种热带农作物产量都占据全国前列。但热带农业目前止步于农产品初加工，高端化配套服务较弱，还处于粗放的农业发展阶段。由于产业链的延展性不够，当前对农产品仅仅局限于在乡镇当地的初级加工，高附加值的产品深加工、食品制造产业基本没有涉及。

如海南所产槟榔经过初加工处理后直接运往湖南，使湖南成为全国的槟榔制品制造大省和消费大省；2009 年海南农产品加工率仅 35% 左右，比全国平均水平低 16 个百分点，发达国家的农产品加工率一般在 90% 以上。

以香蕉产业链为例，海南的香蕉主要有三个销售方向：普通市场、高端市场以及出口。香蕉采收后，经过分拣，用竹箩等普通包装即可销往普通市场，销往高级市场则需要对香蕉进行简单的分级，用纸箱装载，部分还需要预冷处理，而出口的部分，则多一道出口检验程序。现状看来，海口的香蕉产业链非常短，仅限于鲜果销售，没有触及深加工制造等高附加值的产业环节（图 3-9）。

2. 工业方面

工业大型企业的产业链不完整，缺乏对本地经济的带动。

较为典型的是石化产业，目前海南石化行业的几家大型公司主要集中在上游环节，如海南福山油田勘探

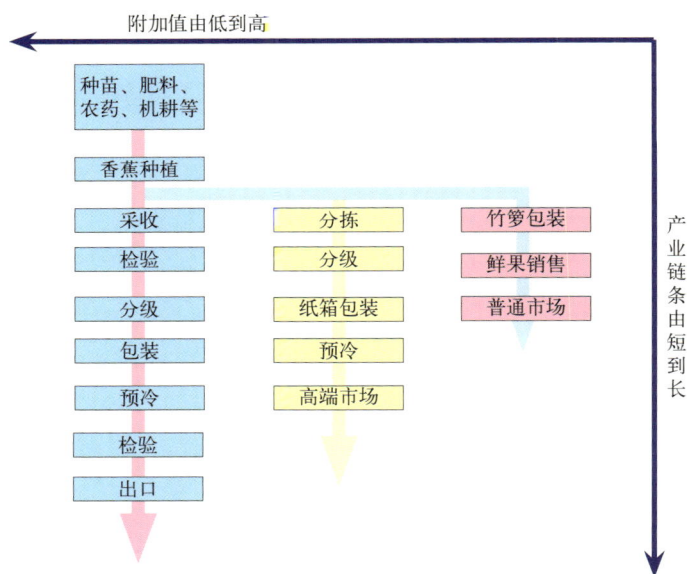

图 3-9 海南香蕉产业链条

开发有限责任公司主要从事油气开采，中石化海南炼油化工有限公司主要从事原油炼制，中海石化与中海油气从事成品油的精炼化工，还有大多数石油企业是从事石化产品的储运销售，但是基本没有企业从事下游深加工环节，更难以形成产业集聚。而上游环节终端产品中基本有机品的生产和销售，多属于集团公司内部行为，对本地产业、就业的带动作用有限(图 3-10)。

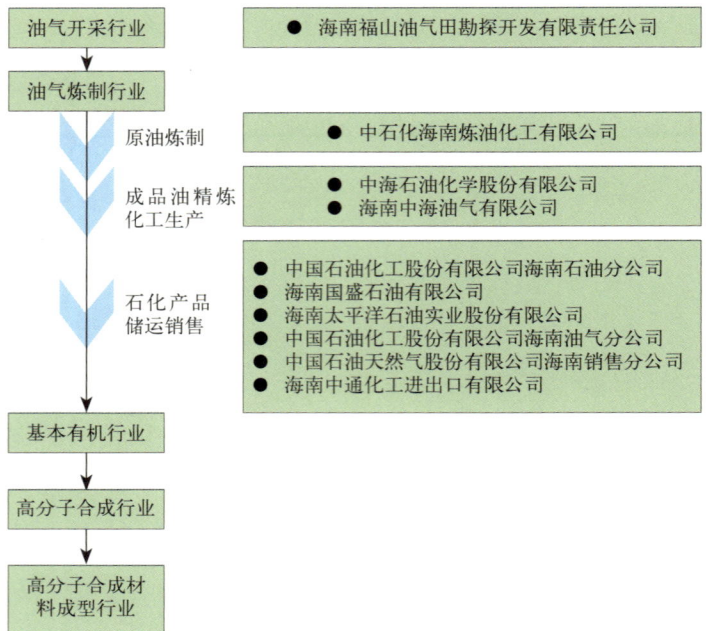

油气开采行业

油气炼制行业

原油炼制

成品油精炼化工生产

石化产品储运销售

基本有机行业

高分子合成行业

高分子合成材料成型行业

● 海南福山油气田勘探开发有限责任公司

● 中石化海南炼油化工有限公司

● 中海石油化学股份有限公司
● 海南中海油气有限公司

● 中国石油化工股份有限公司海南石油分公司
● 海南国盛石油有限公司
● 海南太平洋石油实业股份有限公司
● 中国石油化工股份有限公司海南油气分公司
● 中国石油天然气股份有限公司海南销售分公司
● 海南中通化工进出口有限公司

图 3-10 海南石化产业发展环节

（二）产业间关联度不高，城乡产业合作水平较低，协调性较差，缺乏统筹

从国际国内成功的经验可以看出，三次产业之间有效地衔接、城乡要素之间有效互补是提升资源利用效率、促进地区经济合理发展的重要条件。

目前，产业间关联度不高是海南经济的一个重要特征。海南的三次产业联系不足，热带农业、工业以及旅游业之间没有形成有效的配合，制约了资源利用效率的提高。

以屯昌为例，其传统农业发展较好，但缺乏相关服务业和工业加工业产业联动支撑，产业化程度较低，工业发展也缺乏特色，多个产业各自为政，均未能达到效益和效率的提升。城乡之间，县、镇、村各级单位的产业发展相对孤立，产业要素流动性不强，没有形成区域间的产业合作，致使产业的发展壮大受到一定的限制。

专栏5

屯昌案例

屯昌县 2012 年第一产业增加值 22.14 亿元，占 GDP 的 51.3%，其中传统农业占有很大的比重，其生产的橡胶、槟榔、瓜菜、荔枝和屯昌黑猪、罗非鱼等具有较高的知名度，但整体上看，其品牌运作能力不强，技术含量较低，产

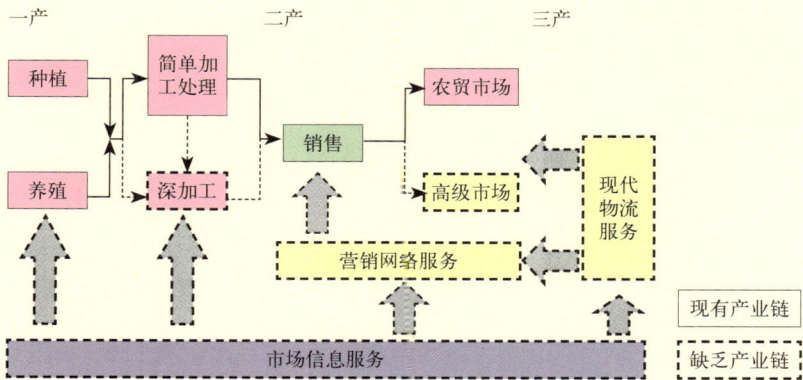

专栏 5 图 -1 屯昌三次产业之间的协作链条示意

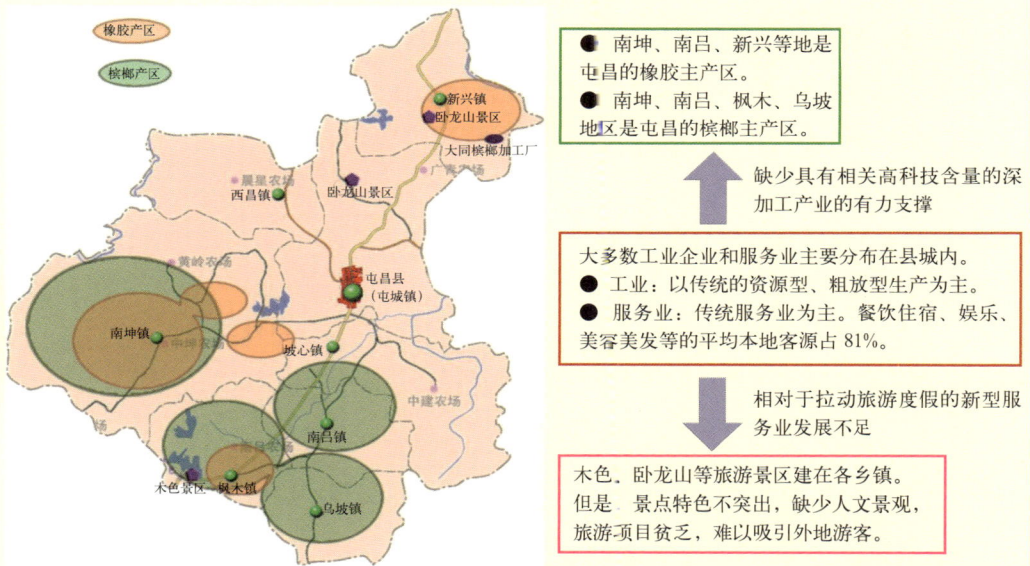

专栏 5 图 -2 屯昌城乡产业之间的协调配合现状问题

业化水平较差，产品附加值偏低，缺少延伸的产业链条；第二产业仅占 GDP 的 10%，比重非常小，且主要分布在县城内，缺乏基于当地特色热带农业资源的关联性产业；从服务业上来看，交通运输、邮政业和批发零售餐饮业等传统服务业占据主导地位，但服务于热带农业、度假旅游等相关产业的新兴服务业发展不足，而且主要集中在县城内，其他镇发展非常落后。

从城乡发展来看，现状城市化水平很低，城市建设用地仅占 6.1%，农业人口占全县的 80.9%，所辖 8 个镇，均以发展农业为主，是典型的农业县，各镇之间的产业合作性较差。县、镇、村的产业发展协调性差，没有形成统筹发展模式。

橡胶和槟榔是屯昌的两大支柱产业，种植地区主要集中在屯昌南部的南坤、枫木、乌坡、南吕以及新兴等地，但是配套的深加工企业数量却很少，而加工厂的地点也比较分散，没有形成产业集聚。

屯昌还建有木色、卧龙山等旅游景区，但是由于景点特色不突出，难以吸引外地游客，而当地服务业主要集中在县城，且以传统服务业为主，无法为各镇提供促进产业发展的新兴服务业，特别是对旅游业的拉动力量不足。

三、经济密度：空间不均衡，规模经济效益不高

（一）经济发展水平明显不均衡，海口、三亚、洋浦三足鼎立

海南的经济空间布局呈现出海口、三亚和洋浦三足鼎立的局面，2012年海口地区生产总值为818.75亿元，占到全省的26.7%，排在其后的是包含洋浦在内的儋州市和三亚市，生产总值分别为419.6亿元和331.0亿元，占全省生产总值的比重为13.7%和10.8%，它们遥遥领先于别的地区。其中，经济最发达的海口、儋州（包含洋浦在内）、三亚，其人均GDP为38633元、44719元和46370元，分别是位居最后的琼中的2.6倍、3.0倍和3.1倍；

人均GDP最高的地区是洋浦，2012年高达44.93万元／人，是海南省平均水平的9.2倍（图3-11）。

全省的第三产业主要集中在海口市，其第三产业比重达到68.7%，占全省第三产业生产总值的45.5%；工业增加值则呈现出海口、洋浦的领先局面；财政收入方面海口和三亚居于领先地位（图3-12）；居民存款以及消费方面海口、三亚要高于其他地区，首位度达到4.5和4.1，体现出海口和三亚地级市的作用。

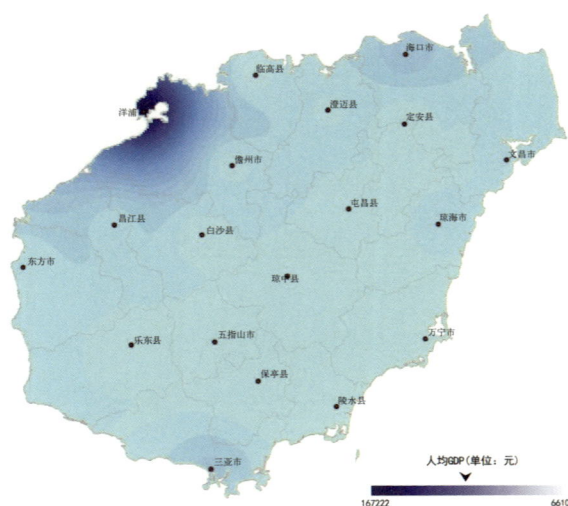

图3-11 人均GDP的空间格局（2009年）

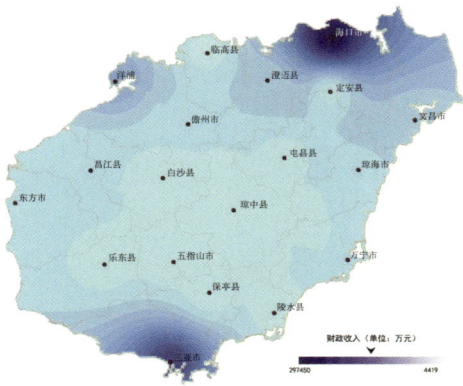

图 3-12 财政收入的空间格局（2009 年）

（二）"有项目没产业、有集中没集群"，规模经济没有显现

近年来在"大企业进入、大项目带动"的战略方针指引下，海南的工业快速发展，增速年均保持在 10% 以上，化工、造纸、汽车等重化工业增长较快，并在空间上形成了以洋浦经济开发区、老城经济开发区、昌江工业园、东方工业园等为代表的工业集聚区。

但从产业融合角度看，以石化、造纸、汽车等重大项目为支撑的海南工业，虽然形成部分工业基础，但缺乏相对完整的工业体系，一直处于"有项目有企业无集群"的局面，工业产业溢出效益不明显，对农业、服务业的带动较差。大型工业项目虽然在空间上集中分布，但并没有带动本地的配套产业快速发展，产业的空间集中，并没有相应地带来由产业之间联系紧密的产业分工，集群现象并不突出。

四、经济距离：自然距离小，经济距离较大

海南岛陆地面积较小，随着近年来交通设施的不断完善，自然距离比较小。通过计算可以看出，目前海南岛屿上的任何一点都能在 1 小时内到达一个地区中心城市，城乡之间自然空间上的连接距离比较短（图 3-13、图 3-14）。

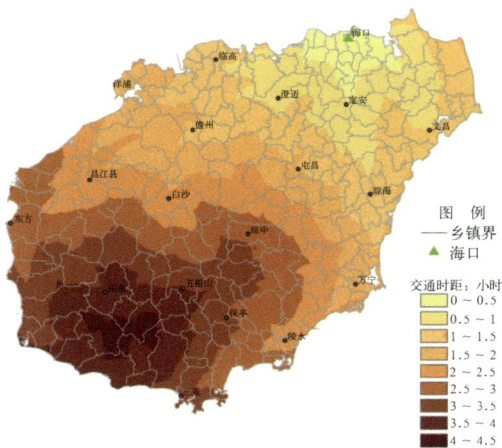

图 3-13 海口的空间通勤距离计算结果

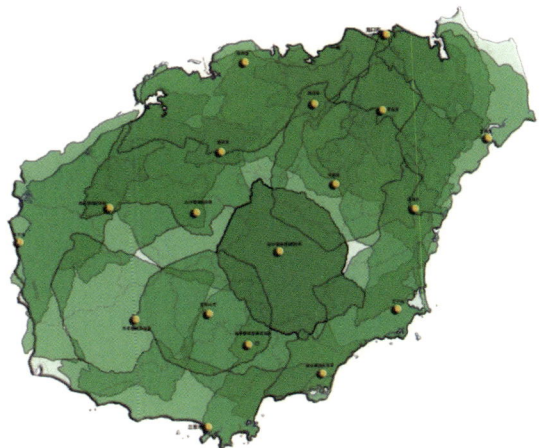

图 3-14 各县市一小时通勤圈空间拼合

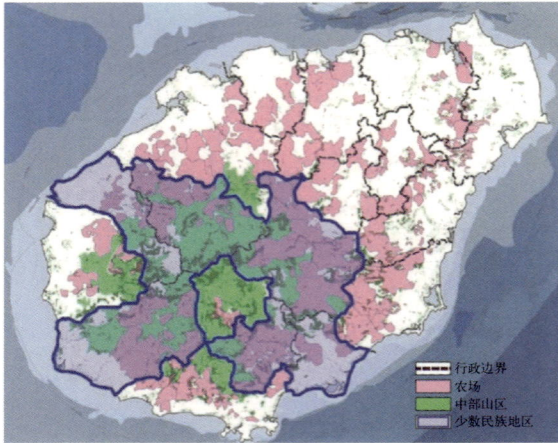

图 3-15 多元主体对城乡资源的分割

但由于产业的"孤岛式"发展以及多元主体所造成的经济分割，导致经济距离加大。

一方面，工业的"嵌入式"发展，农业的家庭经营、自我循环，旅游区的"孤岛式开发"，决定海南城乡之间只有一些功能点，而没有高效连接的城乡功能网络。

另一方面，城乡经济被行政区、农垦、少数民族多重分割（图 3-15）。

行政区的分割体现在，海南在 3 万多平方公里的陆地面积上，分布有 18 个县市单元，204 个城镇单元，每个行政单元的规模都很小。据统计，中国县域经济基本竞争力百强县（市）的平均规模是人口 84.8 万人，而海南只有海口（超过 150 万人）和儋州（超过 100 万人）达到这一规模，五指山市、保亭县、白沙县三个市县人口不到 20 万人。

与此同时，海南还拥有一个与城乡行政序列平行的农垦系统，截至 2007 年底，海南省有农垦系统人口为 81.3 万人，所辖单位 160 多个，分布在全省 18 个市县。

另外，海南还包括 6 个少数民族自治县，少数民族语言和文化习俗上也存在着与别的地区之间的分割。

第三节　城乡产业体系

构建以旅游业为龙头、现代服务业为主导的现代产业体系，是海南建设国际旅游岛，实现跨越式发展的重点，也是海南统筹城乡经济发展，实现城乡经济发展一体化的主要内容。其内涵是：构建现代旅游产业体系，加快发展现代服务业，积极发展热带高效农业，集中集约发展新型工业，建设海洋经济强省。

一、以旅游业为龙头的现代服务业

服务业是海南未来发展的核心支柱，必须抓住国际旅游岛建设的重大契机，以改善岛内生产生活环境、满足岛外旅游者需求为导向，加强旅游产业的延伸，快速提升与旅游产业相关的配套产业的发展，积极利用旅游产业的溢出效益，大力发展关联性产业，做强以旅游产业为龙头的现代服务业产业群，并通过旅游业和相关服务业的对外开放带动城乡旅游资源整合优化。

（一）旅游业

抓住国际旅游岛建设的重大契机，推进旅游要素转型升级，以国际化改造为手段，整合旅游资源、产品和市场，提升旅游管理水平和服务质量，构建达到国际先进水平的现代旅游产业体系。

1．旅游产品体系

根据海南的资源特点和旅游产品特色，以"阳光海南、度假天堂——世界一流的海岛休闲度假旅游目的地"为总体旅游形象定位，加快对现有休闲度假旅游产品的升级改造，进一步扩大规模、提升质量，同时大力开发新的旅游产品，不断挖掘和丰富旅游产品文化内涵，逐步形成以滨海度假旅游为主导、观光旅游和度假旅游融合发展、专项旅游为补充的旅游产品结构。

着力培育包括度假旅游、海洋旅游、运动休闲、疗养休闲、商务会展、民族风情和文化旅游、红色旅游、休闲农业与乡村旅游、热带森林等特色旅游、自助旅游在内的十大旅游产品（表3-3）。

海南国际旅游岛重点旅游产品开发　　　　　　　　　　　　表3-3

十大旅游产品门类	旅游产品具体类别	十大旅游产品门类	旅游产品具体类别
度假旅游产品	滨海度假	商务会展旅游产品	国际化会议中心
	温泉度假		国际化展览品牌
	森林度假	民俗风情和文化旅游产品	黎苗族文化旅游
	乡村度假		历史文化旅游
海洋旅游产品	滨海观光		海洋文化旅游
	环海南岛游		侨乡文化旅游
	海岛探奇	红色旅游产品	琼崖纵队和红色娘子军等经典景区
	休闲渔业	休闲农业与乡村旅游产品	农家乐
	海底观光		渔家乐
	远洋旅游		农业生活体验
	邮轮、游艇		乡村观光度假
	海洋公园	热带森林等特色旅游产品	热带雨林公园
运动休闲产品	高尔夫		生态旅游基地
	帆船、帆板、垂钓、滑水等海上运动		主题公园
	潜水	自助旅游产品	自行车及徒步探险
疗养休闲产品	温泉疗养、中医保健 康体养生 医疗旅游		自驾车观光游
			特色房车游

积极稳妥开放、开发西沙旅游，有序发展无居民岛屿旅游；积极发展邮轮产业，建设邮轮母港，开展经批准的国际航线邮轮服务业务；针对海南省中部和西部地区多为自然保护区、森林公园和少数民族聚集区的现状，积极培育发展乡村旅游、生态旅游和民俗文化旅游，作为促进中西部地区发展的重要内容。

2. 核心景区和主题公园建设

结合国际旅游岛建设要求，按照国际化标准，进一步提升和加快建设包括海口东海岸、海口西海岸、海口国家地质公园、儋州旅游区、五指山风景旅游区、博鳌水城、清水湾、香水湾、石梅湾、土福湾、神州半岛、铜鼓岭、东郊椰林、南丽湖、木色湖、盈滨半岛、抱虎角、月亮湾、太阳湾、冯家湾、红塘湾、天涯海角、三亚旅游度假村、临高角、马袅湾、棋子湾、高坡岭、七仙岭、尖峰岭、百花岭、官塘白石岭、黎安、南湾猴岛、陵水珍珠海岸、太阳河、万泉河、坎秧湾、亚龙湾、海棠湾、蜈支洲岛、龙沐湾、龙腾湾和龙栖湾等在内的核心景区。

立足海南资源优势与地域特色，结合国际旅游岛发展战略，大力推进主题公园建设。以海洋文化、热带生态、地域风情、航天科技、火山遗址、文化娱乐等为主题，高标准规划建设航天公园、热带雨林公园、海洋公园、野生动物园、影视乐园等主题公园。

3. 旅游住宿与交通服务业

逐步建立与市场需求相适应、具有海南特色的住宿服务体系。积极创建"绿色饭店"，推动住宿业转型升级。大力发展滨海度假酒店、温泉度假酒店，适度发展商务酒店、青年旅馆、乡村旅馆和汽车旅馆，鼓励发展家庭旅游经营和房屋租赁经营。突出本土文化，吸收异域文化，鼓励发展各类文化主题酒店。继续引进国内外著名酒店管理品牌，推进高档酒店和度假酒店的品牌化经营。扶持一批具有竞争力的大型企业集团，培育形成本土酒店管理品牌。健全标准体系，提升服务质量，推进经济型酒店连锁经营。

以提高旅客满意度为目标，以市场化和企业化改革为方向，对旅游交通要素进行国际化改造，逐步实现交通运输方式之间"零距离换乘"和旅游交通服务业的网络化发展。

鼓励航空公司增加进出海南的空中航线，支持旅游企业开展包机业务，逐步开通海南与主要客源地之间的"空中快线"，实现公交化运营。推进低空空域开放，扶持建设民用航空器驾驶员学校，积极发展通用航空产业。在开通环岛铁路客运的基础上，开通环岛旅游专列。依托公交资源和大型旅游企业，引进大公司，组建竞争力强、服务规范的旅游企业公司和汽车租赁公司；鼓励发展汽车租赁业务；城市公交服务网络逐步延伸到周边主要景区、旅游风情小镇和乡村旅游点，开通观光巴士；支持发展自驾车俱乐部。积极引进境外大型邮轮公司在海南注册设立经营性机构，开展国际航线邮轮服务业务，吸引国内大公司在海南设立邮轮公司。完善游艇管理办法，建设边检监护管理体系，适当扩大开放水域，培育发展游艇俱乐部。

4．旅行服务业和旅游公共服务设施

培育若干实力雄厚、竞争力强、品牌优势突出的大型旅行社集团，推进旅行服务的集团化、网络化和国际化。鼓励中小旅行社向特色化、专业化方向发展，创新经营方式。积极引进境内外大型旅行社在海南设立分支机构。

以提升旅游服务质量和游客满意度为目标，建立科学合理、规范有序、高质高效并同国际市场有效对接的旅游公共服务体系。在交通枢纽、景区景点、城市广场等场所设立旅游咨询服务中心。在机场码头、交通主干路、景区景点连接道路、旅游城镇、度假区、景区景点等处设置规范的中英文旅游标识标牌。实施旅游厕所改扩建工程，制定颁布旅游厕所的卫生质量标准，建成管理规范、清洁卫生、方便游客的旅游厕所体系。依托公共安全体系，建立健全预警和应急机制，完善应急救援、公共医疗、卫生检疫防疫等安全救助体系。

（二）现代服务业

服务业是海南未来发展的核心支柱，必须抓住国际旅游岛建设的重大契机，以改善岛内生产生活环境、满足岛外旅游者需求为导向，做大做强以旅游产业为龙头的现代服务业产业群，并通过旅游业和相关服务业的对外开放带动城乡旅游资源优化整合。

以提升居民生产、生活水平，特别是以提升镇域经济、乡镇生活水平为目标，服务于国际旅游岛建设，加快发展文化体育产业、高端商贸业、会展服务业、城镇服务业、商务服务业、金融保险业、高端住宿餐饮业、研发服务业、信息服务业、现代物流业、健康管理产业、国际教育服务业、房地产业等十三大现代服务业门类（表3-4、表3-5、表3-6、图3-16）。

配套型现代服务业的细分门类与重点领域　　　　　　　　　　表3-4

产业门类	行业细分类别
文化体育产业	滨海运动、户外运动、高尔夫
	文化创意、出版发行、印刷复制
	影视制作、演艺娱乐、动漫游戏
高端商贸业	特色农产品批发服务业

产业门类		行业细分类别
高端商贸业		连锁商贸服务业
		奥特莱斯、专卖店、折扣店、大型购物中心
		高档商品免税商贸服务业
会展服务业		商务会展服务业
		文化会展服务业
		科技会展服务业
		特色农产品会展服务业
城镇服务业	城镇商贸服务	特色农产品批发零售服务业
		综合商场服务
		小商品批发零售服务
	公共服务	交通服务、医疗卫生
		职业技术培训
		农民免费培训、农业科技普及服务
	居民服务	社区服务
		农产品交易服务
		社区贸易服务
		理发、美容服务、健身康体
		餐馆、影院
		基础教育、双语教学
商务服务业		管理咨询、中介服务
		广告传媒、法律、会计
金融保险服务业	银行	国有商业银行、股份制商业银行、外资银行
		小额贷款服务、农业扶持贷款服务
		证券、金融租赁、风险投资、担保、信托、财务公司
	保险	医疗保险
		生命健康保险
高端住宿餐饮业		民俗文化餐饮品牌
		商务酒店、星级酒店、花园别墅
		分时度假别墅、度假酒店
		高端中西餐厅、高端特色风味餐厅

注：配套型服务业主要是指与旅游产业发展配套的一类服务业，包括文化体育、高端商贸、会展服务、商务服务、金融保险等行业，也包括以提升本省居民生产、生活水平，特别是提升镇域经济、乡镇生活水平为目标的城镇服务业。

外溢型现代服务业的细分门类与重点领域　　　　表 3-5

产业门类	行业细分类别
研发服务业	生物技术研发服务、海洋技术研发服务 科技企业孵化服务、产学研合作服务
信息服务业	动漫产业、数字内容服务业 软件及服务外包产业、电子信息与通讯 电子商务服务、人才交流服务 农业信息服务、农民信息服务
现代物流业	交通运输业：航运中心物流、公路网络物流 仓储业、冷链物流 保税区、出口加工 国际中转、国际配送

注：外溢型服务业很大程度上依赖于旅游产业带来的人流物流、周围商务环境改善等外溢效益而发展起来，包括研发服务业、信息服务业及现代物流业等。

关联型现代服务业的细分门类与重点领域　　　　表 3-6

产业门类	行业细分门类
健康管理产业	健康服务：疗养院、康复中心、绿色生态体验服务 健康管理服务：医疗保险、生命健康保险、健康咨询、生命健康管理研究
国际教育服务业	管理培训：旅游管理培训、酒店管理培训 国际高峰论坛 外语培训 校企合作
房地产业	旅游地产 建筑业 房地产中介、物业管理 房地产开发经营

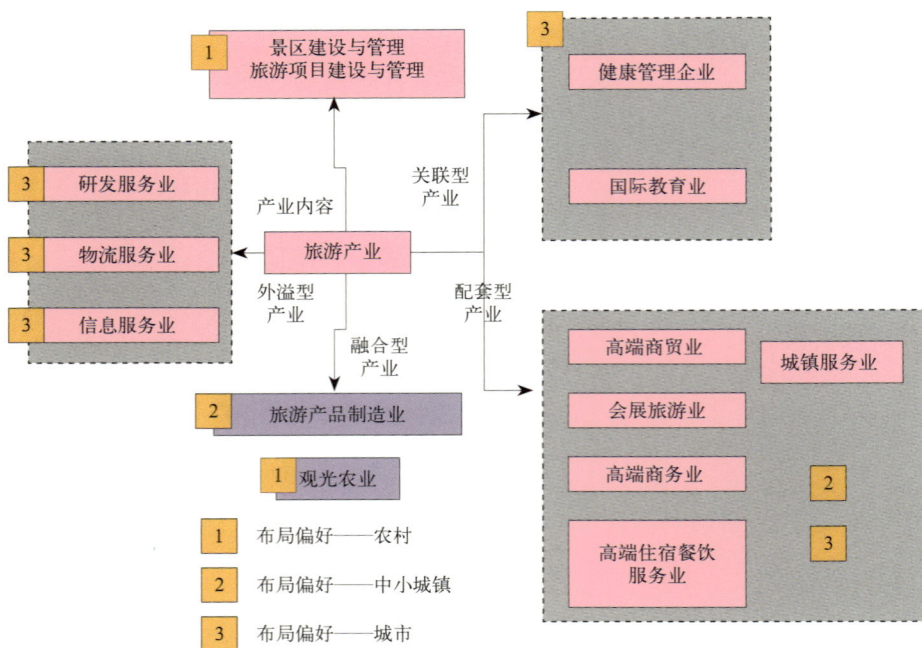

图 3-16 现代服务业产业体系及局部偏好

1. 文化体育产业

拓宽文化体育产业多元发展途径，加快转型升级，打造一批文化体育产品知名品牌。

利用民族特色、地域特色文化元素开发高附加值的文化艺术产品；引进创意产业人才，大力发展文化创意、影视制作、出版发行、印刷复制、广告策划、动漫制作等文化产业；培育节庆会展品牌；大力发展娱乐演艺业。

积极发展体育健身业，举办有海南特色的体育赛事，培育体育健身市场。大力发展潜水、帆船、帆板、冲浪、垂钓、沙滩排球、沙滩足球等滨海运动项目和自行车、登山、漂流、野外拓展等户外运动项目。支持三亚奥林匹克湾等重大项目建设。

规范发展高尔夫旅游，促进高尔夫运动与旅游观光、休闲度假、康体保健、教育培训等产业的融合发展，引进高尔夫装备品牌企业，拉长高尔夫产业链条；积极引进国内外著名的高尔夫职业赛、业余赛、巡回赛，培育本土高尔夫赛事品牌。

2. 高端商贸业

以建设"国际购物中心"为目标，完善服务网络，塑造培育品牌，提升服务水平，大力发展高端商贸服务业。

积极发展与旅游相适应的多层次商业零售业态。引进奥特莱斯商业模式，提供土地等优惠政策支持，建设大型品牌直销购物中心。完善大型购物中心、专业商品交易市场、专卖店、折扣店等多种经营业态，推动连锁经营、直销配送和网上购物等经营方式创新。

在海口、三亚、万宁、琼海、儋州等中心城市规划建设大型商贸中心、休闲广场，以满足国内外旅游者，并结合国际旅游岛的启动建设，通过取得制度上的突破许可，设立高档商品、奢侈品的免税经营点。

以提升当地居民的生活水平为目标，提高当地商贸服务业的档次；在农作物种植密集区设立热带特色农产品批发农贸市场，定期举办热带农产品展销活动、产品推广活动，面向全球推广当地热带特色农产品；完善县镇一级的商贸体系，保证商品种类和质量，为城镇和乡村居民提供必要的生活保障。

推进海南特色旅游商品开发，培育形成若干旅游商品开发龙头企业。

3. 会展服务业

以博鳌、海口为核心，重点推进博鳌核心区、海口国际会展中心等项目及相关配套设施建设。

加强与港澳和国际著名会展企业的交流合作，组织国际区域性合作组织峰会和世界华人社团会展，以环境资源优势和产业特色为基础，发展旅游、热带农业、海洋、航天、药业和高尔夫为主题的会展。

4. 城镇服务业

以服务农业为主要方向，鼓励农民从事商业活动，促进非农化发展，拓展包括城镇商贸服务、公共服务、居民服务业等在内的服务业类别。

5. 商务服务业

大力发展广告传媒、法律、会计、管理咨询、中介服务等商务服务业，支撑国际旅游岛建设。引进国内外大型现代商务服务企业，培育和引导中小型商务服务企业快速发展；培育现代商务人才。

在海口、三亚、琼海、儋州、万宁、文昌、东方等中心城市高标准规划建设现代化的商务服务集中区，使之成为体现城市风貌和现代化水平的核心地区。

6. 金融保险服务业

建立完善的现代金融体系，将金融保险业发展成为海南重要的支柱产业。

健全金融组织体系，设立独立法人的省级地方银行，健全政策性银行、国有商业银行、股份制商业银行、地方性商业银行、外资银行等银行体系。积极发展保险公司、保险中介机构，构建保险市场体系。引进和组建证券公司、基金管理公司等，发展股票、债券、基金市场等证券市场体系。

鼓励金融机构调整和优化网点布局，完善服务设施。吸引境内外银行、证券、保险、期货、基金等机构在海南设立分支机构，鼓励引进培育金融租赁、风险投资、担保、信托、财务公司等非银行金融机构。推动组建区域性商业银行等地方金融机构，鼓励商业银行拓展农村服务网点，引导银行及民间资本建设一批直接面向"三农"贷款的村镇银行、小额贷款公司、资金互助社等农村金融服务机构。

建立适应国际旅游岛建设的金融服务和旅游保险体系，推进金融与旅游业融合发展。

7. 高端住宿餐饮业

提高主要旅游城市的住宿餐饮服务业的质量和层次，形成海南民俗文化特色的住宿餐饮服务，为外地游客提供较高水准、充满民族风韵的服务。规划建设高标准的七星级酒店，发展高端餐饮业。深度开发、挖掘海南特色饮食文化，推进餐饮业连锁经营，大力培育海南餐饮品牌。

8. 研发服务业

为农业和工业提供科技支持，将育种、育苗研究作为科技服务农业的重点方向；加强石化产业及机械制造等工业产业的科技研发服务；加强生物产业、新能源新材料的技术研发服务；以海口高新区、洋浦经济开发区、文昌航天发射中心等为重点，加大研发服务业发展力度；依托海南本地的农业科技力量，大力发展农业科技服务。

加强产学研结合，建设一批工程研究（技术）中心、实验室和企业技术中心，积极开展国际交流合作；吸引国内外著名机构和企业到海南设立研发基地；加快科技成果转化，努力在优势特色领域形成一批具有自主知识产权的核心技术和知名品牌。

9. 信息服务业

积极吸引信息服务人才，发展动漫创意产业、软件及服务外包产业，加快海南生态软件园和三亚创意产业园建设。

建设农业信息平台，为当地农民免费提供农产品供销信息、技术需求以及国内市场行情等信息；在各乡镇建立招聘信息平台，为农村剩余劳动力提供招聘信息和服务，引导农民在城镇就业。

10．现代物流业

加快交通基础设施和港口集疏运输体系建设，推动资源整合，开展区域合作，完善全省的物流网络体系。

以琼北大型农产品批发市场为重点，建设多元化投资的农产品批发市场体系，促进农副产品的流动与对外贸易；进一步发挥洋浦保税港区、海口综合保税区的优势，加强其国际仓储、中转、出口加工等服务功能，打造面向东南亚、背靠华南腹地的航运枢纽、物流中心和出口加工基地；加强中部地区的物流通道建设，疏通当地农副产品对外交流的渠道；建设冷链物流体系，为热带农副产品提供冷藏、保质服务。

培育和引进物流龙头企业。

11．健康管理产业

在提高全省公共卫生和基本医疗服务水平的基础上，大力发展健康管理产业。

针对病前的保健环节以及病后的康复、疗养环节，发展以养生和保健为主的中医康复疗养、温泉康体疗养、森林氧吧康复等服务项目；将健康管理与旅游业相结合，在海口、三亚、琼海、万宁等主要旅游城市和大型旅游度假区，扶持建设若干集休闲度假、康体疗养、医疗服务于一体的健康管理项目。积极引进境内外知名医疗和保健机构，争取开办中外合资医院，引进国际医疗卫生机构认证。引进市场机制，提高养老产业的专业化管理水平和服务质量，做大做强养老服务产业。

12．国际教育服务业

一方面，发挥海南的自然环境优势，引入国际化教育机构，开展国际化教育服务，另一方面提升海南高等教育水平，结合海南省以旅游产业为龙头的发展实践，发展以旅游管理、酒店管理为主的高端教育，吸引省外人才前来求学。

13．房地产业

加快引导房地产业的发展，使之成为国际旅游岛建设的重要载体和核心产品之一，成为海南省的支柱产业。建立健全多层次的房地产产品供应体系，满足多样化消费需求。

优先发展常住型居住地产，加快适合城乡居民不同消费层次的廉租房和保障性住房建设；积极发展富有海南特色、高品质、个性化的旅游房地产，重点发展以星级宾馆、度假村为主体的经营性房地产；适度发展满足避寒、疗养等不同需求的度假旅居型房地产；配套发展商业、办公地产及各类公共服务设施类地产。

逐步形成以海口、三亚为两大中心，东部、中部、西部地区均衡发展，区域之间特色各异、互补性强的房地产空间发展格局。

二、面向外部市场的热带现代农业

农业是海南省促进海南城乡发展、改善民生的重要支撑型产业。面对农产品商品率高和农业产业化经营水平低、农业持续快速增长和农民人均纯收入低、发展热带特色现代农业资源优势明显和农业经营方式相对落后三个并存的突出矛盾，今后的发展中要紧紧抓住海南独一无二的热带海岛性气候这一优势，强化产品的特色性，增强经济作物的附加值、科技含量，完善和创新农业生产的组织模式，促进产业的延伸、衍生，促进高端化发展。通过大力发展热带现代农业，使海南成为全国冬季菜篮子和热带水果基地、南繁育制种基地、天然橡胶基地和无规定动物疫病区。

以农产品出岛出口为导向，打造绿色品牌农业，构建热带现代农业产品体系；大幅度提高具有海南特色、在国内外市场具有竞争力的冬季瓜菜、热带水果、水产品、畜产品和花卉等优质农产品的比重；加快发展现代设施农业、精细高效农业和农产品加工业，促进农业产业化经营；充分发挥农垦在发展热带特色现代农业中的示范带头作用（表3-7、图3-17）。

热带现代农业的细分门类与重点领域　　　　　　　　　　表3-7

产业门类	行业细分类别	
农业研发服务业		育种、育苗研发
	科技服务	质量检测
		质量监管
		科技推广
农产品种养		农产品、水产品种养
农产品加工业		农资产品生产
		农产品初加工
		农产品深加工
农业流通与组织服务业	产品销售	综合批发市场
		专业批发市场
	农业物流网路	农产品仓储
		农产品冷藏
		农产品运输
	农业中介服务	农业金融服务
		农业组织合作咨询服务
		农机组织服务
		农业设备租赁服务

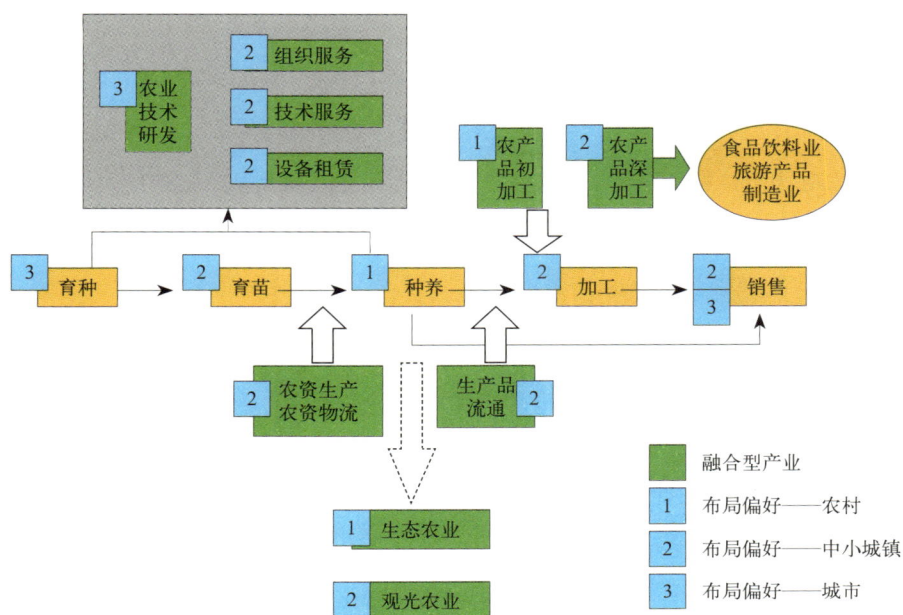

图 3-17 农业产业链条及布局偏好

（一）农业研发服务业

重点发展农业科技服务、育种育苗研发等。依托海南农业研发机构，发展农业技术服务，培育质量检测、监管机构；实施动植物保护工程，做好基因生物安全和动植物疫病防控工作，建立覆盖全省的农产品质量安全检验检测体系；加快发展农业金融服务、农业组织合作咨询服务、信息交流服务等中介服务机构；鼓励发展农民专业合作社以及各种农业专业合作组织，启动合作社联社和农村资金互动社试点工作，培养专业化服务人才。

（二）农产品种养

加快发展天然橡胶、香蕉、杂交稻种子、椰子、槟榔、胡椒、芒果、生猪、热带兰花、冬季瓜果、对虾、罗非鱼、文昌鸡等13种热带高效特色产品，大力发展水产养殖、种苗等其他优势产品，进一步加强产品结构调整，提升冬季瓜果、畜牧、海产养殖业产品品牌（表3-8）。

（三）农产品加工业

大力发展农资产业生产、农产品初加工、深加工。重点发展水产品、畜禽的冷藏、冷冻处理环节，发展蔬菜、水果的初级果蔬处理环节，促进橡胶、椰子、咖啡、槟榔等热带作物深加工业环节发展；以本省需求为导向，控制发展农药、化肥等农资产品的生产制造业。

（四）农业流通与组织服务业

在产品销售环节，大力培育批发市场，推动建设现代化大型农产品综合交易市场，做大"海交会"平台效应；支持物流仓储、冷藏、运输企业发展；通过重点农业县农产品、农资物流节点的建立，构筑全省农业物流网络。大力发展农业中介服务业，包括农业金融服务、农业组织合作咨询服务、农机组织服务、农业设备租赁服务等。

海南重点市县特色农业选择　　　　　　　　　　　　表 3-8

地区	特色农业	地区	特色农业
海口	荔枝、菠萝蜜	琼中	槟榔、橡胶、绿橙、南药藤竹、养蜂、种桑养蚕、畜牧
三亚	种子培育、芒果、花卉	文昌	胡椒、椰子、辣椒、畜牧、观光农业
儋州	水产养殖、海洋捕捞、橡胶	东方	香蕉、芒果、畜牧
琼海	胡椒、槟榔、椰子、菠萝、橡胶辣椒	安定	火龙果、圣女果
临高	蓝色农业、淡水养殖、临高猪	澄迈	香蕉、辣椒、畜牧
乐东	橡胶、槟榔、芒果、香蕉	万宁	畜牧、水产养殖、咖啡、菠萝南药、瓜菜
陵水	水产养殖、海洋捕捞、瓜菜、花卉、观光农业	白沙	橡胶、茶叶、热带水果
屯昌	冬季瓜菜、养殖、热带水果、槟榔、橡胶、南药	昌江	芒果、甘蔗、香蕉、瓜菜
保亭	红毛丹、荔枝、南药、观光农业	五指山	南药、橡胶、花卉、竹藤、野菜

三、集中集约发展的新型工业

坚持在不污染环境、不破坏资源、不搞重复建设的原则下集约发展工业，是海南增强经济实力，实现跨越式发展的重要基础。对海南而言，新型工业的发展主要包括三个方面，一是充分依托本地资源优势，建设资源能源产业群；二是重点集约发展现代制造业，建设现代制造业产业区；三是大力发展高新技术产业（表 3-9）。

（一）资源能源产业

资源能源产业对发展环境要求较低、配套关联性产业较少，适于现阶段海南工业发展氛围不足的省情。将资源依托、有限空间、强化延伸作为核心思想，集中布局。以洋浦、东方工业园区、昌江国家循环经济产业区为主要载体，重点发展油气化工、石油化工、浆纸及纸制品、矿产资源、农副产品加工等。以重大项目的招商和引驻为主要产业发展模式，推动产业的延伸，加强区域内的循环经济体系建设。

充分发挥洋浦经济开发区"国家新型工业化产业示范基地"的引领作用，重点发展乙

海南新型工业的细分门类和重点领域 表 3-9

产业分类	行业细分类别	
资源能源产业	油气化工 石油化工	甲醇、二甲醚生产
		芳烃一体化、乙烯生产
		石化下游延伸产业
		油气储运
		纸浆及纸制品
	矿产资源加工	砂矿深加工产业
		环保型水泥建材行业
		石材加工业
		黄金加工业
		铁矿加工业
		农副产品加工业
现代制造业		现代制药产业
		汽车及零部件制造业
		机电产业
		旅游装备制造业
高新技术产业		电子信息产业
	新能源产业	光伏新能源产业
		风能发电产业
		潮汐能发电产业
	新材料产业	新型建材
		医用材料及医疗制品业
		电子元器件制造业
	生物技术产业	生物食品产业
		生物医药产业
		生物质能源产业
	航天产业	航天及其相关产业

烯、纸浆等产业，进一步延伸上下游产业链条。东方工业园区重点发展天然气化工和能源产业，包括甲醇、二甲醚及其下游产业，合成氨及尿素、复合肥，碳化工机器延伸加工，以及三聚氰胺、甲醛及下游产业，建立临港精细化工基地。

利用海南丰富的玻璃用砂、锆英砂、钛铁砂等砂矿资源，发展砂矿深加工产业，形成砂矿开采、初选、精选、初加工、深加工、精加工的产业链，在文昌、陵水等砂矿丰富地带形成滨海砂矿产业集聚区。利用儋州、东方的水泥用灰岩和黏土资源，发展环保型水泥建材行业；利用昌江、乐东的石材资源，发展新型建材工业。

结合海南资源禀赋、民族文化特征，大力发展热带农产品加工制造业、水产品加工制造业，改善县域产业结构，促进非农经济的发展。

（二）现代制造业

重点发展现代制药业、汽车及零部件制造业、机电产业以及旅游装备制造业等。

现代制药、汽车及零部件、机电产业的发展以大企业、大项目为主导，以海口高新区、老城经济开发区、金牌港经济开发区等工业区为载体，加强空间集聚，加快产业链延伸。引导企业加大自主研发投入、增强自主品牌的开发能力，进一步引入整车制造企业、零配件配套生产企业，壮大制造产业集群规模。

培育发展房车、游艇、轻型水上飞机、潜水设备、高尔夫用具等旅游装备制造业，加强研发设计，发展特色旅游食品、服饰工艺品加工业等，打造体现海南地域特色的农业、旅游业和现代制造业相结合的产业。

（三）高新技术产业

以海口高新区、海南生态软件园、三亚创意产业园、陵水创意产业园、文昌航天配套产业园等为空间载体，大力推进生物产业、电子信息、新能源新材料、军转民科技产业和航天配套产业等产业发展。

扶持一批龙头企业，鼓励自主研发能力建设，培育发展民族药物、海洋药物等，加快国家中药现代化科技产业（海南）基地建设。大力发展生物育种、生物医药、生物食品、生物农药、生物化肥、生物环保、实验动物等产业，促进产业集聚。进一步壮大现有现代交通与先进制造、生物技术与新医药、新材料与油气化工、电子与信息、现代农业五大高新技术产业的规模和层次，延伸产业链条。积极培育发展以光伏新能源、风能发电、潮汐能发电等为代表的新能源、新材料产业；围绕文昌航天发射中心建设，积极推动军转民科技产业及航天配套产业发展，推动文昌航天配套产业园建设。

四、发展壮大的海洋产业

集约高效利用海洋资源，打造一批特色海洋产业，实现海南由海洋资源大省向海洋经济强省的转变。重点发展海洋新兴产业、海洋渔业和海洋旅游业（表3-10）。

海南海洋产业的细分门类和重点领域　　　　　　　　　表 3-10

产业分类	行业细分类别
海洋新兴产业	临港工业
	海洋生物制造
	海洋盐业
	海洋监测设备制造
	船舶制造
	海洋工程设备
海洋渔业	海洋捕捞
	海水养殖
	海产品加工
	休闲渔业
海洋旅游	海洋观光旅游
	海岛旅游
	邮轮旅游
	游艇旅游
	海上运动旅游

（一）海洋新兴产业

依托海洋资源优势和产业基础，重点发展包括临港工业、海洋油气化工、海洋矿砂、海洋生物制药、海洋盐业、海水淡化、海洋监测设备制造等海洋新兴产业，支持国内大型企业在海南建设修造船、海洋工程设备等项目。

通过加大海洋石油资源勘探开发力度，提高海洋油气资源开发利用水平，把海南建成南海油气资源勘探开发服务和加工基地，适时规划建设国家石油战略储备基地，鼓励发展商业石油储备和成品油储备；适应南海开发的需要，发展海洋工程装备制造、修理项目，支持国内大型企业在海南建设修造船、海洋工程设备项目。积极引进大型船舶企业在洋浦经济开发区和金牌港经济开发区发展游艇产业。加强港口基础设施建设，加快发展航运业。

（二）海洋渔业

压缩国内捕捞，积极拓展外海和远洋捕捞，努力推进水产养殖，培育发展休闲渔业，增值保护水生生物资源，加快划建海洋水产种质资源保护区，积极转变海洋渔业发展方式。依托渔港条件发展休闲渔业，拓展垂钓、观光渔业、渔家乐等项目。

（三）海洋旅游

重点发展滨海度假旅游、海洋观光旅游、海岛旅游、邮轮旅游、游艇旅游、海上运动旅游等。加强旅游基础设施建设，逐步开通空中、海上旅游航线，积极稳妥开放、开发西沙旅游。在特殊海洋生态景观、历史文化遗迹、独特地质地貌景观及其周边海域或海岛建立海洋公园，统一规划、分区管理，适度开发潜水、垂钓、海底观光、海上休闲运动等旅游产品，打造世界级海洋探奇景观区。

第四节 城乡功能组织

增强城乡经济联系、保障城乡经济要素自由流动的核心是组织起高效的城乡功能网络，使得人才、劳动力、资金、技术、信息、资源等各类发展要素自由流动的额外成本趋于零。海南的城乡功能网络包括四个方面的内容组织，即旅游功能、服务功能、生产功能和流通功能。

一、旅游功能组织

在明确全省旅游整体功能格局的基础上，从省级层面考虑，重点推动核心景区、旅游景区和主题公园建设。

（一）整体功能格局

全省旅游功能的统一组织，是保障国际旅游岛建设的核心内容。遵循旅游资源分布特点，建设富有海南特色的旅游产品体系，构建海南"一海、两区、四带、多片区"的旅游整体功能格局（图3-18）。

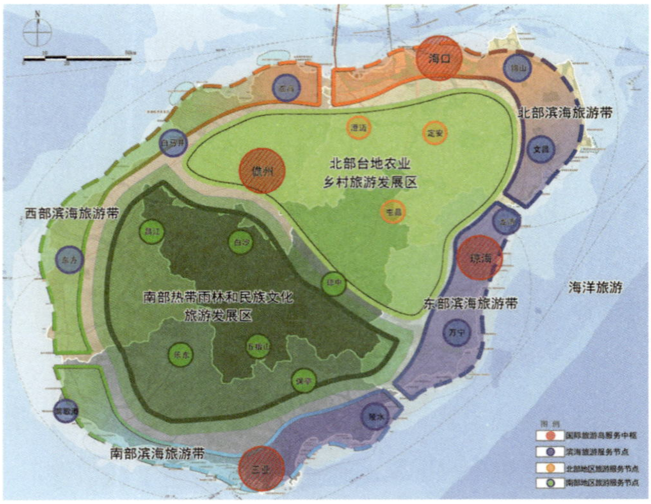

1．一海：南海旅游

大力发展海洋旅游。建设由海洋观光旅游、海岛旅游、邮轮旅游、游艇旅游、海上运

图3-18 "国际旅游岛"旅游业功能格局

动旅游等构成的海洋旅游产品体系。逐步开通空中、海上旅游航线，积极稳妥开放、开发西沙旅游。选择特殊海洋生态景观、历史文化遗迹、特殊地质地貌景观及其周边海域或海岛建设海洋公园。加快发展"豪华邮轮南海旅游"，开发海上游艇项目，在三亚建设邮轮母港。

2．两区：北部台地农业乡村旅游发展区，南部山区热带雨林和民俗文化旅游发展区

促进北部地区热带特色现代农业与旅游相结合，大力发展现代农业展示、田园观光、农业生产体验、瓜菜采摘、农家旅馆、特色餐饮、垂钓捕捞等休闲农业和乡村旅游产品。结合文明生态村和旅游小镇建设，重点建设一批古村古镇型、民族村寨型、生态观光型等乡村旅游示范项目。依托旅游城市和重点度假区、景区，积极发展乡村旅游休憩带。

充分利用南部地区热带雨林资源和民俗文化资源优势，打造具有核心竞争力的南部生态民俗文化旅游区，实现自然资源保护、民俗文化传承和旅游可持续发展的多赢。加强生态廊道建设和生态型交通网建设，使海南岛中南部热带雨林集聚区的自然保护区和森林公园贯通连片，形成整体优势。适度开发住宿、餐饮、宿营地、自行车营地、文化娱乐、运动休闲等旅游服务设施，建设民俗文化风情小镇、特色旅游小镇，发展民族工艺品，实施生态移民，实现生态保护和旅游开发、扶贫开发、山区发展的有机结合，带动南部地区城乡居民共同发展。

3．四带：建设东部、西部、南部、北部四条不同功能特色的滨海旅游带

东部滨海旅游带，突出滨海度假休闲特色，重点扶持和大力引导琼海—博鳌、万宁等城市现代服务业发展，建设滨海核心景区和旅游度假区，构建生态廊道和重要景观节点，依托核心景区和度假区建设旅游风情小镇，打造时尚休闲购物核心区。

西部滨海旅游带，突出文化娱乐休闲特色，打造高品质的滨海旅游带。引导东方发展现代服务业，建设白马井新城作为支撑西部旅游发展的服务节点，统一规划、整体建设，重点推进西部东方—儋州—临高一线的滨海旅游资源开发。

南部滨海旅游带，突出高品质滨海度假休闲特色，重点扶持和引导三亚、陵水、乐东、万宁等滨海旅游城市建设，建设滨海核心景区和旅游度假区，构建生态廊道和重要景观节点，依托核心景区和度假区建设旅游风情小镇。

北部滨海旅游带，突出城市现代景观。重点打造海口、文昌等城市，建设锦山新城，塑造具有滨海特色的城市景观风貌，高水平开发文昌滨海旅游资源，增设旅游服务设施，增加供游客观光、体验和参与功能，培育产业特色鲜明、品牌内涵丰富、有竞争力的滨海

旅游产品体系，建设航天主题公园。

4. 多片区：根据资源分布的特点，构建多个乡村旅游发展区、生态旅游发展区和民俗文化旅游发展区，作为支撑城乡特色旅游发展的重点

全省规划建设 17 个乡村旅游发展区，包括海口滨海乡村旅游发展区、海口城郊乡村旅游发展区、临高滨海乡村旅游发展区、儋州滨海乡村旅游发展区、澄迈城郊乡村旅游发展区、儋州城郊乡村旅游发展区、文昌滨海乡村旅游发展区、文昌城郊乡村旅游发展区、南丽湖乡村旅游发展区、母瑞山乡村旅游发展区、琼海城郊乡村旅游发展区、琼海滨海乡村旅游发展区、东方滨海乡村旅游发展区、昌江南部乡村旅游发展区、万宁滨海乡村旅游发展区、三亚城郊乡村旅游发展区、乐东三亚陵水滨海乡村旅游发展区（图 3-19）。

8 个生态旅游发展区，分别是黎母山生态旅游发展区、鹦哥岭生态旅游发展区、百花岭生态旅游发展区、五指山生态旅游发展区、吊罗山生态旅游发展区、霸王岭生态旅游发展区、尖峰岭生态旅游发展区、七仙岭生态旅游发展区。

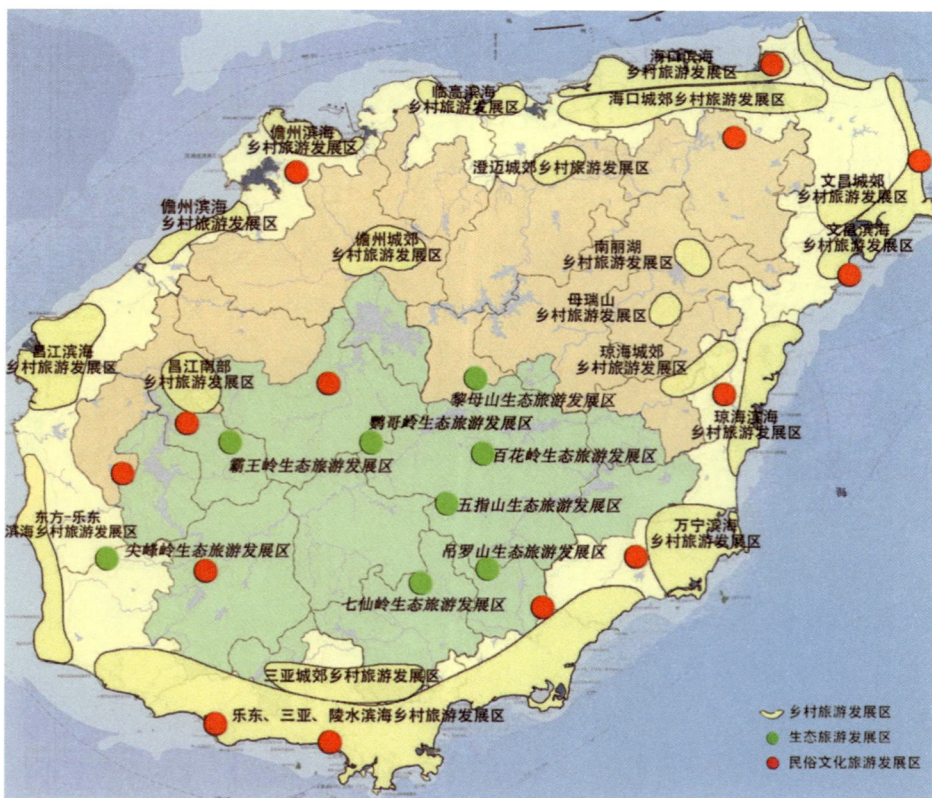

图 3-19 特色旅游发展片区分布图

除此之外，海南还将构建 14 个民俗文化旅游发展区。

（二）核心景区与旅游度假区

依托资源，重点建设 62 个核心景区和旅游度假区（图 3-20），包括：

（1）海口东海岸旅游度假区：重点发展滨海旅游度假、观光、高尔夫、游艇俱乐部等项目，建设集滨海度假、休闲娱乐、疗养休闲等为一体的高品质的旅游度假区；

（2）海口西海岸旅游度假区：重点发展滨海度假、观光、高尔夫、游艇俱乐部等项目；

（3）海口国家地质公园：依托海口国家地质公园，建设融知识性、娱乐性、参与性、互动性为一体的旅游观光游乐景区；

（4）海口国家湿地公园：规划建设集红树林沼泽、滨海湿地和湖泊湿地为一体的国家级湿地公园；

（5）澄迈盈滨半岛旅游度假区：重点发展旅游度假、水上运动、宗教旅游等项目，建设高品质旅游度假区；

图 3-20 核心景区与旅游度假区布局图

（6）澄迈太阳湾旅游度假区：高水平开发太阳湾滨海资源，建设集滨海度假、观光休闲、疗养娱乐为一体的高品质旅游度假区；

（7）临高角旅游度假区：重点发展红色旅游、滨海旅游度假、高尔夫、休闲观光等旅游产品；

（8）临高马袅湾旅游度假区：打造优质旅游产品，建设集滨海度假、休闲娱乐、康体疗养为一体的高品质旅游度假区；

（9）儋州光村银滩旅游度假区：高水平开发滨海沙滩资源和红树林景观风貌，建设高品质的集休闲度假、滨海观光为一体的旅游度假区；

（10）儋州海上火山公园：依托独特的海底火山地质地貌，塑造集科普、文化、娱乐观光为一体的主题公园，体现知识性、参与性和娱乐性；

（11）儋州东坡文化园：依托东坡书院，深入挖掘、保护和提升东坡文化；

（12）儋州滨海旅游度假区：高水平开发儋州滨海资源，建设集滨海度假、文化娱乐、疗养休闲为一体的高品质滨海旅游度假区；

（13）儋州兰洋温泉旅游度假区：以温泉为特色，建设集康体疗养、娱乐休闲为一体的旅游度假区；

（14）昌江棋子湾旅游度假区：建设集滨海度假、文化娱乐、疗养休闲为一体的高品质滨海旅游度假区；

（15）昌江霸王岭国家森林公园：重点发展生态观光、民族风情旅游、山地体育等旅游项目；

（16）东方高坡岭滨湖温泉度假区：重点发展滨湖观光旅游、温泉疗养、休闲度假等旅游项目；

（17）东方金月湾旅游度假区：高水平开发滨海资源，发展滨海度假、观光休闲、康体疗养等旅游项目；

（18）乐东龙沐湾旅游休闲度假区：依托滨海资源，打造高品质旅游休闲度假区；

（19）乐东龙莺歌海生态未来城：打造集新产业、新生活、新技术、新能源为特征的国际生态旅游新城；

（20）乐东龙栖湾旅游休闲度假区：重点发展滨海度假、旅游休闲等旅游项目；

（21）乐东尖峰岭风景旅游区：重点发展山地生态旅游、山地探险、休闲度假等项目；

（22）三亚海山奇观旅游区：依托独特自然景观，发展海山奇观核心景观；

（23）三亚南山文化旅游区：重点发展宗教文化、旅游观光项目；

（24）三亚红塘湾旅游度假区：重点发展滨海度假、旅游观光、高尔夫等旅游项目；

（25）三亚天涯海角旅游区：依托独特山海景观，建设高品质观光景区；

（26）三亚大东海旅游度假区：重点发展滨海度假、旅游休闲等旅游项目；

（27）三亚坎秧湾旅游度假区：开发滨海资源，发展滨海度假、观光休闲、康体疗养等项目；

（28）三亚亚龙湾旅游度假区：打造集滨海度假、会议会展、运动休闲、购物娱乐等为一体的旅游休闲度假区；

（29）三亚海棠湾旅游度假区：建设成为世界级的集滨海度假、休闲娱乐、疗养休闲等为一体的滨海度假区；

（30）陵水土福湾旅游度假区：依托滨海资源，打造高品质滨海旅游休闲度假区；

（31）陵水清水湾旅游度假区：重点发展滨海度假、旅游休闲、房地产等项目；

（32）陵水高峰温泉旅游度假区：依托温泉资源，重点发展温泉休闲、旅游度假等项目；

（33）陵水黎安港旅游区：突出资源和区位优势，高水平开发建设以体育、动漫、演艺等产业为主题的特色旅游项目群；

（34）陵水香水湾旅游度假区：重点发展滨海旅游度假、海上运动、高尔夫等旅游项目；

（35）陵水吊罗山国家森林公园：重点发展山地生态观光、民族风情旅游、山地体育、高尔夫等旅游项目；

（36）保亭七仙岭森林温泉度假区：依托资源特点，重点发展温泉休疗养、休闲度假、山地体育、高尔夫等项目；

（37）保亭热带雨林主题景区：利用热带雨林资源优势，建设集趣味性、娱乐性、知识性为一体的热带雨林主题公园；

（38）保亭仙安石林风景旅游区：利用喀斯特地形发展观光旅游、休闲度假等项目；

（39）万宁石梅湾旅游度假区：依托滨海资源，打造高品质滨海旅游休闲度假区；

（40）万宁兴隆温泉旅游度假区：以温泉为特色，进一步提升改造，打造成集温泉疗养、归侨文化、农业科普、演艺娱乐于一体的综合旅游度假区；

（41）万宁神州半岛旅游度假区：建设集旅游度假、休闲疗养、现代服务于一体的国际旅游度假区；

（42）博鳌水城旅游度假区（一期、二期）：重点发展国际会议展览、旅游度假、水上运动、高尔夫等项目，利用博鳌亚洲论坛品牌优势，打造国际会展和文化产业品牌；

（43）琼海万泉河旅游度假区：重点发展滨海度假、旅游观光、娱乐休闲、高尔夫等项目；

（44）琼海官塘白石岭温泉旅游度假区：重点发展温泉休闲、旅游度假等项目；

（45）琼海龙湾国际旅游岛先行试验区：以文化产业、休闲娱乐、滨海旅游度假为重点，率先改革，先行先试，高标准建设国际旅游岛先行试验区；

（46）太阳与水示范区：以低碳环保产业为基础建设中日合作生态示范区；

（47）文昌冯家湾旅游度假区：重点发展滨海旅游度假、观光等项目；

（48）文昌东郊椰林风景名胜区：以椰林、滨海为特色，打造高品质滨海旅游休闲度假区；

（49）文昌航天旅游配套区：以文昌航天发射基地为载体，发展相关旅游配套产业；

（50）文昌铜鼓岭旅游区：重点发展生态旅游、观光、度假等项目；

（51）文昌月亮湾旅游度假区：建设成为世界级的集滨海度假、休闲娱乐、疗养休闲等为一体的滨海度假区；

（52）文昌抱虎角旅游度假区：重点发展滨海旅游度假、观光等项目；

（53）文昌木兰湾旅游度假区：体育休闲为特色，打造高品质旅游度假区和圣斯堡风情小镇；

（54）定安南丽湖风景名胜区：建设以湖泊为主题、以生态为基础、以文化为核心、以休闲为载体的融合居住、旅游、商务、养老、疗养等功能的休闲度假区；

（55）五指山风景名胜区：重点发展山地生态观光、民族风情旅游、山地体育、高尔夫等旅游项目；

（56）琼中百花岭风景名胜区：重点发展山地生态观光、民族风情旅游、山地体育、狩猎、高尔夫等旅游项目；

（57）琼中黎母山国家森林公园：重点发展山地生态观光、民族风情旅游、山地体育、高尔夫等旅游项目；

（58）琼中鹦哥岭旅游区：重点发展山地生态观光、民族风情旅游、山地体育等旅游项目；

（59）屯昌木色湖风景名胜区：建设融合居住、旅游、商务、养老、疗养等功能的旅游休闲度假区；

（60）西沙旅游区：重点发展海岛观光、海上旅游等项目；

（61）七洲列岛旅游区：重点发展海岛旅游、海洋探险、风景观光等海洋旅游项目。

（三）主题公园

借鉴佛罗里达经验，立足海南资源优势与地域特色，适应国际旅游岛发展战略，构建特色鲜明、重点突出、主题多元丰富的主题公园体系。以海口、三亚为中心，形成差异化的六大发展分区，打造若干个大型项目为龙头的主题公园发展区（图3-21）。

1．北部地区

以海口市为中心，包括文昌、定安、澄迈三市县。以都市动感时尚体验为主，多元化发展；以大型项目为龙头，中小型项目并举。

（1）海口：重点发展火山口主题公园、国家湿地公园、都市游乐主题乐园、时尚购物主题公园（滨水RBD、大型Mall）、高尔夫运动主题公园、大型情景表演型主题乐园（如印象海南岛）等。

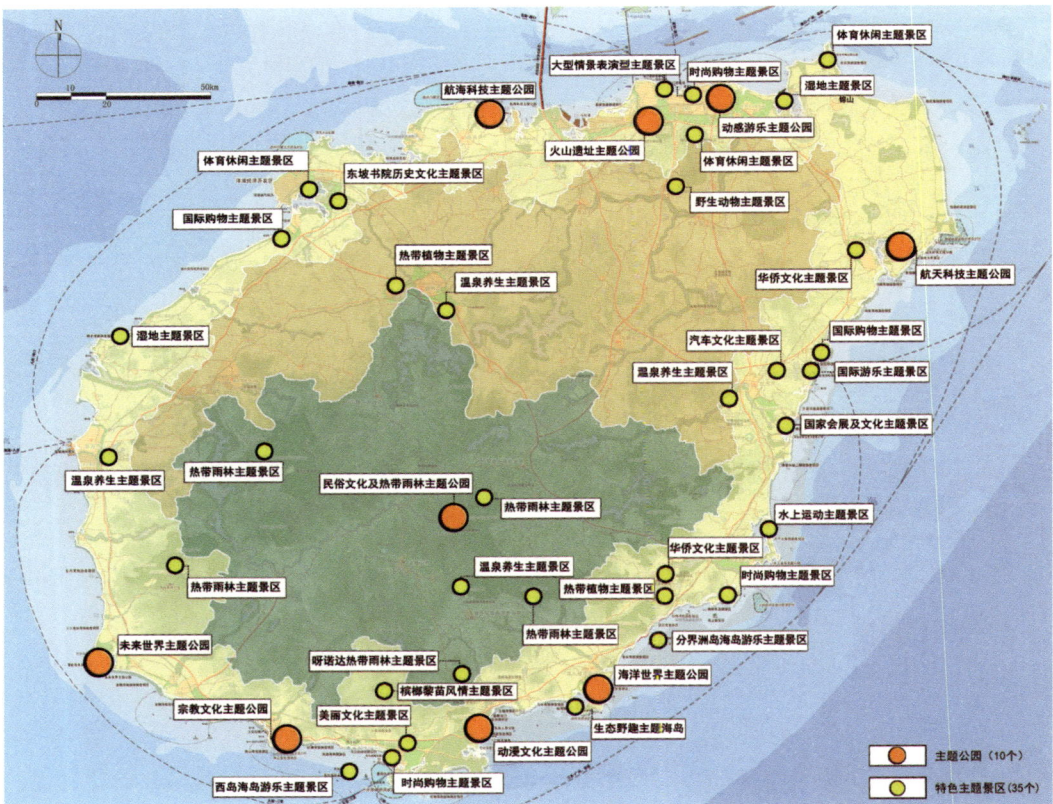

图3-21　主题公园布局图

（2）文昌：在木兰半岛及航天发射中心附近发展大型航天主题公园、木兰头国际体育休闲园等，并与海口主题公园协调互动，共同打造海口－文昌主题公园群。

（3）定安、澄迈：结合周边大型旅游度假区及城市的发展，配套小型城市乐园及农家乐主题园等，并与海口主题公园协调互动，积极融入海口－文昌主题公园群的发展。

2．南部地区

以三亚市为中心，包括陵水、保亭、乐东三县。以海洋、海岛为载体，强调休闲、美丽、养生概念，多元化发展；以大型项目为龙头，中小型项目并举。

（1）三亚：以海洋、海岛为载体，重点发展时尚购物主题公园（RBD 或 MALL）、多彩海岛主题公园（水上运动、婚礼、探险等）、自行车运动主题公园、高尔夫运动主题公园、美丽文化主题公园、时尚文化（国际名车展示等）主题公园等，形成规模集聚与互动，打造主题公园群。

（2）陵水：发展大型综合性海洋主题公园，水上运动、高尔夫运动主题乐园，生态、野趣主题公园，热带雨林主题公园及配套大型综合性度假区的中小型专业性海洋主题公园等。

（3）保亭：适度发展热带雨林、温泉养生、黎苗民俗风情等主题公园。

（4）乐东：发展热带雨林主题公园。

3．东部地区

包括琼海、万宁两市。以海洋为依托，注重文化、购物等要素，适度多元化发展；以大型项目为龙头，适当发展配套型、中小型项目。

在博鳌地区发展国际会展及文化产业、都市时尚购物休闲、高尔夫运动、水上运动等主题公园（旅游园区），尤其应注重发展一个大型、综合性、目的地型的主题公园。

在兴隆地区、神州半岛、小海附近区域发展热带作物、时尚购物（奥特莱斯）、华侨文化、东南亚风情等主题公园。

4．西部地区

包括儋州、临高、昌江、东方四市县和洋浦经济开发区。以海洋、养生为主导，多元化发展；以中小型项目为主，控制数量。

（1）儋州：发展温泉养生（兰洋）、历史文化（东坡书院）、热带作物、高尔夫运动等主题公园及配套大型度假区的中小型专业性海洋主题乐园。

（2）临高：适度发展郊区型农家乐主题公园等。

（3）昌江：结合棋子湾和霸王岭发展小型专业性海洋主题公园和热带雨林主题公园。

（4）东方：适当建设中小型城市乐园。

5．中部地区

包括五指山、琼中、屯昌、白沙四市县。以生态、养生、民俗风情为主导，生态化发展，控制数量与建设量。

建设若干集避暑、度假、休闲、保健、疗养、养老等功能的热带山区主题公园。

6．海洋地区

依托海洋资源条件，建设海洋主题公园，支撑海洋旅游业的发展。高标准启动"南海之魂"海洋主题公园规划建设。

二、服务功能组织

服务于城乡高度融合的国际旅游岛建设，构建分等级、网络化的服务功能网络（图 3-22）。

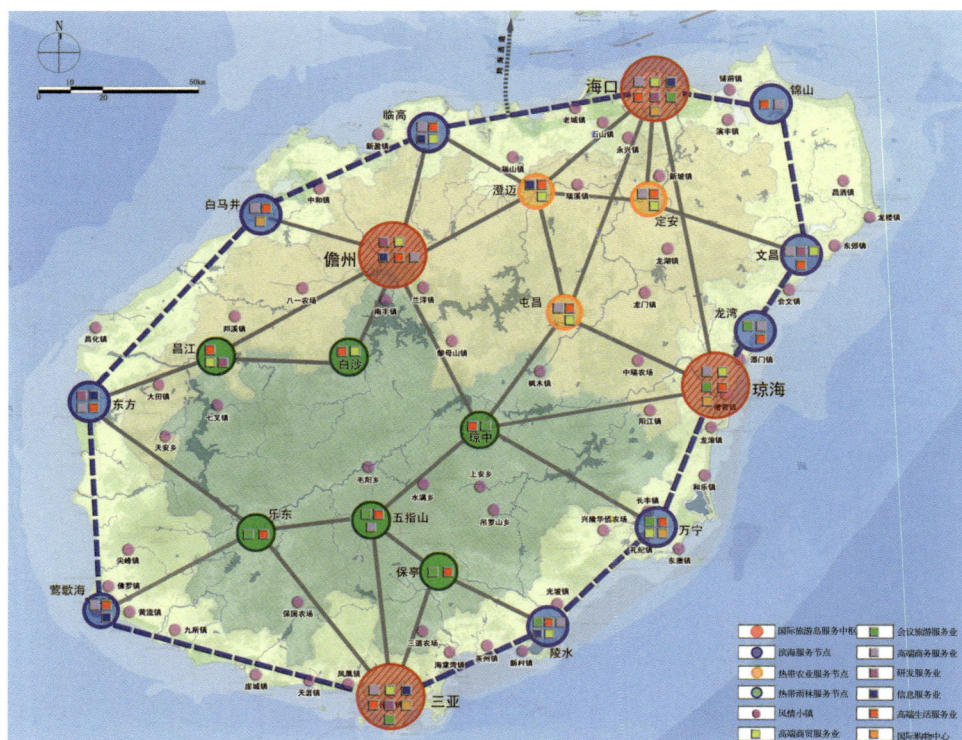

图 3-22 服务功能空间组织图

（一）国际旅游岛服务中枢：海口、三亚、琼海—博鳌（龙湾）、儋州

海口、三亚、琼海—博鳌、儋州是海南国际旅游岛的服务中枢，处于整个服务网络中的最核心位置，提供的服务类别最丰富，服务的空间层次最高。

1. 海口

海南内外联系的空间枢纽，是海南省政治经济文化中心、华南地区区域性中心城市，也是海南综合性最强的中心城市，一直以来承担着商贸中心、科研中心、教育中心、旅游及经济管理中心等职能。海口是海南国际旅游岛建设的核心地区之一，是以旅游业为龙头的现代服务业最为集中的区域，面向全岛提供现代化的旅游服务，高端商贸服务业、会展旅游服务业、高端商务服务业、研发服务业、信息服务业和高端生活服务业等现代服务业门类高度集聚，服务范围覆盖全岛，功能影响全局。海口可建设国际购物中心。

2. 三亚

海南南部的国际门户，是我国首屈一指、国际知名的热带滨海度假旅游和观光旅游目的地，也是海南国际旅游岛建设的先行地区和重要标志，其建设水平直接显示着海南国际旅游岛建设的档次。国际旅游岛建设过程中，三亚既是国际知名的旅游中心，也是组织南部陵水、保亭、乐东等旅游一体化发展的中心，更是服务于整个国际旅游岛建设的国际旅游服务中枢，高端商贸服务业、高端商务服务业、技术研发服务业、信息服务业、高端生活服务业等高度集聚，健康管理、国际教育等先试先行、率先开放。三亚可建设国际购物中心。

3. 琼海—博鳌

海南东部滨海旅游发展的核心地区，也是海南国际会展核心区之一。一方面，以"博鳌水城"建设为重点，发展国际会议、旅游度假、水上运动、高尔夫等旅游功能；另一方面，更重要的是承担国际会展中心、高端商贸中心、高端商务中心等现代服务功能，成为服务于整个国际旅游岛的东部国际旅游服务中枢。引导培育特色旅游产品流通服务业、高档商品免税商贸服务业、会展服务业、高端餐饮住宿业、广告传媒、金融保险、信息咨询等高端商务服务业发展，建设国际购物中心。高标准建设龙湾国际旅游岛先行试验区。

4. 儋州

作为西部中心城市，充分利用城镇服务业发展基础，重点培育发展支撑西部地区热带特色现代农业和洋浦新型工业发展的研发服务业、信息服务业，面向服务西部滨海旅游带，大力发展高端生活服务业和高端商务服务业。

（二）滨海服务节点：文昌、万宁、陵水、东方、临高、锦山、龙湾、莺歌海、白马井、西沙永兴岛

1．文昌

围绕着航天发射中心的建设，发展相关观光旅游业，使之成为海南东部旅游体系中的又一亮点。利用航天发射中心建设所带来的技术优势，着眼于服务周边地区旅游业，引导培育发展特色旅游产品流通服务业、高档商贸服务业和技术研发服务业等现代服务业门类。

2．万宁

通过石梅湾、神州半岛、兴隆温泉度假区、太阳河旅游度假区的重点开发建设，使万宁成为海南东部热带滨海旅游发展的核心地区之一。利用建设市内免税商场的政策优势，加快高端商贸服务业发展，加快发展会展旅游服务业和以高端餐饮住宿为重点的高端生活服务业。

3．陵水

加快发展旅游房地产、会展旅游服务业和高端生活服务业等现代服务业，支持清水湾、香水湾、土福湾等一批重大旅游项目的开发建设，服务东部旅游带的发展。

4．东方

重点发展技术研发服务业、信息服务业，支撑东方化工城建设，大力发展高端生活服务业，提升城乡居民的生活水平，引导发展高端商务服务业支撑西部滨海旅游带的开发。

5．临高

加快发展旅游房地产、会展旅游服务业和高端生活服务业等现代服务业，支持临高角等旅游项目的开发建设。

6．其他

高标准建设龙湾国际旅游岛先行试验区，形成东部滨海地区重要的旅游服务节点。

依托乐东的莺歌海镇、儋州的白马井镇和文昌的锦山镇分别建设服务新城，支撑西部地区和东北部地区旅游资源开发和滨海旅游带建设。

建设永兴岛服务节点，支撑海岛旅游。

（三）热带农业服务节点：澄迈、定安、屯昌

重点建设澄迈、定安、屯昌等县市的中心城市，引导发展现代服务业，强化区域服务功能，使之成为分布相对均衡的北部丘陵台地地区热带农业旅游服务中心。

一方面，加快以提高城乡居民生产、生活水平为核心的城镇服务业发展；另一方面，引导发展商贸服务、信息技术服务等现代服务行业，支撑周边地区旅游业和农业的发展。

（四）热带雨林服务节点：五指山、乐东、保亭、琼中、白沙、昌江

1．五指山

重点发展高品质生活服务业，服务当地城乡居民；结合旅游景区建设提升发展会议旅游服务业、高端商务服务业。

2．乐东

服务于生态旅游和民俗文化旅游发展，重点发展旅游服务业、商贸服务业、高端商务等现代服务业，大力发展高品质的生活服务业，服务城乡居民。

3．保亭、琼中、白沙、昌江

重点发展旅游服务业、商贸服务业、高端生活服务业，服务于生态旅游发展和主题公园建设，满足城乡居民生产、生活的需要。

三、生产功能组织

生产功能侧重于农业和工业两个方面。对于农业而言，空间组织强调根据不同地区农业资源条件和发展特点，分区协作和网络化流通；对于工业而言，空间组织的核心原则是在不污染环境、不破坏资源、不搞重复建设的基础上点状集聚发展。

（一）农业生产

海南具有发展热带特色现代农业的独特优势，把海南建设成为"国家热带现代农业基地"是国际旅游岛提出的明确要求，全省统一布局和组织是保障海南热带现代农业发展的必然要求。具体而言，包括生产和流通两个方面的功能组织。农业生产方面，根据不同地区农业资源条件和发展特点的差异，空间采取分区组织、协作生产的方式，通过加强土地综合整理，保障农业生产的分区协作（图3-23）；农产品流通方面，通过构筑包括农产品流通枢纽、专业批发市场在内的流通网络，保障农产品的快速流通（图3-24）。

1．农业生产分区协作

打造北部平原区、中北部丘陵台地区、东部平原区、南部丘陵盆地区、西部平原区和中部山地区六大农业功能区，规划布局25个绿色农产品生产基地，推进农业现代化。

（1）北部平原区：包括海口市全部，澄迈、临高大部，以及儋州、文昌、定安北部。全区面积1027万亩，占全岛总面积的20.2%，耕地233万亩，是海南农业发展生产潜力较大的地区。

（2）中北部丘陵台地区：位于海南岛中部偏北，从万宁、琼海、定安、屯昌、琼中、

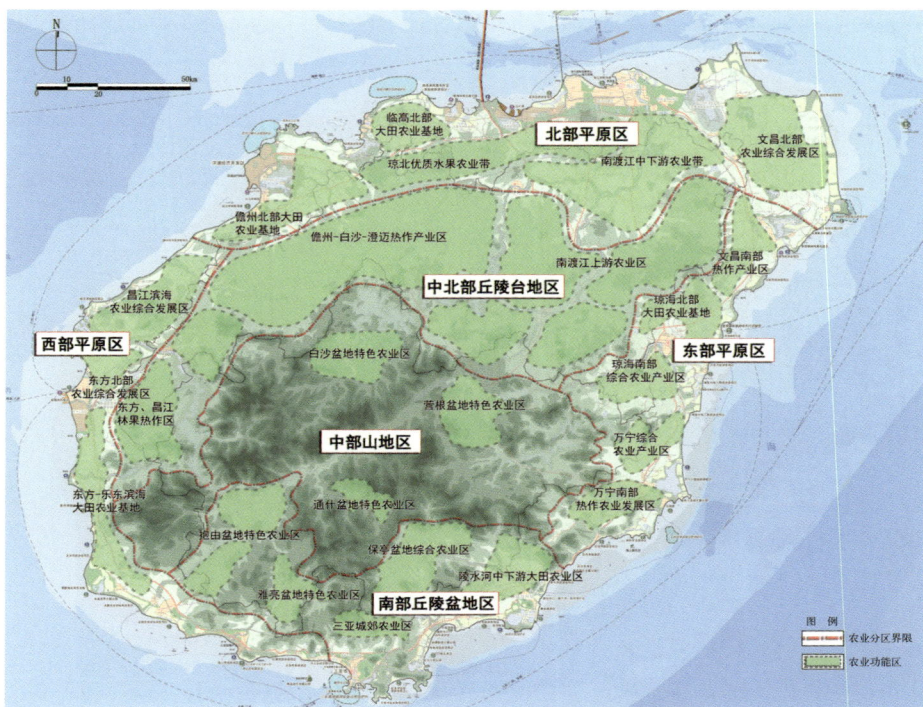

图 3-23　绿色农产品基地与农业功能分区图

图 3-24　农产品加工中心、批发市场布局图

文昌、海口到澄迈、临高、儋州、白沙、昌江、东方的一个半圆形地带，面积1114万亩，占全岛总面积的21.9%，耕地135万亩。

（3）东部平原区：包括琼海大部，万宁东部和文昌南部，面积290万亩，占全岛土地总面积的5.7%。耕地面积81万亩且集中，农业生产集约程度较高，粮食、热作和水产在全岛占有重要地位。

（4）南部丘陵盆地区：包括陵水、保亭、乐东三个县的大部及三亚、万宁部分地区。全区面积732万亩，占全岛土地总面积的14.4%，是岛内土地较多的地区。

（5）西部平原区：包括昌江、东方、乐东的大部分，儋州、白沙、三亚的部分地区。全区面积488万亩，属人少地多、土地资源丰富、农业生产潜力大的地区。

（6）中部山地区：包括琼中大部，白沙、儋州、东方、乐东、三亚、保亭、陵水等市县的部分地区和五指山市。全区面积1435万亩，耕地22.9万亩，是全岛地广人稀的地区。

2．农产品流通网络

建立农业现代流通体系，推进农业流通现代化，形成流通成本低、运行效率高的农产品营销网络。

大力培育交易市场，建立综合性批发市场、专业批发市场；支持物流仓储、冷藏、运输企业发展；通过重点农业县的农产品、农资物流节点的建立，构筑全省农业物流网络。

大力培育交易市场，建立综合性批发市场、专业批发市场，在全省新建、改造7个综合性批发市场，20个专业批发市场。

7个综合性批发市场包括，在海口建立国家级综合性农产品批发市场；在儋州木棠、东方、乐东、三亚、屯昌和琼海建立6个区域性农产品综合批发市场。

20个专业批发市场：包括10个渔业批发市场和10个瓜菜批发市场。

3．农产品加工中心

在海口、文昌清澜、定安塔岭、儋州白马井、乐东九所规划建设5个综合型农产品加工园区；在琼中、屯昌、昌江、澄迈建立4个特色农产品加工基地；在海口、三亚、儋州三个中心城市建设集农业科研、农业旅游观光、农产品加工发展研究于一体的农业综合科技园区或科技城。

（1）水产品加工基地：在海口和三亚建设水产品加工产业园区；在海口、三亚、临高新盈、儋州白马井、东方八所、文昌清澜、陵水新村等地建立冷冻加工基地；在澄迈、琼海等地改造和新建藻类加工企业。

（2）畜禽产品加工基地：在海口、儋州、定安、澄迈、万宁等生猪主产区发展肉产品加工业，在文昌、琼海等家禽主产区发展家禽精深加工业，在屯昌发展为中部山区服务的畜牧加工业。

（3）热带经济作物产品加工基地：在海口重点发展椰子饮料、食品加工产业，在文昌发展椰子产品综合加工产业。在海口、琼海发展胡椒加工产业。在万宁、琼海、屯昌、三亚、乐东等槟榔主产区发展槟榔加工。在万宁兴隆、澄迈福山发展咖啡深加工产业。中部山区因地制宜发展南药加工产业。与科研单位相结合建立若干热带名贵花卉产业基地。

（4）果蔬处理冷藏保鲜基地：在文昌、琼海、定安、澄迈、儋州、万宁、陵水、东方、乐东、昌江、三亚等地建设瓜果菜冷藏保鲜储运基地，提高采摘后的清洗、分级、预冷、保鲜、杀菌和包装等商品化处理程度。在定安塔岭、儋州木棠、乐东九所、万宁礼纪建设果蔬综合加工基地。

（5）橡胶加工基地：在全省布局14个橡胶加工厂，分别是红明基地、东红基地、东太基地、东兴基地、南平基地、立才基地、乐中基地、乌石基地、龙江基地、八一基地、红林基地、西联基地、中兴基地和红光基地。

（二）工业生产

依托国家战略和资源优势，集中集约发展，点状集聚布局，加快发展新型工业和高新技术产业（图3-25）。

1．新型工业

在老城经济开发区、金牌港经济开发区、洋浦经济开发区、昌江循环经济产业区、东方工业园区集中发展新型工业和现代制造业。

（1）老城经济开发区：重点发展电力、新型建材、机电制造、电子信息、新材料、都市制造业等产业；

（2）金牌港经济开发区：重点发展修造船及海洋工程、电子、水产品深加工等产业；

（3）洋浦经济开发区：重点发展炼油、石油化工、林浆纸一体化、电力、能源、修造船及海洋工程、临港加工业等产业；

（4）昌江循环经济产业区：重点发展建材、冶金、化工循环经济产业，建设国家级循环经济示范区；

（5）东方工业园区：重点发展天然气化工、精细化工、电力工业等产业。

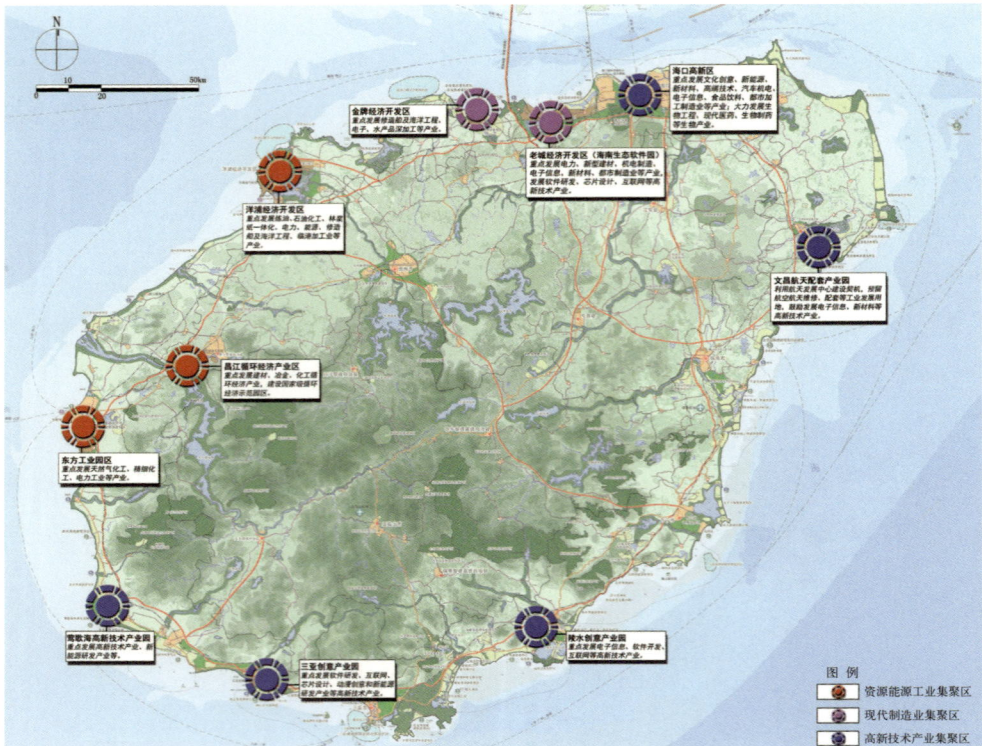

图 3-25 工业生产功能空间组织图

2．高新技术产业

在海口高新区、海南生态软件园、三亚创意产业园、文昌航天配套产业园、陵水创意产业园、莺歌海高新技术产业园等，重点发展高新技术产业。

（1）海口高新区：重点发展文化创意、新能源、新材料、高端技术、汽车机电、电子信息、食品饮料、都市加工制造业等产业；大力发展生物工程、现代医药、生物制药等生物产业；

（2）海南生态软件园：重点发展软件研发、芯片设计、互联网等高新技术产业；

（3）三亚创意产业园：重点发展软件研发、互联网、芯片设计、动漫创意和新能源研发等高新技术产业；

（4）文昌航天配套产业园：利用航天发展中心建设契机，预留航空航天维修、配套等工业发展用地，鼓励发展电子信息、新材料等高新技术产业；

（5）陵水创意产业园：重点发展电子信息、软件开发、互联网等高新技术产业；

（6）莺歌海高新技术产业园：重点发展高新技术产业，新能源研发产业等。

四、流通功能组织

加强海南省流通枢纽、节点及门户城市的建设，完善交通网络，在强化空间枢纽地位、加大经济密度的同时，缩短空间通勤距离，组织高效便捷的流通功能（图3-26）。

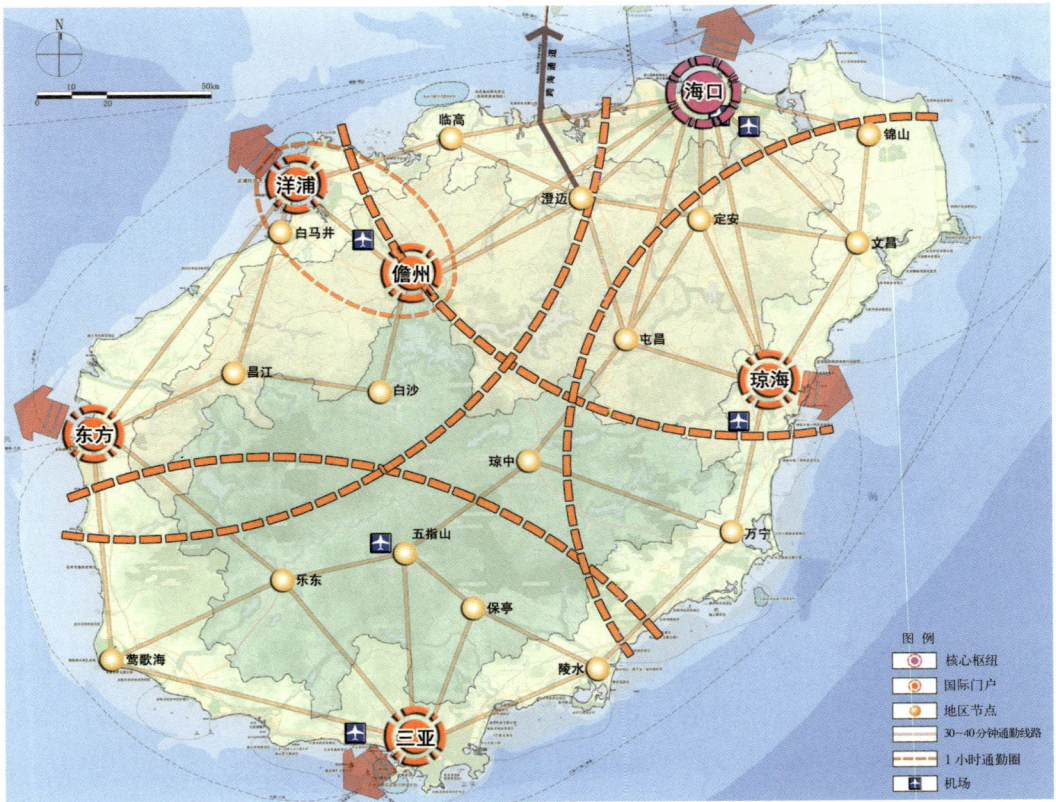

图3-26 流通功能空间组织图

（一）核心枢纽：海口

海口是华南地区区域性中心城市，是组织全省流通网络的空间核心，是全省的核心交通枢纽，集海上、陆域、空中的客货对外交通于一体。重点加强市区与港口、机场、火车站、汽车客运站的交通联系，完善港口、机场、火车站、汽车客运站之间换乘体系。通过城市轻轨与快速干道连接各个口岸，大力发展公共交通，采取城区向内陆辐射等措施，加强各交通节点间的通行能力。尽早进行跨海通道的相关规划，理顺跨海通道上岛后与本岛公路、铁路网络的衔接关系。

（二）国际门户：三亚、儋州—洋浦、琼海、东方

1．三亚

海南国际旅游岛建设的核心国际门户。

重点加强市区与港口、机场、火车站、汽车客运站的交通联系，完善港口、机场、火车站、汽车客运站之间的换乘体系。通过城市轻轨与快速干道连接各个口岸，大力发展公共交通等措施，加强各交通节点间的通行能力。加强三亚与保亭、五指山、陵水、乐东等中南部山区各景区的联系，重点提高旅游交通与客运交通的方便与舒适度，带动周边区域的旅游发展。

2．儋州—洋浦

海南工业产品物资与石油、天然气等能源物资进出门户，以物流为主的国际门户。依托洋浦保税港区建设面向东北亚的以国际中转、出口加工、保税仓储为主的物流中心，建成环北部湾地区最为开放的航运中心和石化产品的国际中转、交易中心。重点加强洋浦港疏港交通能力，建设高速公路、客货铁路支线，实现洋浦区域交通与省域高速公路、铁路网络的衔接。远期建设儋州机场和洋浦—儋州之间的轻轨交通线路，增强对外客运交通能力，并加强洋浦与儋州两个功能不同但关系密切的城区之间的联系。

3．琼海

以满足博鳌亚洲论坛服务与航空交通为主的对外国际门户。重点加强博鳌机场、琼海火车站、博鳌火车站、长途客运站、博鳌客运港、龙湾货运港与嘉积城区、博鳌区、高速公路的交通联系以及各类型交通之间的转换。提高博鳌机场的等级，增强对外联系的能力。

4．东方

面向东盟地区的对外门户。以发展对越边贸为突破口，全面融入东盟自由贸易区，把东方打造成"中国（东方）—东盟商贸旅游度假区"。重点加强高速公路、国道以及铁路之间的衔接和转换关系，逐步完善交通服务设施的配套建设。

（三）地区节点

其他各市县城区作为组织全省流通网络的重要空间节点，组织周边地区的城乡要素向其集聚，进而纳入全省统一的功能网络。

未来重点是完善城区与其他市县之间的市县城际交通关系以及本城区与乡镇、农村之间的二级分流交通系统。

第五节　国际旅游岛功能指引

本质上看，"国际旅游岛"建设的核心是以效益和效率最大化为导向的海南城乡空间资源的有效配置，而成功的关键则是功能体系的构建及其在空间上的有序组织。"分区、分类"是国际旅游岛功能体系构建及其空间组织极其有效的方法。

一、国际旅游岛功能体系

功能建设以产业发展为依托，国际旅游岛建设明确要求海南着力构建以旅游业为龙头、现代服务业为主导的现代产业体系，加快发展现代服务业，积极发展热带高效农业，集约集中发展新型工业和高新技术产业，建设海洋经济强省。

基于这一产业发展导向的判断，结合国际旅游岛在不同层面对海南发展提出的战略要求，可以确定海南国际旅游岛的功能体系在空间层次上包括本地基础功能、国家优势功能和国际特色功能三个层次（图3-27）。

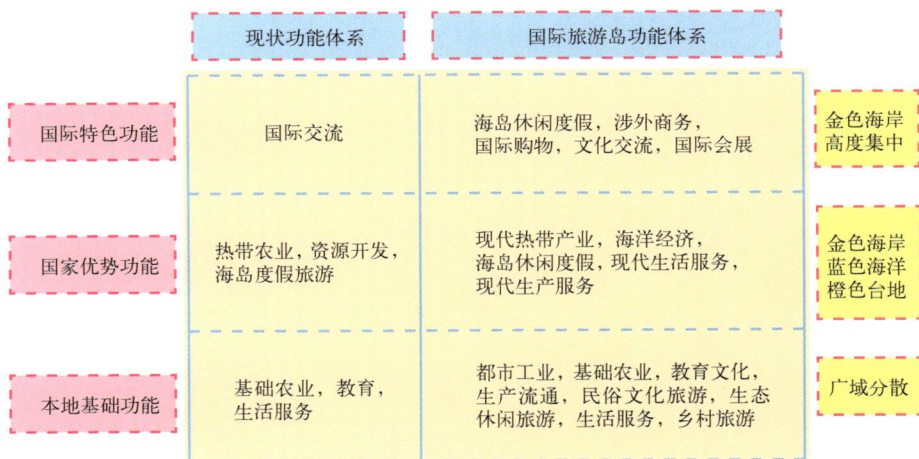

图 3-27　海南现状功能与国际旅游岛功能体系要求对比

其中，国际特色功能主要包括海岛休闲度假、涉外商务、国际购物、文化交流、国际会展等内容，对比海南现状的国际功能看，除在国际交流上略有基础外，其他内容需要重点加快培育。国家优势功能主要包括现代热带农业、海洋经济、海岛休闲度假、现代生活和生产服务等，从海南现状看，在热带农业、资源开发、海岛度假旅游方面有基础。本地基础功能主要包括都市工业、基础农业、教育文化、生产流通、民俗文化旅游、生态休闲

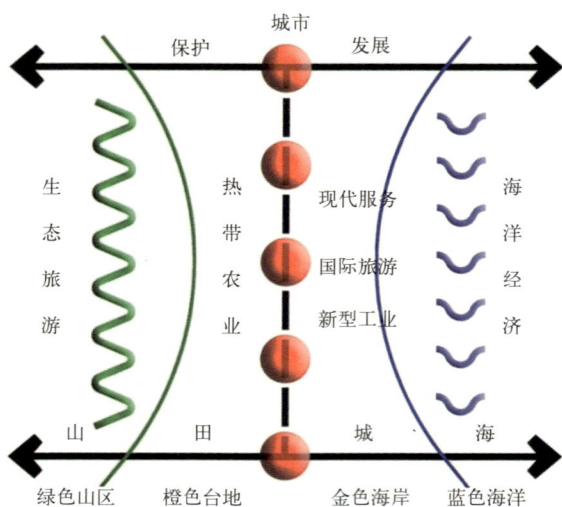

图 3-28 国际旅游岛整体功能空间格局示意图

旅游、生活服务、乡村旅游等内容，现状来看除基础农业、教育和生活服务有基础外，其他需要进一步丰富和加快发展。因此，从国际旅游岛功能体系的建设策略来看，重点是丰富本地基础功能、提升国家优势功能、培育国际特色功能。

不同空间层次的功能有不同的区位要求（图 3-28）。国际特色功能未来将高度集中分布在沿海地区，国家优势功能集中分布在沿海地区、中北部台地地区和海洋地区，本地基础功能则散布在海南全省。从大的功能格局上看，未来海南将会形成山、田、城、海的国际旅游岛圈层功能格局，山区主要以生态旅游功能为主导功能，台地地区以热带特色现代农业为主导功能，沿海地区将会重点集聚现代服务、国际旅游和新型工业等核心功能，海洋地区将会重点发展海洋经济。

二、国际旅游岛功能分区指引

图 3-29 海南国际旅游岛六大功能分区（注：海洋功能分区包括海南省授权管辖的海域和西沙、南沙、中沙群岛及其岛礁）

对《海南国际旅游岛建设发展规划纲要（2010 ~ 2020 年）》中所确定的国际旅游岛六大功能分区，分别进行具体的功能发展指引，系统推动功能体系建设和空间功能布局（图 3-29）。

（一）北部功能分区

1. 功能定位

以海口市为中心，包括文昌、定安、澄迈等市县，面积 7965 平方公里，占海南岛面积的 23.37%。经济

128

发展基础较好，综合发展条件优越，交通和信息联系快捷，是全省经济发展快、实力强、综合功能突出的功能片区。

该功能区产业发展的主导方向：重点发展文化娱乐、会议展览、商业餐饮、高尔夫休闲、金融保险、教育培训、房地产等现代服务业，以及汽车制造、生物制药、食品加工、机电、都市制造等新型工业和高新技术产业。根据条件适度集中布局特色旅游项目，培育发展一批定时、定址的节庆、会展活动和体育赛事。

2．中心城市功能与产业发展

（1）海口

发挥全省政治经济文化中心作用，提升商贸中心、科研中心、教育中心、旅游和经济管理中心等核心职能。加快工业化和城镇化进程，增强整体经济实力，把海口建设成为华南地区重要的中心城市之一；建设成为具有热带海岛风光的生态花园城市、滨海旅游度假休闲胜地、历史文化名城；同时带动周边地区发展，引导尽快形成海口都市区。

大力发展热带滨海度假休闲旅游和会展、商务、购物、文化、娱乐、运动休闲、科考等综合型都市旅游；重点提升建设海口东海岸旅游度假区、西海岸旅游度假区，发展滨海旅游度假、观光、高尔夫、游艇、水上运动等旅游项目；推进建设火山口国家地质公园，发展生态观光、科考等主题旅游项目；建设海口国家湿地公园；张扬海口历史文化魅力，发展历史文化依存旅游。建设旅游服务和救助中心，配置导游服务、旅游救援、信息服务和交通服务等设施；依托高尔夫球场建设会议中心。

以海口中心城区、美兰国际空港区为重点，大力发展面向全岛提供现代旅游服务的产业，包括高端商贸服务业、会展旅游服务业、高端商务服务业、研发服务业、信息服务业和高端生活服务业等现代服务业门类，建设具有国际水平、体现海南景观特色的中央商务区。

依托海口高新区，重点发展汽车、医药、机电、食品加工等新型工业，引导中心城区工业外迁，与老城经济开发区等协同发展。

在海口东南部地区，发展热带水果、反季节瓜菜种植和热带花卉种植等高效农业和农产品加工业、淡水养殖业和畜牧业，建设海口花卉养殖和贸易示范区。

（2）文昌

以卫星发射中心建设为契机，全面拓展城市功能，逐步建设成为集卫星发射、航天科普、度假旅游于一体的现代化航天城。利用航天发射中心建设的契机，预留航空航天维修、配套等工业发展用地，鼓励发展电子信息、新能源等高新技术产业。

抓住国际旅游岛建设机遇，与海口联动发展，建设国际旅游和现代服务重要节点。引导发展特色旅游产品流通服务业、高档商贸服务业和技术研发服务业等现代服务业门类。建设锦山国际旅游岛服务新城。

以滨海、椰林为特色，重点提升建设抱虎角旅游度假区、月亮湾旅游度假区、铜鼓岭旅游度假区、东郊椰林风景名胜区、冯家湾旅游度假区等核心景区建设，发展集滨海度假、观光、生态旅游为一体的旅游项目。

推进开发七洲列岛旅游区，发展海洋旅游（包括海洋观光和海洋探险）和岛屿旅游；利用航天发射中心建设带来的契机，建设航天主题公园。

（3）定安

大力发展旅游业，打造海口"后花园"，成为海口都市区的重要组成部分，建设南丽湖风景名胜区，发展观光旅游、高尔夫、水上运动、度假旅游等项目。重点发展热带现代农业和以食品加工、旅游装备制造等为主的都市制造业，增强经济实力；加快发展城镇服务、信息技术服务、商贸服务等现代服务业门类，构筑城乡服务中心，支撑周边地区旅游业和现代农业的发展。

（4）澄迈

依托老城经济开发区，大力发展电子信息、机电、新材料等新型工业，积极发展食品加工、旅游装备制造等都市制造业。

重点建设盈滨半岛旅游度假区、太阳湾滨海旅游度假区，发展滨海旅游度假、水上运动和宗教旅游等项目。加快发展城镇服务、商贸服务等现代服务业门类；依托跨海大桥建设，大力发展现代物流业，建设琼北地区农产品流通枢纽。

3．功能布局

新型工业、高新技术产业点状集聚：重点规划建设老城工业区、海口高新区、文昌航天配套产业集聚区等园区（图3-30）。

滨海旅游度假带：构建由海口东、西海岸滨海旅游度假区、海口国家地质公园、海口国家湿地公园、木兰湾旅游度假区、抱虎角旅游度假区、月亮湾旅游度假区、铜鼓岭旅游度假区、航天主题公园、东郊椰林风景名胜区和冯家湾旅游度假区等核心景区、主题公园构成的滨海休闲旅游度假带。

台地核心景区和旅游度假区：南丽湖风景名胜区。

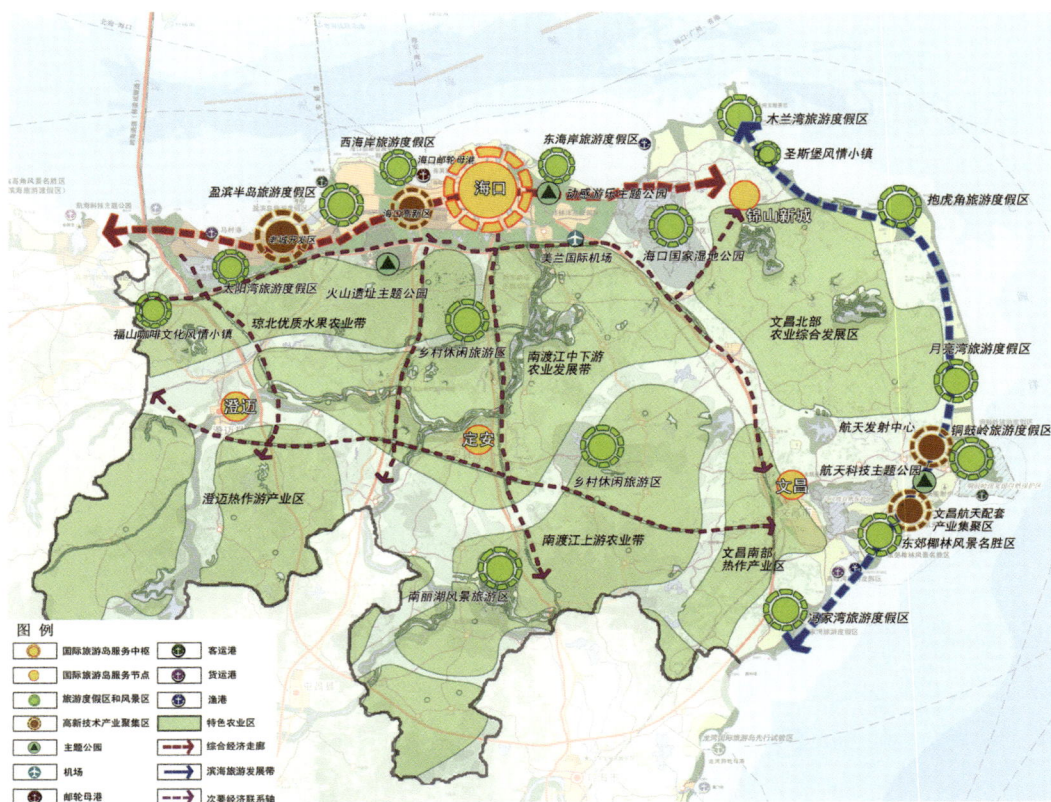

图 3—30 北部功能分区功能布局图

热带现代农业发展区：构建包括琼北优质水果农业带、南渡江中下游农业发展带、文昌北部农业综合发展区、南渡江上游农业带、澄迈热作产业区等若干农业产业区。

海口发展成为现代服务中枢城市，文昌发展成为现代服务节点城市，定安、澄迈发展成为城乡服务中心城市，建设锦山新城成为国际旅游岛服务新城。

（二）南部功能分区

1. 功能定位

以三亚市为中心，包括陵水、保亭、乐东三县，面积 6955 平方公里，占海南岛面积的 20.41%。旅游资源丰富，旅游业发展迅速，是全省以旅游业为龙头的现代服务业发展核心区域，也是海南国际旅游岛建设的先锋地区。

该功能组团产业发展的主导方向：以国际化的标准，提升发展旅游业，丰富旅游产品体系，打造核心景区，促进四市县旅游业联动发展，滨海地区积极发展滨海观光和休闲度假旅游，内陆纵深山区适度发展生态观光、民族风情和山地探险等旅游项目；大力发展酒店住宿业、文化娱乐、疗养休闲、商业餐饮、商贸物流、会议展览、房地产、高尔夫休闲、金融保险、创意产业等现代服务业，根据市场需求，适度布局建设特色旅游项目，培育一批文化节庆、会展活动和体育赛事。

2．中心城市功能与产业发展

（1）三亚

建设成为世界著名、亚洲一流的国际性热带滨海风景旅游城市，中国生态文明建设的示范基地和宜居城市。三亚是海南国际旅游岛建设的先行地区和重要标志，其建设水平直接显示着海南国际旅游岛建设的档次。

三亚既是国际知名的旅游中心，也是组织南部陵水、保亭、乐东等县旅游一体化发展的中心，更是服务整个国际旅游岛建设的国际旅游服务中枢。

建设好三亚热带滨海风景名胜区，将三亚打造成为世界级热带滨海度假旅游城市，重点建设海棠湾国家旅游度假区，推进亚龙湾旅游度假区、坎秧湾旅游度假区、红塘湾旅游度假区的开发建设；提升建设天涯海角风景旅游区和南山文化旅游区等特色明显的核心景区；积极发展邮轮产业，建设邮轮母港，开展经批准的国际航线邮轮服务业务；规划建设海洋主题公园和影视娱乐文化主题公园。

将以旅游业为龙头的现代服务业打造成为支柱产业，促进高端商贸服务业、高端商务服务业、技术研发服务业、信息服务业、高端生活服务业、文化创意、房地产等产业的集聚发展，率先发展健康管理服务业、国际教育服务业等产业。

点状集聚发展医药、电子信息、旅游装备制造、海洋生物医药、海洋盐业高新技术产业和海洋经济。

建设南繁育制种基地、农业科技研发和产业孵化基地，积极发展热带高效农业和农业科技产业，有序发展海洋渔业。

统筹城乡产业发展，促进山海联动。

（2）陵水

大力发展旅游业、房地产业、会展旅游服务业和高端生活服务业等现代服务业，将陵水建设成为海南东部重要的滨海旅游城市。

推进香水湾、土福湾、清水湾、高峰温泉度假区建设，发展滨海旅游度假、海上运动、高尔夫、康体疗养、休闲健康等旅游项目，提高国际知名度；提升黎安港滨海旅游区，发展成为以观光旅游为主，兼具科考功能的旅游项目，建设海洋主题公园；建设陵水吊罗山国家森林公园；建设陵水创意产业园，发展高新技术产业。

（3）保亭

大力发展旅游业和城镇服务业，集聚发展农产品加工业和旅游产品加工业。

重点提升建设七仙岭温泉旅游度假区，发展温泉休疗养、休闲度假、高尔夫等旅游项目，建设热带雨林主题公园，将旅游业的发展纳入到以三亚为核心的南部旅游体系中统筹考虑。

（4）乐东

大力发展旅游业、热带现代农业和海洋产业，建设莺歌海生态新城，发展循环经济和现代服务业，使乐东成为支撑滨海旅游发展的服务中心。

重点开发建设尖峰岭旅游区，利用尖峰岭的热带雨林、湖泊、瀑布、溶洞以及黎苗村寨风情，发展生态旅游和民俗文化旅游；推进开发龙沐湾、龙栖湾滨海旅游度假区，发展滨海度假旅游项目，打造高品质的滨海休闲旅游度假产业带。

积极发展热带高效农业和农业科技产业，加快调整农业种植结构，鼓励发展水果、花卉、南药、反季节瓜菜生产，建设南繁育制种基地。依托乐东香蕉种植基础，建设成为全省的无公害养殖基地、农产品品牌建设示范基地、现代化农业种植示范区，引导全省农业在瓜菜、槟榔等领域内取得突破。

3．功能布局

滨海休闲度假旅游"一带三组团"：依托滨海资源，打造香水湾旅游度假区、黎安港旅游区、清水湾旅游度假区、土福湾旅游度假区、海棠湾旅游度假区、亚龙湾旅游度假区、坎秧湾旅游度假区、大东海旅游度假区、天涯海角旅游区、红塘湾旅游度假区、南山文化旅游区、海山奇观旅游区等核心度假区和景区，重点开发建设龙栖湾旅游度假区、龙沐湾旅游度假区，打造高品质旅游休闲岸线；在陵水黎安地区建设海洋主题公园，在三亚建设海洋主题公园、影视娱乐文化主题公园，建设生态文化、低碳发展支撑的莺歌海新城；建设尖峰岭国家森林公园。形成陵水、三亚、乐东三个滨海旅游发展组团。在保亭提升建设热带雨林（呀喏达）主题公园、七仙岭森林温泉度假区等，促进保亭、陵水、三亚三城市的旅游联动发展，构建以三亚为核心的精品旅游"铁三角"（图3–31）。

依托三亚创意产业园、陵水创意产业园，点状集聚，发展高新技术产业。

图 3-31 南部功能分区功能布局

热带现代农业发展区：重点建设乐东大田农业基地、抱由盆地特色农业区、雅亮盆地特色农业区、三亚城郊农业区、保亭盆地综合农业区、陵水河中下游大田农业区等若干农业区。

现代服务业集聚发展轴：将三亚建设成为海南国际旅游岛现代服务南部核心城市，将陵水建设成为东南部滨海旅游服务中心城市；将乐东、保亭建设成为城乡服务中心城市；建设莺歌海国际旅游服务新城，服务西南部滨海休闲旅游度假产业发展。

（三）中部功能分区

1. 功能定位

包括五指山、琼中、屯昌、白沙四市县，面积 7184 平方公里，占海南岛面积的 21.07%。是南渡江、万泉河、昌化江等主要河流的发源地和主要水源涵养区，是海南省生态敏感区和生物多样性富集区，发育并保存有我国最大面积的热带雨林。该组团是海南生态保护的重点地区，需要处理好保护与开发的关系；同时，该组团包括大部分山区和少数民族地区，经济发展基础相对薄弱，未来需要加大政策扶持力度，引导城乡经济同步发展，实现城乡居民共同富裕。

该功能组团产业发展的主导方向：在加强热带雨林和水源地保护的基础上，积极发展热带特色农业、林业经济、生态旅游、民族风情旅游、城镇服务业、民族工艺品制造等。

重点建设国家森林公园和黎族苗族文化旅游项目。

2．中心城市功能与产业发展

（1）五指山

在保护森林资源的前提下，重点发展旅游业、现代农业、城镇服务业，鼓励在中心城发展农产品加工业和民族工艺品制造业。

提升建设五指山风景名胜区，大力发展山地生态观光、民族风情旅游、山地体育旅游项目，建设民族大观园，建设海南野生动物园。建设旅游服务和救助中心，配置导游服务、旅游救援、信息服务和交通服务等设施。

在丘陵盆地重点发展橡胶、南药、热带水果等热带经济作物及生态农业，坚持走生态农业、特色农业的发展道路。

（2）琼中

在保护森林资源的前提下，发展旅游业、现代农业、城镇服务业，鼓励在中心城发展农产品加工业和民族工艺品制造业。

重点提升建设百花岭风景名胜区和鹦哥岭旅游区，开发山地生态观光、民族风情旅游、山地体育、狩猎、高尔夫等项目。依托黎母山国家森林公园，重点发展山地生态观光、民族风情旅游、山地体育、高尔夫等旅游项目。

在县城配置各类旅游服务、文化设施。

发展山区生态经济，大力发展橡胶、热带水果等经济作物和生态农业。

（3）屯昌

重点发展热带现代农业、农业技术服务、商品物流、农产品加工业等产业，强化城乡服务中心和农产品加工基地的职能。

提升建设木色湖风景名胜区成为融合居住、旅游、商务、养老、疗养等功能的旅游休闲度假区。

依托农业基础条件，发展橡胶和热带水果等经济林、反季节瓜菜、热带花卉等热带高效农业，因地制宜发展特色农产品。

提高县城商业、金融、贸易、服务等第三产业配套水平。

（4）白沙

重点发展热带现代农业、城镇服务业，集约发展食品加工、农产品加工和民族工艺品制造等都市制造业。

建设森林温泉旅游区，发展居住、旅游、商务、养老、疗养等功能；在县城配置各类旅游服务、文化设施。

坚持生态农业、特色农业的发展道路，发展橡胶、热带水果等热带经济作物。

3．功能布局

（1）核心景区和旅游度假区、主题公园

重点建设木色湖风景名胜区、白沙森林温泉旅游区、鹦哥岭旅游区、百花岭风景名胜区、五指山风景名胜区等核心景区和度假区，建设民族文化及热带雨林主题公园（图 3-32）。

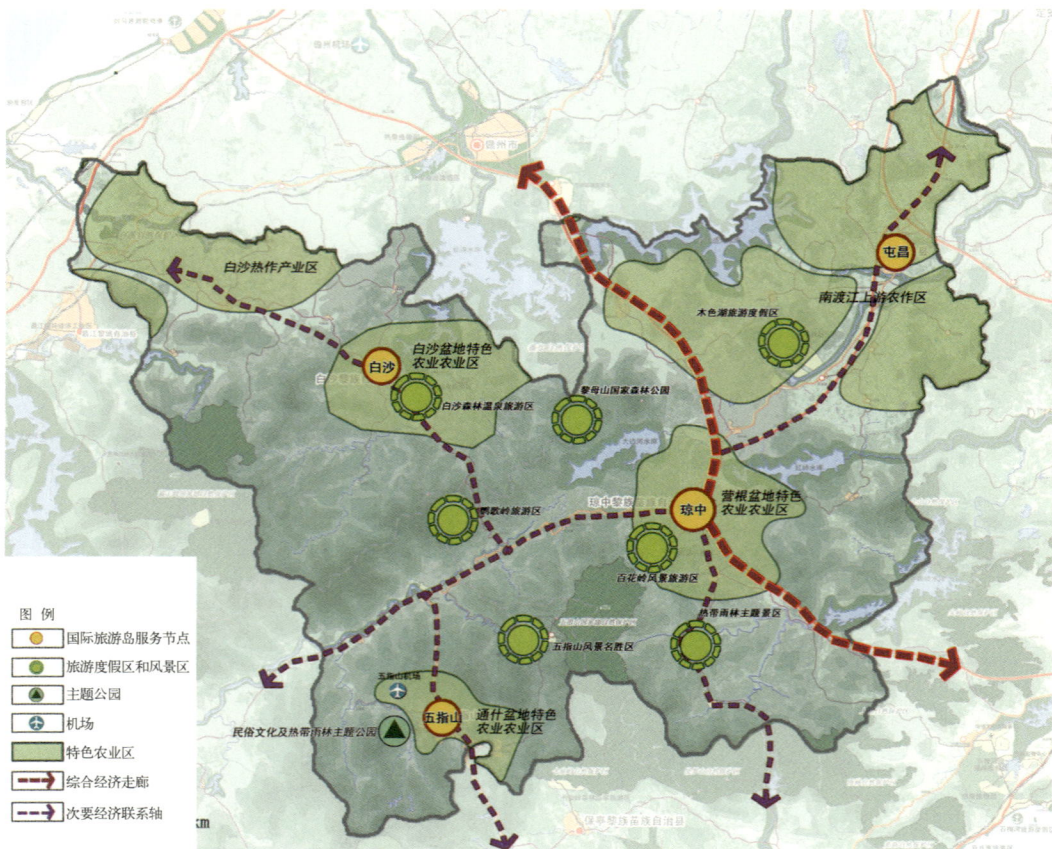

图 3-32 中部功能分区产业布局图

（2）热带现代农业产业区

建设南渡江上游农业区、营根盆地特色农业区、白沙盆地特色农业区、白沙热作产业农业区、通什盆地特色农业区等农业产业区。

（3）国际旅游岛服务业节点和城乡现代服务中心

将五指山、琼中、白沙、屯昌建设成为国际旅游岛服务业节点和城乡服务中心。

（四）东部功能分区

1．功能定位

包括琼海、万宁两市，面积3576平方公里，占海南岛面积的10.49%。旅游资源丰富，旅游业发展势头良好。

该功能组团产业发展的主导方向：发展壮大滨海旅游业、热带特色农业、海洋渔业、农产品加工业等。根据条件，适当布局特色旅游项目，打造文化产业集聚区，将博鳌建设成为世界级国际会议中心。

2．中心城市功能与产业发展

（1）琼海

琼海是海南东部滨海旅游发展的核心地区，也是海南国际会展核心区之一。重点的产业领域包括旅游业、会展服务业、现代特色农业、城镇服务业、高科技产业等。

以"博鳌水城"建设为重点，发展国际会议、旅游度假、水上运动、高尔夫等旅游功能，大力发展国际会展中心、高端商贸中心、高端商务中心等现代服务功能，使琼海成为服务于整个国际旅游岛的东部国际旅游服务中枢。引导培育发展特色旅游产品流通服务业、高档商品免税商贸服务业、会展服务业、高端餐饮住宿业、广告传媒、金融保险、信息咨询等高端商务服务业。

推进开发博鳌水城旅游度假区，发展国际会议、旅游度假、水上运动、高尔夫等旅游功能；提升建设万泉河旅游度假区，发展滨海旅游度假、高尔夫、万泉河观光游览等；推进建设官塘白石岭温泉旅游度假区，发展温泉旅游。高水平规划建设龙湾国际旅游岛先行试验区。

（2）万宁

建设海南东部滨海旅游城市，重点发展滨海旅游业、高端商贸业、会议展览业、住宿餐饮业、现代特色农业、旅游附加产业等产业。重点提升建设石梅湾旅游度假区、神州半岛旅游区，发展滨海旅游度假观光、高尔夫等项目；提升建设兴隆温泉旅游度假区、太阳河旅游度假区，发展温泉康乐、生态观光、休闲度假等旅游项目。

利用建设市内免税商场的政策优势，加快高端商贸服务业发展，加快会展旅游服务业和以高端餐饮住宿为重点的高端生活服务业发展，支撑和丰富万宁的旅游业发展。

3．功能布局

（1）滨海休闲度假旅游轴

依托滨海资源，构建由龙湾国际旅游岛先行试验区、万泉河旅游度假区、博鳌水城旅游度假区、神州半岛旅游度假区、石梅湾旅游度假区、太阳河旅游区、兴隆温泉旅游度假区、官塘白石岭温泉旅游度假区等核心景区和度假区构成的滨海休闲度假旅游轴；打造龙湾国际旅游岛先行试验区，推动国际旅游岛建设（图3-33）。

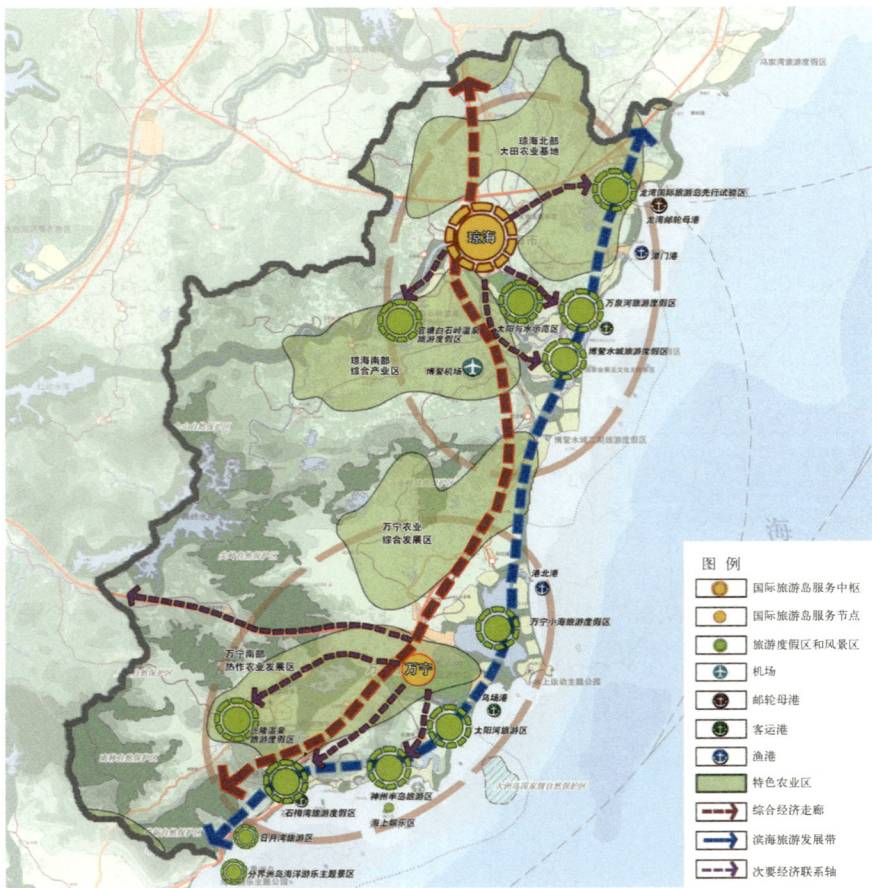

图 3-33 东部功能分区功能布局

（2）现代服务业发展轴

依托琼海、万宁等中心城市和东环铁路，打造现代服务业发展带，支撑和服务滨海旅游业发展；将琼海、万宁打造成为国际旅游岛服务中心城市。

（3）热带现代农业发展区

依托资源，重点发展琼海北部大田农业基地、琼海南部农业综合发展区、万宁农业综合发展区、万宁南部热带农业发展区等若干农业区。

（五）西部功能分区

1．功能定位

包括儋州、临高、昌江、东方四市县和洋浦经济开发区，面积 8407 平方公里，占海南岛面积的 24.66%。对外交通联系方便，工业基础好、发展潜力大。

该功能组团产业发展的主导方向：依托洋浦经济开发区、东方工业园区、昌江循环经济产业区等工业园区，集中布局发展新型工业。积极发展生态旅游、探奇旅游、工业旅游、滨海旅游等。

2．中心城市功能与产业发展

（1）儋州

增强城市整体经济实力，丰富综合城市职能，促进儋州—洋浦联动发展，把儋州建设成为海南西部中心城市。

充分利用城镇服务业发展基础，重点培育发展支撑西部地区热带现代农业和洋浦新型工业发展的研发服务业、信息服务业，面向服务北部滨海旅游带，大力发展高端生活服务业和高端商务服务业。

依托中和古镇，建设东坡文化园，积极发展文化旅游；高水平开发滨海旅游资源，建设光村银滩旅游度假区、海上火山公园、儋州滨海旅游度假区等集度假、休闲、文化、娱乐为一体的滨海度假区；发展工业旅游等特色旅游项目；建设主题公园支撑白马井新城建设。

（2）洋浦经济开发区

加快建设洋浦经济开发区，集中重点发展重化产业，建设海南资源能源产业基地。充分利用海南丰富的海洋石油天然气，发展绿色效能、油气化工、林浆纸一体化、矿产资源加工、修造船和海洋工程。加大海洋石油资源勘探开发力度，提高海洋油气资源开发利用水平，规划建设国家石油战略储备基地，鼓励发展商业石油储备和成品油储备。

规划建设白马井新城，重点培育和发展信息服务、科技研发、会议会展、高端商务商贸等服务业门类，加快发展现代生活服务业，成为服务西北部地区滨海旅游带的中心。

（3）临高

重点发展现代农业、农产品加工、海洋渔业加工、商贸物流、技术服务等产业，将临高建设成为功能复合的综合新中心城市。

依托资源条件，大力发展热带水果、反季节瓜菜、热带花卉种植等热带现代农业。

提升临高角旅游度假区、马袅湾旅游度假区，发展红色旅游、滨海度假旅游和高尔夫等项目的建设品质，塑造独特的滨海城市景观。

依托金牌港经济开发区发展食品加工、机电制造、电子信息等新型工业，成为海南西部综合经济产业带的重要空间节点。

（4）昌江

发展农产品加工、新型建材、循环产业和旅游业；培育商业、金融、贸易等城镇服务业，增强城市综合服务功能。

大力发展循环产业，依托地方资源条件，发展冶炼、建材、橡胶制品等资源加工型工业和循环产业，高标准建设国家级昌江经济产业区。

提升建设棋子湾旅游度假区，发展高档滨海旅游度假；推进建设霸王岭国家森林公园。

国际旅游岛的建设与设施配置方面，重点建设棋子湾旅游度假区、霸王岭国家森林公园等核心景区；配置各类旅游服务、文化设施。

（5）东方

依托八所港，建设以油气化工为主的西部工业基地，发展油气炼制工业、能源工业、石化工业等能源资源产业。将东方建设成为区域性中心城市、全国重要的海洋天然气化工基地、南海开发服务基地、西部重要的港口城市。重点发展技术研发服务业、信息服务业，大力发展高端生活服务业，提升城乡居民的生活水平。

高水平开发建设金月湾旅游度假区，打造高品质的滨海旅游度假休闲带；引导发展会议会展、娱乐文化、休闲疗养、高端商务、商贸物流等现代服务业，将东方建设成为支撑海南西部滨海度假休闲旅游业发展的服务中心城市之一。

3．功能布局

（1）新型工业集聚点

集中建设洋浦经济开发区、东方工业园区、昌江循环经济产业区等（图3-34）。

（2）滨海旅游发展带

集中力量高标准、高质量开发滨海旅游资源，构筑海南西部滨海旅游发展带，重点建设和打造马袅湾旅游度假区、临高角旅游度假区、光村银滩旅游度假区、海上火山公园、棋子湾旅游度假区、高坡岭滨湖温泉旅游度假区、金月湾旅游度假区等核心景区和度假区。

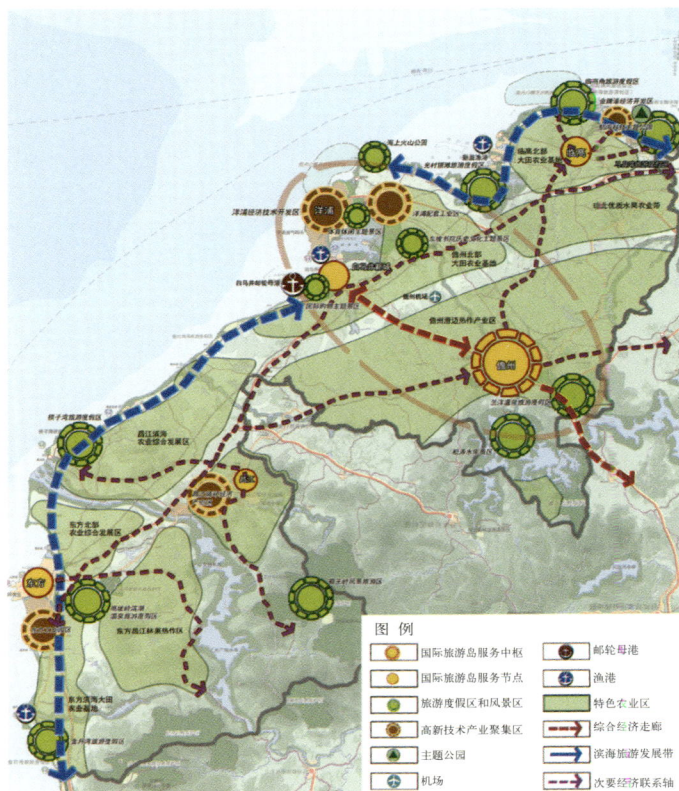

图 3-34 西部功能分区功能布局图

（3）内陆核心景区和主题公园

建设儋州东坡书院历史文化主题景区、兰洋温泉旅游度假区、松涛水库景区和霸王岭国家森林公园等。

（4）热带现代农业发展区

建设临高北部大田农业基地、琼北优质水果农业带、儋州北部大田农业基地、儋州澄迈热作产业区、昌江滨海农业综合发展区、东方北部农业综合发展区、东方昌江林果热作区和东方滨海大田农业基地等现代农业产业区。

（5）现代服务中心

将儋州、东方、临高、昌江建设成为现代服务业中心城市，建设白马井滨海服务新城。

（六）海洋功能分区

包括海南省授权管辖的海域和西沙、南沙、中沙群岛及其岛礁。

依托海洋资源优势和产业基础，重点发展包括临港工业、海洋油气化工、海洋矿砂、海洋生物制药、海洋盐业、海水淡化、海洋监测设备制造等海洋新兴产业，支持国内大型企业在海南建设修造船、海洋工程设备等项目。

压缩国内捕捞，积极拓展外海和远洋捕捞，努力推进水产健康养殖，培育发展休闲渔业，增值保护水生生物资源，加快划建海洋水产种质资源保护区，积极转变海洋渔业发展方式。依托渔港条件发展休闲渔业，拓展垂钓、观光渔业、渔家乐等项目。

重点发展滨海度假旅游、海洋观光旅游、海岛旅游、邮轮旅游、游艇旅游、海上运动旅游等。加强旅游基础设施建设，逐步开通空中、海上旅游航线，积极稳妥开放、开发西沙旅游。

第四章　海南的城乡社会发展

海南城乡社会发展的主体多元，社会建设任务繁重。新时期最重要的挑战在于不但要在推进国际旅游岛建设的同时，实现城乡社会发展一体化，而且要在协调多元社会主体共同发展的同时，推进建设适应后工业化社会需要的社会结构和社会形态。从梳理海南城乡社会发展基础和认识城乡社会发展独特性出发，以城乡社会发展一体化为导向，明确新时期海南城乡社会发展的目标与总体战略。通过加快城乡社会建设、促进城乡公平发展、均衡配置城乡公共资源、加强文化建设，实现城乡村居民生活质量趋于一致，使城乡居民具有同等的生活待遇和发展机会。

第一节　城乡社会发展的认识框架

一定程度上讲，对城乡发展而言，协调城乡经济关系，目的在于解决城乡社会发展中的问题。因此，对城乡发展的理论探索最早起源于对城乡经济发展差距加大所带来的城乡社会问题的思考和解释。长期以来，我国的社会发展滞后于经济发展，社会发展一直没有独立地纳入到我国发展的总体格局当中。新中国成立初期，重点强调的是政治与经济关系，社会发展的相关内容涵盖在经济关系，也就是经济基础中考虑。改革开放后，从第六个五年计划（1980～1985年）将名称由"国民经济发展五年计划"变为"国民经济和社会发展五年计划"开始，才正式将社会发展作为重要内容纳入到国家的总体格局中。但是在实际的发展过程中，经济发展仍然为核心，并强调通过经济发展带动社会发展，经济建设仍然是主体，社会发展处于次要地位。直到十六届四中全会从建设社会主义和谐社会的角度，提出"推动社会建设与经济建设、政治建设、文化建设协调发展"，社会发展作为独立内容才真正上升到国家总体发展的格局之中。之后党的十七大、十八大均强调社会发展是我国整体发展的重要组成部分。

国内外对于城乡社会发展的研究集中在城乡社会结构、城乡社会流动、城乡公共资源配置和城乡社会保障等四个方面，在系统把握相关研究进展的基础上，结合海南的实际确定支撑海南面向后工业化社会跨越的城乡社会发展重点内容。

一、城乡社会发展的研究进展

城乡社会发展研究是从对城乡社会关系和社会结构的认识开始的，帕克的"二元结构"理论就是源于对原荷兰殖民地印度尼西亚社会状况的考察，本质上是对社会二元制度的描述和分析，即社会精神、组织形式和技术共同决定了一个社会的特征，这些因素的相互存储和联系，构成了社会制度。在只有一种制度的情况下，社会是均质的，但如果同时存在着两种或两种以上的制度，那就是二元社会或多元社会（帕克，1953）。在我国，对于社会结构的研究，用词最多的是"分异"、"失衡"、"分割"、"割据"等显著描述城乡二元结构的词汇。城乡二元的社会制度形成和加剧了城乡二元的社会形态和结构，并在二元的整体结构下，形成了更加多元的社会主体和发展诉求，带来了更加复杂的社会发展和社会建设任务和压力。郭书田（1990）提出我国的社会结构是由户籍制度、住宅制度、教育制度、医疗制度等14种社会制度构成，这些社会制度强化了二元分割，形成了独特的社会结构。马晓河（2006）总结了城乡二元结构的强化导致了城乡发展的失衡，包括城乡公共品供给失衡、城乡民间投资失衡、资源要素流动和农村劳动力转移失衡、城乡居民收入增长失衡、城乡经济体制改革失衡等"五大失衡"。对于城乡二元社会结构，除了单纯的描述和内部机制探讨之外，还有大量的研究是探索破解之道。费孝通早在1990年就提出了通过大力发展农业经济来解决城乡二元结构的问题。新时期，随着国家城乡发展一体化战略的推进，破解城乡二元社会形态，构建和谐统一的城乡社会结构已经由理论研究层面进入了实际操作层面，并在实践中蓬勃开展。

城乡社会流动是塑造和改变城乡社会结构的重要途径，对于城乡社会流动的研究也是城乡社会发展研究领域的重要内容之一。马奇和韦索罗斯奇1982年在《社会流动和社会结构》一书中将社会流动的因素归纳为资本、权利和文化。在我国影响社会流动的因素除了经济和文化因素外，政策引导的作用更加不容忽视，个人的能力和努力也是重要的因素之一（李强，2003）。改革开放后，大量农村人口的流动，深刻改变着我国的城乡社会形态。引导城乡人口的自由和有序流动是新时期促进城乡健康发展的重要任务，2013年中央城镇化工作会议更是明确提出了农业转移人口"市民化"的问题。制度创新和空间规划是引导城乡社会流动的重要途径。

城乡统一的社会保障和基本公共服务均等化是消除城乡二元结构的结果，也是实现城乡发展一体化的重要途径，这两部分内容不但是实践的主要命题也是研究的重点领域。国内外对于城乡基本公共服务均等化，从内涵、背景、理论基础、供给范围、绩效评价和实现路径等方面进行了广泛的研究，研究多以实证研究和政策措施研究为主，以发展中国家，尤其是中国为对象，多从对基本公共服务非均衡的观察和测度切入，进而解释背后的影响因素，最终落实在实现路径上。如 Hofman（2005）发现，中国、印度尼西亚、菲律宾和越南地区间财力的巨大差异导致了地方政府提供公共服务的巨大差异；Kai-yuenTsui（2005）详细测量了中国地区间城乡公共服务水平越来越明显的差异；江明融（2007）认为从人民公社时期开始，到家庭联产承包时期，再到 1990 年代经济转轨之后，都存在着城乡基本公共服务不均等的现象；蔡昉（2003）指出城乡二元户籍制度导致如教育、医疗、就业等城乡公共服务的差距不断扩大；汤玛斯·伯尼斯顿（2006）指出中国政府在农村和城市实施的不同的教育、医疗和最低生活保障政策是城乡基本公共服务不均等的制度因素，同时还指出地方政府资金不足以及中央政府对农村保障新注入的资金使用不当导致了城乡差距和城乡基本公共服务不均等；林万龙（2001）认为家庭承包制度是造成城乡基本公共服务不均等的根本原因。

城乡社会保障研究起源于福利经济学，其代表人物庇古主张国家实行养老金制度和失业救助制度，建立了福利经济学的社会保障经济理论。此后，社会保障经济理论不断演化和完善，凯恩斯提出了需求管理为基础的社会保障经济理论；以罗宾逊夫人为代表的"新剑桥学派"提出了以改善收入分配为前提的社会保障理论；以弗里德曼为代表的"货币主义"社会保障理论强调了赋税的作用；以罗波尔兹为代表的"供给学派"社会保障理论，强调了消减社会保障金的增长计划等。可以看出，西方学者关于社会保障的研究，多从经济学视角入手，探讨的多是社会利益机制的运转和城乡利益的均等分配等问题。而在我国，新中国成立之后，从 1950 年代开始逐步建立起了以城乡二元为突出特征的社会保障制度，其重点是以城镇为核心的社会保障制度，相关研究也多围绕此展开。改革开放之后，社会的不断转型发展带来了对社会保障制度改革创新的迫切要求，从 1990 年代开始，以中央和地方不断开展的相关试点工作为突破，在城镇社会保障制度、农民工社会保障制度、农村养老保险制度等方面的研究不断深入，并在客观上有效指导了实践的开展。进入新世纪以来，以破解城乡二元制度，引导城乡社会发展一体化，统筹城乡社会保障为重点的研究更是逐渐丰富。

概括来看，城乡社会发展研究的重点始终关注的是人，探索的是城乡之间的利益调配和资源公平配置，目标是协调城乡社会关系，进而形成城乡社会发展的一体化。经济发展是社会发展的基础，是解决社会问题、实现社会公平的前提，制度和政策的有效调节是推动社会发展的重要途径和手段。

二、城乡社会发展的认识框架

新时期，我国城乡社会发展的核心任务是实现城乡社会发展一体化，基本内涵是城市（城镇）与乡村居民生活质量趋于一致，实现路径包括加快城乡社会建设、促进城乡公平发展、均衡配置城乡公共资源、统筹协调经济发展与社会发展等方面。具体内容包括：建设新型公民社会价值观、构筑城乡社会和谐共同体；促进城乡人口自由流动，并实现城乡一体化就业，保障城乡居民公平的发展权和收益权；均衡配置城乡公共资源，实现城乡基本公共服务均等化；构建城乡统一的社会保障体系，推进城乡保障性住房建设，实现城乡经济与社会发展的统筹；加强文化建设，构建特色文化体系等方面的内容（图4-1）。

海南城乡社会发展的独特性在于不但要协调好多元社会主体，实现城乡发展一体化，而且要在满足国际旅游岛建设需要的同时，推进建设适应后工业化社会需要的社会结构和社会形态。遵循以上对于城乡社会发展主体内容的认识，确定

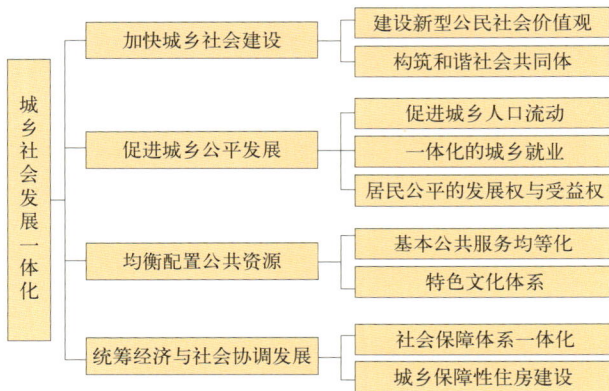

图4-1 城乡经济发展一体化的内容体系

新时期海南城乡社会发展的重点是在保持海南"扁平化"社会管理体制的同时，强化社会保障和公共资源的全省统筹；推进实施教育先行战略和区域协调发展战略，实现社会协调和区域协调；以制度改革、政策创新和设施配置为重点，实现城乡基本公共服务均等化；推进形成具有海南特色的文化体系等内容。

基于这一认识框架，本章从梳理海南城乡社会发展基础和认识海南城乡社会发展独特性出发，以城乡社会发展一体化为导向，明确新时期海南城乡社会发展的目标与总体战略。

基本公共服务和文化是支撑海南非传统跨越的重要前提，在明确新时期社会发展总体框架的基础上，本章重点提出了城乡基本公共服务均等化和城乡文化发展的具体内容。

第二节　海南城乡社会发展的独特性

建省 20 多年来，作为我国最大的经济特区，海南一直坚持改革开放，坚持创新发展，在经济取得进步的同时，社会发展的许多方面也走在全国前列。但由于海南社会主体多元，包括城市与乡村关系、城市与农垦关系、城市与第二居所关系、乡镇与农垦关系、军队与地方关系等，社会结构复杂，社会建设的任务仍然十分艰巨。在进一步改革创新过程中，海南的社会发展既面临着需要妥善处理的历史遗留问题，更面临着在建设国际旅游岛进程中，实现高水平社会协调的挑战。

一、城乡社会发展概况

作为我国最大的经济特区，20 多年来，海南一直坚持改革开放创新，在经济取得巨大进步的同时，社会发展许多方面走在全国前列。

（一）海南的社会事业发展

1．教育事业

21 世纪以来，海南多项面向城乡教育公平和推动城乡教育发展的举措陆续实施，并取得明显的进展。

（1）基础教育发展迅速，提前实现"普九"目标。1999 年，全省全部实现"普九"，"普九"地区人口占全省总人口的 91.8%。

（2）打破城乡限制，接收民工子弟入学。 2004 年 3 月，发布并开始实施了《关于做好进城务工就业农民子女义务教育工作的实施意见》。

（3）免除中小学学杂费。2005 年在全国率先实行城乡九年义务教育"两免一补"。2006 年春季，省政府决定从本年春季开始对全省教育部门举办的农村小学和农村初级中学学生（包括符合条件的农民工子女）免费提供教科书。

（4）中小学建设标准化，消除危房，到 2006 年海南在全国率先消灭了中小学 D 级危房。

（5）实施教育扶贫移民。2006 年秋季起，昌江县王下乡初中生全部实行包吃、包住、包入学迁至县民族中学就读。初中毕业后，未考取普通高中的学生由政府出资送入职业技术学校就读，让其掌握一技之长，为家乡经济发展、摆脱贫困做贡献。2008年，为进一步促进少数民族贫困地区的发展，海南省委、省政府决定在全省8个贫困县（市）实施教育移民（扶贫）工程，分步把边远贫困地区中小学生整体搬迁到教育资源相对优越的县（市）城镇集中就学。

（6）实行"三段式"职业教育。2007年，海南省在文昌、琼海等10个市县建设县级职教中心，增加学位9000个；2008年，在陵水黎族自治县等6个市县建立职业教育中心。

2．农村劳动力转移和就业

2011～2012年，海南省城镇新增就业岗位9.7万个，年末城镇登记失业率为2%，农村劳动力转移9.3万人，这些外出务工人员为家庭和家乡带回了大笔收入，改善了生活。"政府促进就业、市场调节就业、劳动者自主就业"的促进就业再就业机制基本建立。

3．社会保障事业

（1）农村养老保险制度：1992年开始海南在10个市县开展农村养老保险试点工作，它标志着海南社会保障制度改革已深入农村。

（2）农村最低生活保障制度：2000年海南在全省市县和农村全部建立起最低生活保障制度，成为全国首个在全省实行最低生活保障的省份。

（3）新农合：2006年，全省18个市县和洋浦开发区全部推行新型农村合作医疗制度，参合农民数达到362.72万人，全省总体参合率为72.35%，比全国提前两年全面推行该项制度。

（4）民生规划：2008年，海南省在全国率先出台了改善民生推进基本公共服务均等化的五年规划。全省财政预算安排民生支出135.3亿元，比上年增长45.3%；省本级一般预算新增财力的64.9%投向民生，办成了一批事关老百姓切身利益的实事。

（二）海南的社会设施建设

1．教育设施方面

截至2012年，全省有学前教育院校1323所，在校学生26.96万人。特殊教育学校4所，在校学生1616人。小学2036所，在校生75.22万人，教师4.58万人，生师比16.42，小学学龄儿童入学率99.69%。初中388所，在校生36.46万人，教师2.5万人，生师比14.58，初中阶段毛入学率97.98%。普通高中103所，在校生17.55万人，教师1.9万人，生师比9.23。中职学校91所，在校生14.18万人，教师0.53万人，生师比26.75。高中阶段毛入学率达到 85.18%，中等职业教育招生占高中阶段教育招生的 44.8%，在校生占在校生总数的 44.7%。大学 17 所，其中，海南大学正式进入"211 工程"建设行列。大学在校生 16.82 万人，教师 0.83 万人，生师比 20.27，每万人在校大学生数为 190 人。

2．医疗设施方面

截至 2012 年，全省有各类医疗卫生机构 5142 个，执业医师 15422 人，有病床位 30076 张。按常住人口计算每万人拥有医生 17.4 人，每万人拥有病床位 33.9 张。

3．文化设施方面

截至 2012 年，有艺术文化馆 21 个，档案馆 35 个，图书馆 20 个，广播综合人口覆盖率 96.48%，电视综合人口覆盖率 95.45%。在农村，几乎每个市县都有乡村级的文化活动基地，乡镇级文化站达到 212 个。

二、城乡社会发展的独特性

海南城乡社会发展的独特性可以概括为社会结构复杂，社会建设任务重。社会建设面临的核心任务有三点：其一是促进多元社会主体的协调发展，促进社会和谐；其二是缩小城乡差距，在推进城镇化发展的过程中，实现城乡统筹发展；其三是面向后工业化社会的海南非传统跨越，在建设国际旅游岛的过程中，实现高水平的社会协调。

（一）经济实力制约社会建设投入，人均享受的公共服务水平相对落后

经济实力直接影响着社会建设的水平，海南整体经济实力的偏低，一定程度上制约了社会建设的投入，使得在相同投入比重的前提下，人均所能享受的公共服务水平相对落后。

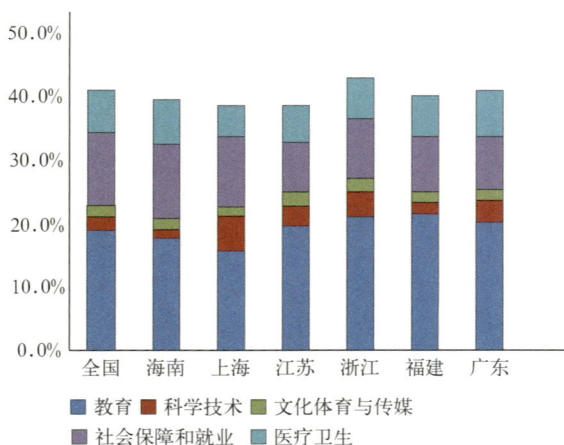

图 4-2 海南财政支出部分项目构成（2012 年）

2012 年，海南省一般预算支出中，教育、科技、文化、社会保障和医疗等方面的支出合计 356.7 亿元，占政府一般预算支出的 39.1%，与全国其他省份相应支出结构基本相同。但在人均水平上则有很大的差距，人均教育支出为 1791 元，略高于全国平均水平，但低于沿海发达省份（图 4-2）。

海南在教育设施、文化设施、医疗设施上与发达地区均有差距（图 4-3）。

教育方面，海南教师资源少于全国发达省份，生师比高于全国平均水平，也高于大多数沿海省份。初中高中的平均班额均超过全国平均水平，特别是县镇中学最为突出，一方面说明了教师资源缺少，一方面也说明教室等硬件设施不足。医疗卫生方面，2012 年全省每千人拥有的医生数为 1.75 人，低于全国 1.95 人的平均水平。

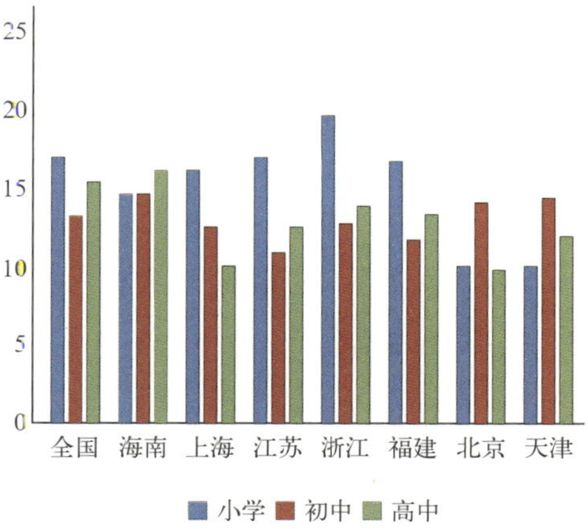

图 4-3　海南与发达省市中小学校生师比对比（2012 年）

（二）公共资源空间配置不均衡，城乡基本公共服务水平存在差距

1. 公共资源配置的区域差异较大

海南各地区经济发展不平衡，也造成了各地区的社会事业发展的不平衡，许多县市经济发展延续粗放型增长方式，长期以来一直维持着"一产高、二产低、三产弱"的产业结构格局。二三产业经济总量小，税收低，很难有财力支持社会事业的发展，许多社会事业方面的支出主要靠转移支付完成（图 4-4）。

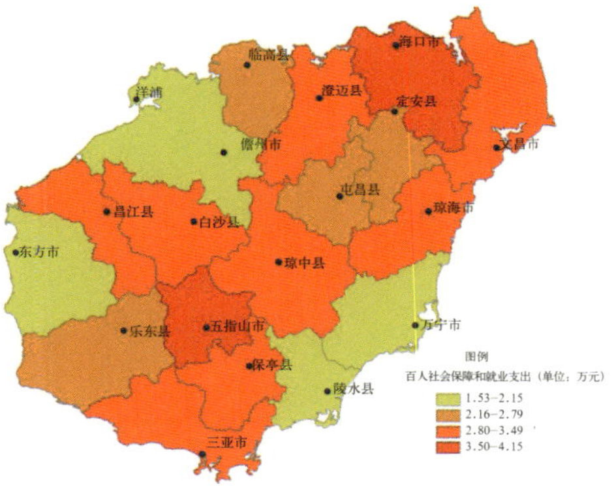

从空间分布来看，公共服务资源的配置极不均衡，例如大学、三甲医院、大型文化体育设施主要分布在海口、三亚等少数几个城市。尤其是海口最为集中，全岛 16 所高校，11 所集中在海口，使海口集中了全省近 80% 的在校大学生和研究生，成为全省名副其实的教育中心（图 4-5、图 4-6）。

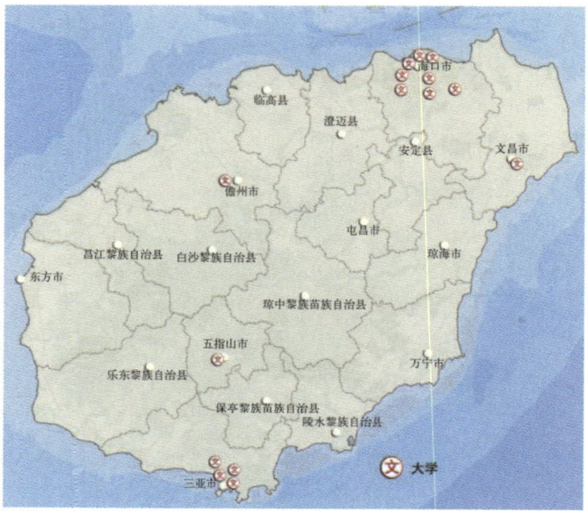

医疗设施方面，海口集中了全省主要的三甲医院，目前全省千人拥有医院病床位平均为2.39 张，而海口达到了 4.64 张；主要的文化体育设施也主要分布在海口。

图 4-4　社会保障和就业支出情况（2009 年）

图 4-5　大学空间分布情况（2009 年）

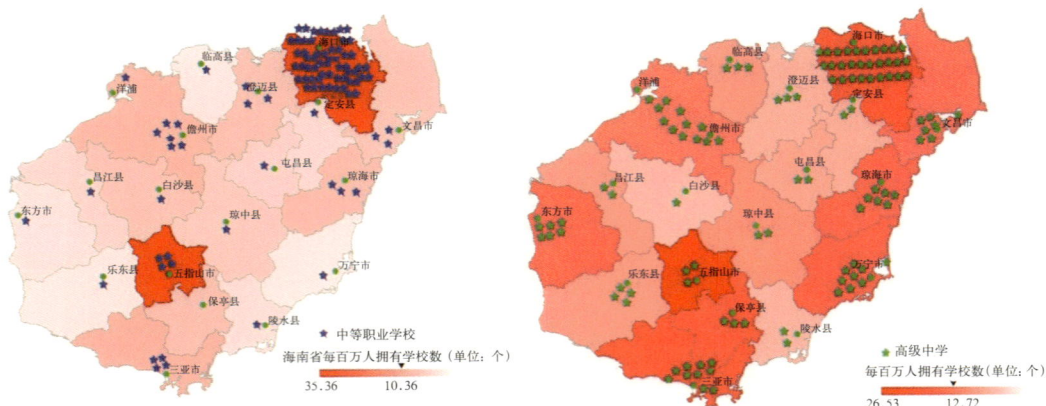

图 4-6 高中教育空间分布情况（2009 年）

2. 城乡基本公共服务水平差距明显

近年来，海南在农村公共教育、基本医疗和公共卫生、基本社会保障等方面投入力度很大，但城镇与农村基本公共服务水平仍存在较大差异（图 4-7、图 4-8、图 4-9）。

以基本社会保障为例，2007 年城市保障标准为 156.09 元／人，而农村只有 72.36 元／人，城市高出农村 2 倍多。

城乡教育差距尤为明显，城市受过高中教育的人口比例明显高于镇和乡村，受过大

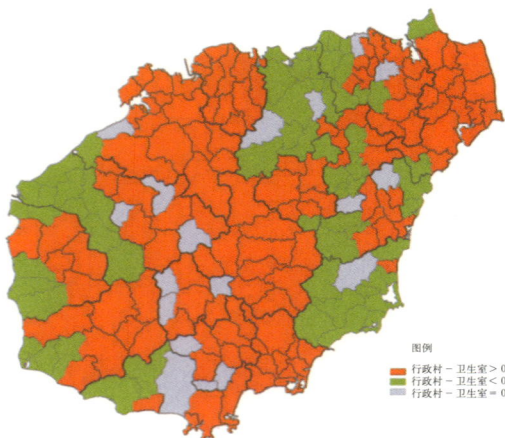

图 4-7 各乡镇卫生室配置情况（2009 年）

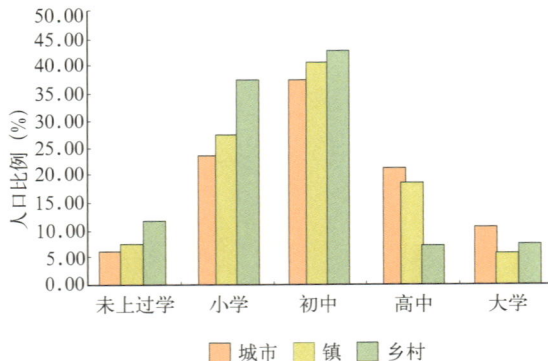

图 4-8 城乡受教育程度（2005 年抽样）

图 4-9 城乡医疗保健支出变化情况

学教育人口的比例更高。在农村劳动力当中高中以上文化程度的仅占 12%，初中占 30%，小学占 43%，文盲占 15%。从养老保险参保人数来看，全国的平均城乡比为 3.89，海南达到了 5.39，高于全国水平。

3．少数民族地区整体发展相对落后

海南省是多民族聚集区，全省少数民族人口有 136 万，占全省总人口的 17.26%；世居的少数民族有黎族、苗族和回族，其中有 6 个少数民族自治县、3 个享受民族区域自治政策的市以及 8 个民族乡（镇），面积占全省陆地面积的 1/2，人口占全省总人口的 1/3。

少数民族地区经济基础薄弱。海南省的 6 个民族自治县其中 4 个是国家级贫困县，即保亭县、琼中县、陵水县和白沙县，另外两个是省级贫困县，分别为昌江县和乐东县。 从省内的 6 个民族自治县来看，2012 年人口占全省的 16.9%，GDP 占全省的 11.0%。财政收入占全省的 10.4%。

少数民族地区与其他地区的差距有扩大趋势。2001 ～ 2007 年，6 个县中只有保亭和昌江农村居民家庭人均纯收入的增长速度超过了全省平均水平，其他 4 个县均低于全省平均水平。选取海口和文昌两个市作为参照系，琼中作为少数民族地区代表，比较可知，2003 ～ 2007 年琼中县城镇居民家庭人均总收入年均增长 9.30%，同期海口增长了 10.59%，文昌增长了 13.86%；人均可支配收入琼中增长了 7.70%，海口增长了 10.14%，文昌增长了 13.55%（图 4-10、图 4-11）。恩格尔系数的变化方面，海口市在这 4 年中保持降低的趋势，文昌基本没有变化，而琼中则处于增加的趋势。家庭教育系数（家庭用于教育的开支占家庭消费的比重）方面，琼中的家庭教育系数从 1.11 上升为 1.80，同期海口市则从 2.26 上升为 5.30，文昌从 1.31 上升为 6.41（图 4-12）。整体而言，尽管民族地区近些年发展速度很快，但与

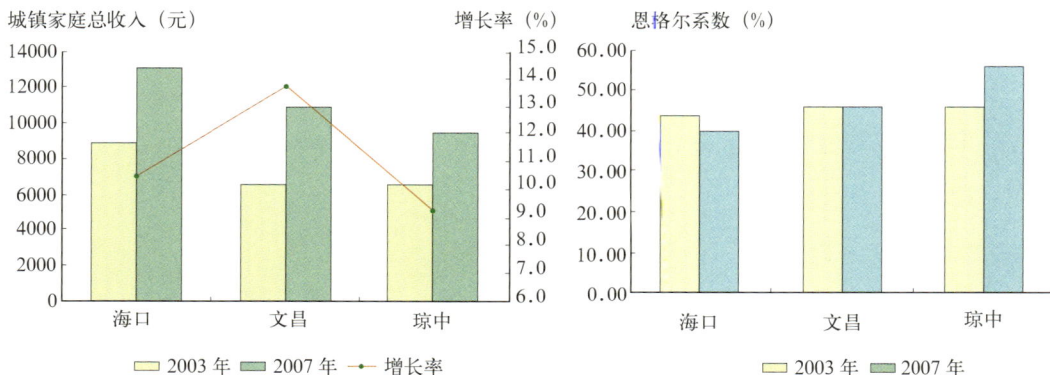

图 4-10　城镇家庭总收入增长情况比较　　图 4-11　城镇家庭恩格尔系数变化情况

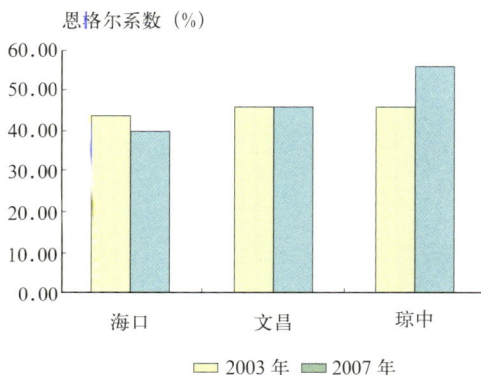

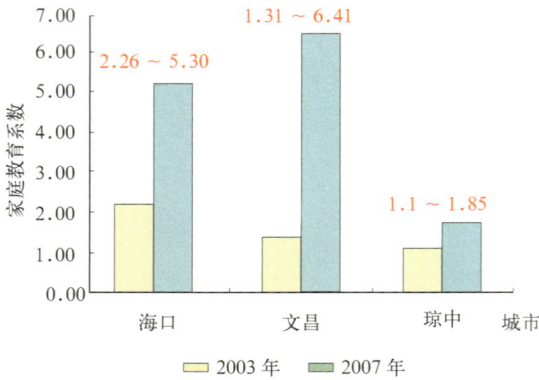

图 4-12 家庭教育系数比较

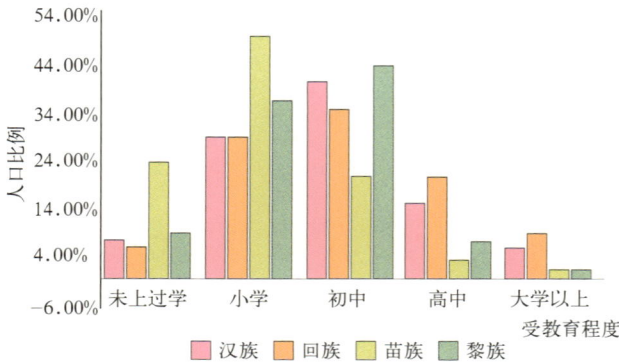

图 4-13 各民族人口受教育程度（2005 年抽样）

其他地区相比，还有差距，并且差距有继续扩大的趋势。

少数民族受教育程度低。主要表现在两个方面，一是与汉族相比，海南省的世居少数民族除回族外，受教育程度普遍较低；二是海南少数民族受教育水平普遍低于全国平均水平。2005 年人口普查抽样显示，与汉族相比，黎族、苗族高中以上人口远远低于汉族中的比例，汉族中高中以上人口的比例为 15.77%，而黎族仅为 7.59%，苗族仅为 3.70%；受过大学以上教育的人口，汉族为 6.17%，黎族为 1.76%，苗族为 1.30%。文盲、半文盲人口的比例，汉族仅为 8.17%，黎族为 10.23%，苗族为 23.91%（图 4-13）。

第三节　城乡社会发展目标与战略

一、城乡社会发展的目标图景

新时期，海南城乡发展的核心目标是通过加快城乡社会建设，促进城乡公平发展、均衡配置城乡公共资源、加强文化建设，实现城乡居民生活质量趋于一致，使城乡居民具有同等的生活待遇和发展机会，进而实现城乡社会发展一体化，形成面向后工业化社会的公益福利新社会。

（一）高品质全覆盖的社会保障体系

完善覆盖城乡的社会保证体系。在城市落实社保工作社区化；加强农村地区和少数民族地区社会保障事业建设；建立完善的社会保障服务网络；整合社会资源，构建多元化的社会保证供应体系。

（二）和谐发展的少数民族地区

加快少数民族地区发展，加大对少数民族地区的支持和扶持力度。提升少数民族教育文化品质，传承少数民族文化遗产；提升少数民族竞争力，改善少数民族地区整体经济环境；加强少数民族地区卫生保健工作力度，确保少数民族居民身心健康；更有效地落实少数民族社会保障工作，保障少数民族利益；有效管理土地资源，确保山区生态保育和少数民族地区生活环境；充实少数民族地区基础设施建设，改善少数民族地区生活环境品质。

（三）高效率的地方政府

减少多元行政主体分割，建设高效率的地方政府，保障国际旅游岛建设。形成事权明确、权责对应的地方行政架构；转变政府职能，推动各级政府由经营型向服务型转变；加强市县合作，减少行政分割；尽快实现农垦与地方的融合。

（四）健全自主的地方财政

健全自主的地方财政，保障地方财权与事权的对应。引导地方政府积极向上级政府争取补助；鼓励地方政府开发合法财源并提高政府财政自主能力；加强财政节流工作，提升财政支出效能及行政效益；鼓励和引导民间参与地方建设及公共事务。

二、城乡社会发展的总体战略

（一）实施教育先行战略，促进社会协调发展

教育不仅仅是社会建设的一个重要的组成部分，是政府提供的公共资源的一个重要组成部分，是公共政策的主要组成部分，同时还应该把教育作为引导社会事业发展的一个核心，也应该成为国际旅游岛建设的一个核心。

在全岛的社会建设中，要以教育为核心，积极促进社会的公平发展，协调区域发展，重塑社会的价值观，提高公民的素质，为国际旅游岛建设培养人才。

（二）实施区域协调发展战略，促进民族区域进步

促进民族区域发展应采取多管齐下的方针，一方面在经济上扶持，一方面要加强民族文化的保护，通过旅游带动，促进民族文化的保护和民族解决的发展，在维护和保持民族在政治、文化平等的基础上，逐步实现各民族的经济和社会发展的平等，实现各民族的共同进步和共同繁荣。

（三）实施"一省一政"战略，逐步实现各种社会保障制度的全省统筹

海南省地域面积小、人口少，实行省县二级管理体制，这是其他省份所没有的一种优

势。在今后的发展中，应充分利用这种优势，尽快实现各种社会保障的全省统筹，制定统一标准，统一发放，进而在省域层面打破行政区划限制，为劳动力和人才在全省无障碍流动创造条件。

（四）实施生活圈战略，建立全省统一的社会服务设施配置网络

社会服务设施的配置打破行政区的限制，采用生活圈的方式进行配置。各种的公共服务不再受地域限制，实行全省统一配置标准、统一服务水平，在服务当地居民的同时，满足国际旅游岛发展的需要。

（五）完善文化设施配置，构建覆盖城乡的公共文化服务体系

文化的发展与布局应该突出各地的特色，展现文化的丰富多彩，通过历史文化街区、名镇和名村的设置，加强历史文化、民族民俗文化的保护和利用；统筹全省的文化布局，积极促进文化产业的发展，构建覆盖城乡的公共文化服务体系。

第四节　城乡基本公共服务均等化

实现城乡居民享受均等化的基本公共服务是海南城乡社会发展的根本要求，也是保障国际旅游岛建设的最低要求。从基本公共服务的范围来看，主要包括义务教育、公共卫生和基本医疗保险、公共就业服务、公共文化服务、社会保障体系和住房保障体系等领域。

海南省基本公共服务均等化的目标是：在全省范围内建立起城乡相衔接的基本公共服务体系，全省公民享受基本公共服务的机会均等，城乡、区域、不同社会群体之间基本公共服务差距控制在社会可承受的范围内，保证所有居民都能享受到有制度保障的最低标准的基本公共服务，使全省居民学有所教、劳有所得、病有所医、老有所养、住有所居。

一、推进基本公共服务均等化的主要任务

（一）推进城乡义务教育一体化

全面普及义务教育，全面提高义务教育质量，实现义务教育的全免费。建立起一个规模适度，结构合理，质量较高，均衡、协调、可持续发展的义务教育体系。

在巩固九年义务教育普及成果的基础上，争取到 2015 年建立城乡统一的高中阶段义务教育制度，普及 12 年义务教育。到 2020 年，全省小学适龄儿童入学率达到 100%，初中毛入学率达到 99% 以上，初中三年巩固率达到 95% 以上。义务教育阶段专任教师学历合格率

达到 100%。

改善义务教育办学硬件条件，使其赶上东部发达省份水平，城乡差距控制在 5% 以内。普遍提高义务教育阶段教师水平，特别是吸引高学历人才到农村任教。

进一步完善职业教育体系。建设国家职业教育改革试验区，进一步完善职业教育体系，加大对支撑旅游业和现代服务业发展的职业教育扶持力度，加快发展农村中等职业教育并逐步实行免费。到 2015 年组建 15 个职业教育集团，建设一批示范性职业学校；采取"学校负责、政府支持、企业参与"的办法，建设 5 ～ 8 个高水平、综合性省级职教实训基地。

（二）推进城乡基本医疗与公共卫生一体化

建立与全面小康社会相适应的、完善的卫生服务体系，人民群众享有质量优良的卫生服务，居民健康水平持续提高，主要健康指标达到国内中等以上水平，基本实现卫生事业与经济社会的协调发展。

建立多层次、全覆盖的城乡医疗卫生服务体系。加快东南西北中区域医疗中心建设，形成五大区域中心辐射全岛格局和全省"1 小时三级医疗机构服务圈"。进一步健全以县级医院为龙头、乡镇卫生院和村卫生室为基础的农村医疗卫生服务网络，大力改善农村医疗卫生条件，提高服务质量。加快建设以社区卫生服务中心为主体的城市社区基层医疗卫生服务网络，完善服务功能，适应城市居民社区卫生服务需求。

拥有健全的村级卫生服务网络。实现除乡镇卫生院、农场医院及其他医院所在地以外的行政村"村村有卫生室"，每个村卫生室配备 1 ～ 2 名乡村医生，使广大农民能就近得到最基本的医疗卫生服务。新型农村合作医疗参合率保持在 95% 以上，提高农村居民的受益程度，建立起政府对新农合的支出随着经济总量、财政收入、物价指数的提高而提高的自然增长机制。

建成完善的社区卫生服务体系。完善社区卫生服务基础设施建设投入和服务补偿政策，将社区卫生服务机构建设及其用地纳入城市建设规划及其土地规划，新建住宅区、旧城区改造应规划社区卫生服务机构建设用地或业务用房，同时，将社区卫生服务机构纳入基本医疗保险定点机构范围，完善"六位一体"服务功能，实现"小病进社区、大病进医院、康复回社区"。

增加医疗卫生资源供给，使每千人口卫生技术人员和每千人口医疗机构床位数大幅提高，赶上东部沿海发达地区水平，城乡差距大大缩小，差距控制在 10% 以内。建立健全突发公共卫生事件应急机制。到 2020 年使全岛任何一个地方都能够方便地得到高质量的医疗卫生服务。在完善新型农村合作医疗制度的基础上，实现基本医疗和公共卫生制度的城乡接轨。到 2015 年将新农合、城镇居民基本医疗保险、城镇职工医疗保险合并，建立城乡一体化的基本医疗保险体系，实现医疗保险的省级统筹，实行医保一卡通制度，居民可以持医保一卡通在全省内使用。

（三）推进城乡公共就业服务一体化

推进经济结构调整与就业结构改善，进一步拓宽就业渠道。基本解决体制转轨遗留的下岗失业问题，促进城镇新增劳动就业，推进城乡统筹就业，加强失业调控，建立就业、创业培训基地。2015 年达到所有市、县（区）都建设有 1 ～ 2 个综合性职业技能公共培训基地或农民工培训示范基地。

实现就业援助制度化。依托街道社区劳动保障工作平台，开发适合困难群体特点的工作岗位，特别是公益性岗位。通过实行优惠政策，鼓励企业招聘、提供免费就业服务等措施，帮助下岗职工、"4050"人员、残疾人、零就业家庭等困难群体实现就业和再就业。

建立城乡统筹就业机制，改善农村劳动力转移就业环境。坚持培训—就业—维权三位一体的工作模式，建立完善职业介绍、管理和维护权益"一条龙服务"的长效机制。通过政策、资金、技术、信息等创业服务，鼓励进城务工人员自主创业，以创业促进就业，力争到 2015 年全省 80% 以上的农村富余劳动力实现转移就业。

健全以公众创业带动就业的机制，放宽公众创业条件限制，加大对新生劳动力、留学生、高校毕业生、下岗失业人员、农村转移劳动力等自主创业的扶持力度，形成以小额贷款、税费减免、场地安排、创业培训为主的扶持创业政策体系。

建立城乡统筹的公共就业服务体制。加强人力资源服务载体建设，搭建高素质劳动力资源配置服务平台，加强省际劳务合作，探索有利于农民工跨省转移的相关政策。强化就业技能培训，促进农村劳动力转产转岗就业。

（四）推进城乡公共文化服务一体化

改变城乡之间公共文化资源不平衡、农村公共文化基础设施建设相对落后的状况。以政府为主导，加快纵贯全省、遍布城乡的文化基础设施建设。实施广播电视"村村通"工程、文化信息资源共享工程、乡镇综合文化站和行政村文化室建设工程、农村电影放映工程、农家书屋建设工程和全民健身工程等国家重点文化惠民工程建设。城市街道办事处设立社区文体中心，社区居委会设立社区文体活动室。城市新建、改建、扩建住宅小区配套建设文体设施。省农垦系统建设农场文化体育中心。

（五）完善覆盖城乡的社会保障体系

建立起与经济发展水平相适应的、制度比较完善、管理比较科学、体系比较健全、城镇各类从业人员充分参加的社会保险制度和管理服务体系。

建立覆盖农村的养老保险体系。以建立城乡统一的最低生活保障和救助制度为起点，建立覆盖农村的养老保险体系。逐步规范和完善个人缴费、集体（或用人单位）补助、政府补贴三方共同筹资方式和以个人账户为主、统筹调剂为辅的养老保险制度；制定并试行适合乡镇企业职工和农民工特点的养老保险办法；建立被征地农民养老保险制度；建立政府对农村计划生育夫妇参保的扶持机制，尽快把农村计划生育夫妇纳入社会养老保险体系，解决他们养老的后顾之忧。

进一步扩大最低生活保障覆盖范围，提高最低生活保障水平，建立起最低生活保障水平与物价指数提高相联系的自然增长机制，保障贫困家庭的最低生活。

逐步实现社会保险的省级统筹，进一步扩大社会保障覆盖范围，使各项社会保险参保人数不断扩大，各项社会保险的综合参保率达到95%以上，保险基金的社会化发放率达到100%。

逐步在全省范围内建立起社保账户与身份证挂钩的制度，使城乡居民能够享受到水平大致相当的基本社会保障。

（六）加强城乡居民住房保障体系建设

加强保障性住房建设，逐步改善城乡居民的居住条件。各级政府应将保障性住房纳入城市总体规划，明确规划地点和标准。妥善制定全省住房发展政策，避免旅游地产对商品房市场和保障性住房的干扰，努力实现住有所居的发展目标。

近期通过各级财政配套，对低收入家庭实施租赁补贴，建设一批经济适用房，注意加强对中低收入家庭的住房保障。继续加强全省民族地区和农垦茅草房的改造任务。推进农村地震安全工程建设试点，开展农村居民地震安全工程技术培训，切实改善农村居住条件。

完善住房政策、深化机制体制改革，逐步健全分类型、多层次的住房保障体系。加快实施和完善廉租住房制度，逐步扩大保障范围。规范经济适用住房制度，严格经济适用住房建设标准改善，发挥经济适用住房的保障作用，真正解决低收入家庭的基本住房需求。将农垦职工的住房建设纳入地方保障性住房体系，实现全省保障性住房统一规划和统一管理。

二、实现基本公共服务均等化的设施配置

(一)公共服务设施配置的重点

1. 教育设施

高等教育方面：在海口建设综合性、服务于全省的教育园区；在三亚建设以旅游服务为主的特色教育园区；在琼海、儋州、五指山、文昌、万宁等地增加大学布点（图4-14）。

职业教育方面：加强18个市县职业学校布点，在海口、三亚布置服务全省的省级职业教育学校，在儋州、琼海、东方、五指山等城市布置区域性的职业教育学校，在其他市县布置服务行政区范围的职业教育学校（图4-15）。

中等教育方面：各市县至少有一所标准较高的高级中学。

基础教育方面：实现每个建制镇至少有一所设施齐全、标准较高的初级中学，农村中小学校办学条件基本达标。

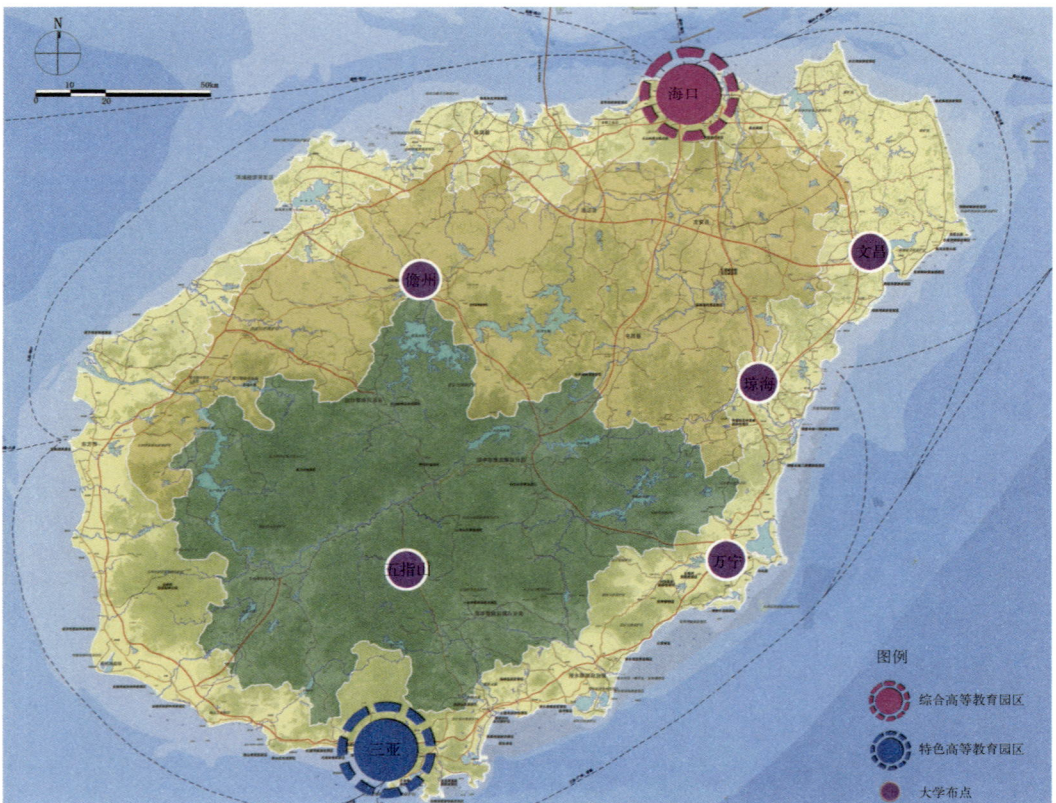

图4-14 高等教育设施配置布局图

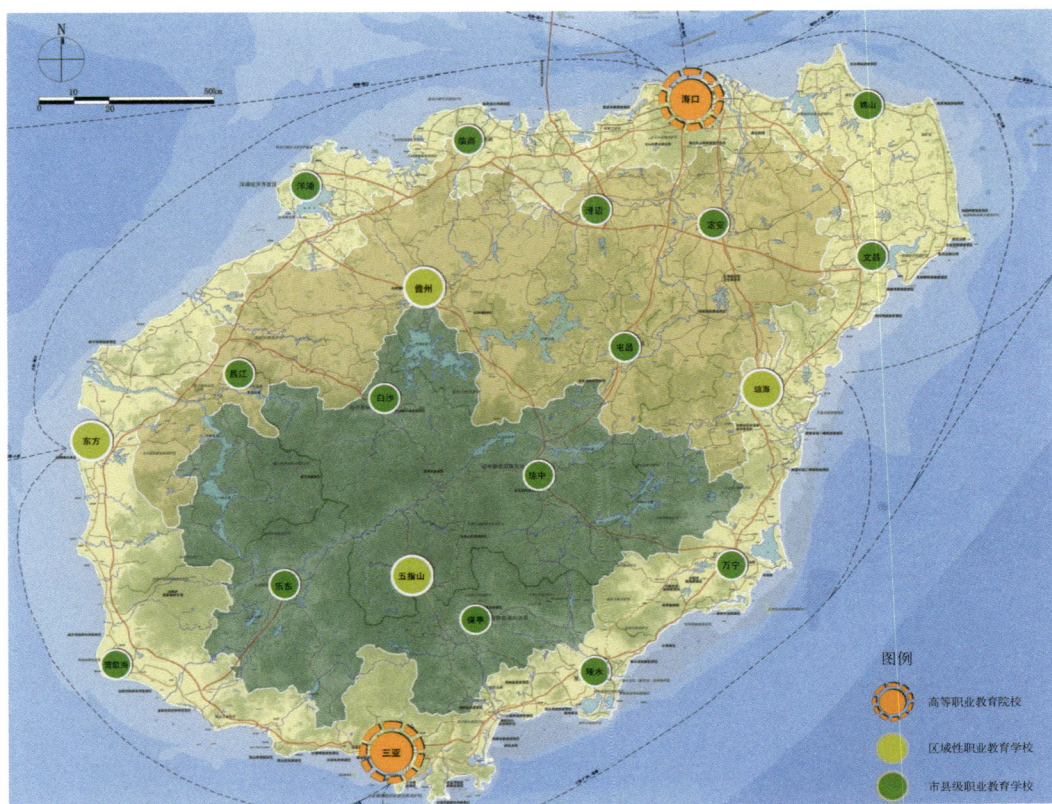

图 4-15 职业教育设施布局图

特殊教育方面：在海口、三亚、琼海、儋州四大核心城市建设特殊教育学校，在残疾儿童少年比较集中的地区增设特教班。

老年教育方面：以省老年大学建设为示范，建立健全各级终身教育体系，做到每个市县有一所老年大学。

2．医疗卫生设施

在海口、三亚建设覆盖全省的医疗中心，把省人民医院建设成为具有较高水平的全省医疗中心，在三亚建设南部医疗中心，形成南北高端医疗保障基地覆盖全省的格局。面向服务国际旅游岛，在海口、三亚建设具有国际水准的医疗保健设施。

推进全省东南西北中区域医疗中心建设，在琼海、儋州、东方和五指山建设区域性医疗中心（图 4-16）。

图 4-16 医疗设施配置中心布局图

新建省肿瘤医院、省心血管糖尿病医院、省儿童医院、省眼耳鼻喉科医院、省结核病院和具有国际水准的康体保健中心。改建并提高一批重点中医院的医疗服务水平。

加快城镇社区卫生服务中心（站）建设，使社区医疗卫生服务覆盖到全体城镇居民。

重点建设基础卫生设施，加快保亭、琼中、陵水、白沙等贫困县的县医院改造。

以中心城市为依托，建设面向各旅游区、旅游点、小城镇和乡镇、村庄服务的医疗技术服务网络，使每个基本生活圈内的城乡居民都能及时便捷地获得健康指导、急救服务、常见疾病的治疗和基本药物。

3. 文化设施

在海口、三亚、琼海和儋州等核心城市建设一批体现海南文化形象的大型文化设施。在海口规划建设面向服务全省、适应国际旅游岛建设要求的综合性文化主体公园；在海口、三亚建设省级图书馆、博物馆、文化艺术中心、大剧院、文化广场等设施；在琼海、儋州建设区域性的大型博物馆、剧场、游乐场、图书馆和文化馆。

建设和完善县镇级的文化馆、图书馆、群艺馆等文化设施，结合文明生态村建设，普及行政村文化活动室，实现 100% 的村（居）委会拥有 1 个以上文化活动室。

4．体育设施

在海口、三亚建设全省体育中心，按可承办全国性赛事和地区性国际比赛的规模建设体育场馆。

在儋州、东方、琼海建设区域性体育中心，按照可承办省运会、国际性单项比赛的规模标准建设体育场馆。其他各个市县"二场一馆一池"的建设达到全国中上等水平。充分利用城市广场、公园等公共场所和适宜的自然区域建设全民健身活动设施，力争城市社区和农村村镇的公共体育设施条件有明显改善。

资助建设一批适应农民需求和当地特点的体育设施，发挥示范作用，引导农村体育场地建设，改善以村为主体的农村基层体育设施条件。

5．社会福利设施

老年福利服务设施：在海口、三亚建设服务全省的托老院；在各市县建设中心养老院，引导和鼓励社会力量兴办老年公寓、福利院、敬老院、托老所等福利服务；逐步实现每个乡镇建设一所老年福利中心。

孤儿养育设施：在海口、三亚、琼海、儋州、东方等城市建设一所以上集养育、康复、教育于一体的儿童福利机构和一所以上流浪未成年人救助保护中心。

残疾人福利设施：在海口、三亚建设集教育、康复、娱乐、劳动为一体的智力残疾和重度残疾人的养护机构，提供系统的、终身的康复服务。有条件的市县也要逐步建立起养护机构，提供系统的、终身的康复服务。实施贫困智力残疾儿童康复救助。在海口市兴办一所有一定规模、高标准、示范式的培智学校，三亚市兴建一所盲聋学校。在儋州、琼海、东方等城市创办特殊教育学校，争取在 50 万人口左右的市县逐步兴办特殊教育学校；省特殊教育学校要创造条件设立高中或设立特殊教育高中班；倡导、鼓励兴办残疾人学校。

（二）生活圈服务设施配置内容与要求

生活圈应满足基本公共服务均等化要求，同时服务国际旅游岛建设的空间平台，其公共服务设施的配置标准如下。

1．都市生活圈配置内容及要求

教育方面：是全省或区域性的教育中心，配置包含高等院校、职业教育学校、中等专业学校、高等中学、特殊教育学校等在内的完整的教育设施。

就业服务方面：面向全省服务的大型就业创业服务和培训中心。

卫生医疗方面：是全省或区域性的医疗中心，配置包括三甲综合医院、专科医院、康复医院、疫病预防机构等在内的完整的医疗设施。

文化娱乐设施：是全省或区域性的文化娱乐中心，配置包含大型博物馆、剧场、大型游乐场、大型图书馆、大型文化馆等在内的一批体现海南文化形象的大型文化设施。

体育设施：是全省或区域性的文化娱乐中心，配置能够承办全国或区域性国际综合赛事的大型体育场馆。

国际旅游服务设施：是全省的旅游服务中心和救援中心。

2．基本生活圈配置内容及要求

根据相关研究，借鉴国内外经验，确定人的基本公共服务需求包括生产、居住、休闲、教育、医疗等方面；国际旅游岛的服务需求包括生活设施、文化设施和商务设施三个方面（表4-1）。

基本生活圈基本公共服务设施配置标准　　　　　　　　表4-1

设施项目	最小配置单元	单位数量	设施项目	最小配置单元	单位数量
教育设施			孤儿福利站	重点镇	1
幼儿园	社区	1～2	残疾人福利中心	县（市）、重点镇	1
小学	社区	1	文化设施		
初中	镇	1	文化广场	县（市）、区	1
高中	县（市）、重点镇	1～3	文化中心	县（市）	1
职高	县（市）、重点镇	1～4	图书馆	县（市）	1
医疗设施			博物馆	县（市）	1
综合性医院	县（市）、区	1	文化站	镇、街道	1
中医院	县（市）、区	1	文化室	社区、村	1
妇幼保健院	县（市）、区	1	体育设施		
专科医院	县（市）、区	1	体育中心	县（市）	1
社区医疗中心	街道	1	体育广场	镇	1
社区医疗站	社区	1	健身角	社区、村	1
卫生院	镇、乡	1	为国际旅游岛服务的设施		
卫生室	村	1	生活设施	风情小镇	若干
社会福利设施			文化设施	风情小镇	若干
老年福利中心	镇、乡	1	商务设施	市、县	若干

三、保障基本公共服务均等化的政策创新

（一）建立与基本公共服务均等化相适应的财政体制

明确各级政府在基本公共服务中的分工。率先对地方各级政府基本公共服务责任进行明确、正式的划分，使各项基本公共服务供给可问责。

强化省级财政在基本公共服务均等化中的责任。明确界定各级财政在基本公共服务中的投入比例，重点增强省级财政的调剂能力，使其在熨平地区差距、城乡差距中发挥主导作用。尽快实现省级标准制定，统一提供，改变主要由市县提供导致的统筹层次低，政策不统一的局面。在当前省级财政能力并不强的情况下，应当逐步提高省级政府的财政能力，并发挥省级财政均衡市、县财政能力的作用。

按照财政能力均等化的原则完善转移支付体系。上一级政府既要对本级财政预算平衡负责，还要负责辖区内不同地区财政能力的均衡。除特殊的项目外，转移支付要以一般性转移支付为主。考虑到海南省级财政能力现状，单纯依靠纵向转移支付很难熨平不同地区的人均财力差距。为此，应当积极探索横向财政转移支付制度。尽快制定出台《海南省转移支付条例》，加大海口、三亚等发达地区对中部山区的财政帮扶力度。引导和鼓励同级政府间发展制度化、规范化的横向转移支付，保证欠发达地区的政府能够提供全省最低标准的基本公共服务。

（二）创新政府基本公共服务投资体制

实行公共服务项目公示制。优化政府投资的使用途径，加强社会监督，最大限度地降低成本，提高政府公共服务的供给能力、质量和效率。

采取代建制、承包制、订购制方式提供公共服务。实行公共工程招标代建制，控制政府资金的使用质量与周期。对非经营性政府项目实行代建制，将非经营性政府项目的建设管理任务交由专业化、常设性的项目管理机构或公司而非项目使用单位承担。实行基本公共服务合同承包制，分散政府资金的使用风险。

（三）调动社会力量参与基本公共服务建设

放宽学校、医院等公共服务投资的准入限制。打破公共服务领域垄断经营的格局。对有关地方性法规、政策以及各职能部门设定的行政许可和审查制度进行清理，凡是国家没有明文禁止和限制的公共服务领域，都要对社会开放；凡是对社会举办和参与公共服务事业带有歧视性的做法和不合法的规定，均予以取缔。

利用投资补助等方式支持民间投资。对于实际收益低于投资成本的医院、学校与社会

福利部门，政府可以按补偿成本加合理回报、财政拨补和社会公众合理承担相结合的原则，给项目经营单位贴补一定经营费用，也可以在建设期内一次性补贴投资费用，从而使社会力量能够借助于政府补贴，使投资收益至少达到盈亏平衡点。通过贴息贷款支持民间投资，弥补公共投资信用能力的不足。

创新基本公共服务社会化的投资方式。利用参股或控股等方式吸引社会资金，弥补财政投资能力的不足。通过特许经营权等方式吸引民间投资，弥补政府抗风险能力与经营能力的不足。政府可以在项目建成之前或之后，通过公私合营、民间承包经营、BOT（建设—运营—移交）、TOT（移交—运营—移交）等方式向民间资本转让全部或部分经营权，形成公私合作方式，逐步减轻政府投资经营的负担。

推进城乡基本公共服务供给社区化。制定社区建设促进条例，改革政社不分的传统模式，促进自治型社区的建立，将社区打造成为城乡居民提供高质量基本公共服务的重要载体。

第五节　城乡文化发展

以建设社会主义和谐文化为主导，弘扬民族优秀文化传统，借鉴人类有益文明成果，倡导和谐理念，培育和谐精神，充分展现国际旅游岛的文化价值，奠定具有海南时代精神的文化、思想和道德基石。

以文化创新作为国际旅游岛的发展动力核心，积极发展各类文化事业和文化产业，创建独具特色的文化环境和文化氛围，坚实国际旅游岛发展的文化基础。形成特色文化卓越、文化事业繁荣、文化产业发达、市民文化素质较高、多种文化融合、开放包容文明的国际旅游岛。

一、加强具有海南特色的文化建设

结合国家旅游岛的建设，一方面要加强对传统文化的保护，另一方面要大力打造具有海南特色的现代文化，使海南发展成为具有强大文化支撑的国际旅游岛。

（一）大力弘扬具有民族和区域特点的传统文化

1. 大力发扬红色革命历史文化

以红色娘子军的革命历史为主线，以红色经典景区为依托，加强红色文化遗迹的挖掘和保护，打造具有海南特色的红色文化，推进社会主义核心价值体系建设，弘扬时代主旋律，凝聚团结奋进向上的时代精神。

重点打造四个经典红色文化小区。包括：五指山市五指山革命根据地纪念园、海口市琼山区工农红军琼崖纵队改编旧址、琼海市红色娘子军纪念园和定安县母瑞山革命根据地纪念园，把这些红色文化小区打造成为弘扬爱国主义思想、激励民族精神的教育基地和文化阵地。

打造一条精品红色文化旅游线路。即海口－文昌－琼海－五指山精品红色旅游线路，把上述景点串联起来，使之成为受广大旅游者普遍欢迎的旅游线之一。

尽快编制红色文化名镇规划，加强红色娘子军历史文化的挖掘，加强革命文物的搜集整理和历史遗址的恢复与保护，把琼海阳江镇建设成为海南省红色文化名镇。

继续强化红色文化资源的挖掘与保护，加强爱国主义教育基地的建设。保护中共琼崖一大旧址、李硕勋烈士纪念亭、云龙改编旧址、宋氏祖居、定安母瑞山革命老区、万宁六连岭等革命遗址，合理制定旅游规划，将其组织到国内旅游线路当中，让更多人了解红色文化。

2．积极保护和传承优秀的历史文化

加强历史文化遗产的保护。构建科学有效的文化遗产保护体系，贯彻"保护为主、抢救第一、合理利用、加强管理"的方针。在加强各级文物保护单位保护的同时，积极发掘各地的历史文化遗产。保护文化遗产的真实性和完整性，坚持依法和科学保护，正确处理好经济社会发展与文化遗产保护的关系。

加强历史文化名城、名镇、名村建设与保护。尽快编制完成海口市、崖城镇、中和镇、铺前镇、定城镇的历史文化名城、名镇的保护规划，加强对历史文化名城和名镇的保护。继续做好省内历史文化街区、名镇、名村的挖掘和申报工作。

加强历史文化名人的宣传工作。海南省的历史名人资源丰富，应加强历史文化名人的挖掘工作，加大宣传力度，并作为乡土教育中的重要内容；有条件的地区应选择部分名人作为城市雕像，在宣传历史文化的同时，提升地区的知名度和丰富城市的景观。

加强历史文化地名的保护。在城市发展过程中和行政区划变更时，要尽量保留原来的历史地名。城市街道的命名，要结合原有地名进行。同时要加强历史文化地名的整理、解释和宣传工作。

3．保护好具有地方特色的民族、民俗文化

加强民族、民俗文化的整理搜集工作。海南民族、民俗文化资源非常丰富，应在以往工作的基础上，继续扩大对民族、民俗文化的搜集整理工作。有关方面应该拨专款进行一次普查，并通过各种载体进行保护和传承。

加强非物质文化遗产的申报工作，强化民族、民俗文化保护。除了争取将部分项目申报国家级的保护之外，省内应制定针对本省的相关政策，对更多的难以列入国家和省级的非物资文化遗产进行保护。

划定民族文化保护区，对黎族、苗族民族文化进行重点保护。

设立民族、民俗文化专项保护基金，支持各地设立民族、民俗博物馆、纪念馆，特别是对财政困难的贫困地区，给予特别的资金支持。

注意民族、民俗文化的传承。大力支持民间组织开展各种群众性的民族民俗文化活动。

（二）努力建设海南特色的现代文化

构建海南特色的文化价值观。形成海南省热情、开放、进取的文化价值体系，增强青年人的文化艺术修养。

大力引进先进的文化人才。建设具有国际旅游岛特色的海南现代文化体系，体现海南蓝色海洋文化、绿色生态文化、旅游文化和休闲文化相互融合的特点。

（三）逐步形成国际融合的多元文化

构建包容、融合的多元文化体系支撑国际旅游岛的建设，包括：

多元的文化教育。在中小学尝试进行多种外国语教育试点，为海南多元化发展提供人才准备。在涉外公共服务行业进行多种语言培训，适应国际旅游岛的发展要求。

相对宽容的国外移民和投资。采取适当宽容的政策，鼓励外国移民以及小额投资的进入，促成多元文化的形成。

举办多种类型、多种形式的国际文化活动，促进海南与国际的文化交往。依托博鳌亚洲论坛和三亚世界小姐选美等活动，吸引国外文化机构在海南设点，在政策上给予支持。

二、构建各具特色的文化战略区

（一）突出国际旅游岛各功能区的文化特色

北部组团：以海口为中心，突出现代文化和民俗文化特色，积极吸引文化人才，大力发展文化创意、演艺娱乐、动漫、广播影视、新闻出版、会展等产业。加强文物古迹的保

护，开展历史文化的旅游活动。

南部组团：以三亚为中心，突出海洋文化和多元文化特色，继续扩大对外开放，办好世界小姐比赛和海洋文化节。大力发展体育健身、文化创意、演艺娱乐等产业。注意保护发展民族、民俗文化。

东部组团：突出海洋文化和红色文化。

中部组团：突出绿色文化和民族文化。

西部组团：突出工业文化和民族文化。

（二）建设特色民族文化保护区

黎族文化保护区：黎族主要分布在昌江、白沙、琼中、保亭、乐东和陵水等地区，分为五个方言区。对于五个方言区根据分布状况可以分别设区或单独设区进行保护。

苗族文化保护区：苗族主要分布在琼中和保亭等地，由于苗族从县域分布情况来看多与黎族混居，苗族保护区可以和黎族保护区合并设置。

回族文化保护区：回族主要分布在三亚地区，居住相对集中，人口较少，保护区范围可以单独设定。

（三）建设历史文化名镇，加强历史文化名村的挖掘和保护工作

红色文化镇：以琼崖支队和红色娘子军历史为主线，把阳江镇设为红色文化名镇。

历史文化名镇：包括崖城镇、中和镇、铺前镇和定城镇等。

传统文化名镇：在不同的方言区，选择一批具有代表性的城镇设为传统文化镇，对这些文化进行保护。

少数民族文化名镇：在少数民族地区，根据人口分布特点和历史文化富集程度，建设民族风情浓郁的民族文化名镇。

传统文化保护街区：加强对具有海南特色文化街区、古镇的保护。

第五章　海南的城乡空间发展

对海南而言，城乡空间发展的重点是通过有效的空间组织实现城乡资源的统一保护和高效开发利用，引导城乡经济社会一体化发展，引导海南特色的城镇化健康推进，引导海南国际旅游岛的建设，进而实现新时期海南的非传统跨越。

新时期，海南应该在严格保护生态环境的基础上，结合自身资源和城乡空间的特点，坚持"重点集中、高效分散、差异引导、加快融合"的方针，走"小集中、大分散"的海南特色城镇化的道路，加快形成"圈层网络扁平化"的城乡空间结构。在明确城乡资源环境承载力的基础上，以发挥资源价值最大化为方向，通过不同的空间模式引导不同地区的空间发展。高度重视小城镇和乡村居民点对于海南国际旅游岛建设的重要意义，分类引导小城镇发展，加快农场场部和小城镇的融合，大力建设旅游风情小镇和特色村庄，引导村庄居民点重构，形成"特色突出、集约发展、功能一体、生态文明"的现代城乡体系。

第一节　城乡空间发展的认识框架

对于城乡空间的理解有不同的视角。一种是从"投影"的角度来理解空间，即认为城乡空间是城乡经济社会发展的载体，并最终反映为空间投影。如 Gallion（1983）定义城市空间是指城市各功能区的地理位置及其分布特征的组合关系，它是城市功能组织在空间地域上的投影；顾朝林等（2001）认为城市空间是特定社会的各种经济、文化因素作用在城市地域上的空间反映；柴彦威（2002）认为城市空间结构是各种人类活动和功能组织在城市地域上的空间投影，是城市地域内部各种空间的组合状态。这一理解在地理学界比较普遍，而且对于认识客观空间特征及其形成机理有重要意义。另一种是从城乡空间资源配置的角度来理解城乡空间，认为资源配置是空间的核心，资源配置的优劣直接决定着空间效益的高低，通过资源配置来组织空间发展，进而影响并反映城乡经济社会发展的诉求。这一理解强调了空间规划的能动性，在空间规划界被普遍接受。

　　本质上两种理解并无矛盾，将城乡空间作为城乡经济社会发展的客观结果来看，它是使经济社会发展落地的一种载体，是客观"投影"；如果将空间组织作为资源配置的方式来看，它又是能够影响经济社会发展的手段，是能够产生空间效益，带有规划者主观意愿的重要工具。综合两种视角，笔者倾向于将两种视角统一化，而统一的途径是城镇化发展。本书认为，城乡空间是城镇化发展的客观"载体"和发展"投影"，而城乡经济社会发展则是城镇化发展的内在机制和动力，城乡资源配置是城镇化发展的重要途径和方式。通过城乡资源的优化配置来引导城乡经济社会发展，进而影响城乡空间开发模式和城乡居民点体系的调整，最终促进城镇化的健康发展。

　　从这一认识出发，本章结合海南的实际，以城镇化发展为主线，以空间资源开发与保护为视角，以海南特色的城镇化发展、城乡空间发展模式、小城镇和村庄居民点重构为重点，研究海南城乡空间发展的若干重大问题。最后，以国际旅游岛六大功能分区为单元，对海南空间发展给出具体的指引，作为引导新时期海南非传统跨越的空间路径。

第二节　海南特色的城镇化发展

　　城镇化是经济社会发展的必然趋势，是工业化、现代化的重要标志。从社会主义初级阶段这一最大实际出发，遵循城镇化发展的基本规律，走出一条以人为本、四化同步、优化布局、生态文明、文化传承的中国特色新型城镇化道路，是新时期的国家战略要求。我国地域辽阔，不同地区在发展阶段和发展条件上存在很大差异性，明确不同地区的城镇化特点，走符合本地实际的城镇化道路，是坚持走中国特色新型城镇化道路的生动实践，也是丰富中国特色城镇化理论体系的案例来源。海南的经济、社会、文化、历史传统、自然条件、空间格局等均具有很强的独特性，这些独特性影响并最终反映在海南独特的城镇化发展模式上。

一、城镇化发展历程与独特性

（一）海南城镇化的发展历程

　　海南真正意义上的城镇化发展起步于1950年解放以后。之前，虽然海口、三亚、八所等城镇随着近代工业化的起步，有一定程度的发展，但整体而言，城镇化仍不发育。这一时期，海南由于孤悬于南海，与大陆交通不便，经济社会发展远远慢于大陆地区，属于自给自足的农业社会，直到 1953 年海南总人口中城镇人口比重也仅仅占到 6.4%。

解放初期，海南的城镇化很大程度上是靠农垦带动的，之后，国家根据经济建设和国防建设的双重需要，开始把发展橡胶业列为海南建设事业最重要的一个任务。1952 年，根据中央的统一安排，部分驻桂、琼等地的部队成建制地转入海南地方，拉开了军地结合、共同开发橡胶事业的序幕。农垦不仅把海南建成了全国最大的天然橡胶生产基地，同时也对海南城镇化作出了重要贡献，到 1960 年代末，城镇人口比重由解放初的不足 7% 上升到 15% 左右，其中由岛外迁入从事热带农业生产的农垦工人，占城镇人口增量的 2/3 左右。全省共形成了 89 个农场，各农场驻地陆续发展了橡胶加工业和其他轻工业，形成非农业人口集聚的居民点。

1970 年代，地方工业化推动了海南城镇化的进一步发展。这一时期，海南进入第四个"五年计划"建设时期，工业经历了一个快速发展的阶段，兴办了一批骨干冶金企业以及大批中小型建材、中小型水力发电、食品加工和化肥生产等企业。纺织、电力、化学、煤炭电子、机械加工、制糖、建材、橡胶、冶金等工业行业得到了较快发展，到 1980 年城镇人口十年间增长了 10 多万人。

1980 年代，改革开放和经济特区效应拉动了海南城镇化高速发展。随着改革开放进程的深化和经济特区地位的确立，海南吸引了众多的境内外投资者和各种各样的人才，出现了"十万人才过海峡"的壮观场面。在这一时期，海南的经济发展和城镇化进程均有长足的进步，至 1989 年底，全省城镇人口突破了 100 万。

1990 年代，海南的城镇化发展主要靠房地产业和旅游业拉动。1992 年邓小平同志南方讲话之后，海南出现了新一轮经济建设的高潮。尤其是房地产业掀起了开发的热潮，大量岛外投资公司、开发商、建筑工涌入海口、三亚等城市，城市暂住人口急剧膨胀。同时，海南省新设了 6 个县级市和大批建制镇，"县改市"、"乡改镇"等行政区划变动成为海南城镇化较快推进的重要方式。1990 年代中期，过度的房地产炒作开发热降温，海南省开始进入经济调整期，重点发展热带农业和旅游业。旅游业的发展进一步推动了海南城镇化的发展，至 1999 年年底，全省城镇人口突破了 200 万。

21 世纪以来，海南的经济社会发展进入了平稳快速增长时期，城镇化发展也步入持续加速时期，到 2009 年城镇化水平达到 49.2%，城镇人口超过 400 万人。2009 年"国际旅游岛"建设上升为国家战略后，海南的城镇化步入了新的发展阶段。据公布的"六普"数据，

2010 年海南城镇人口达到了 432 万人，城镇化率达到 49.81%。截止到 2012 年，城镇化水平为 51.6%。

（二）海南城镇化的独特性

海南城镇化水平由建省之初的 25% 上升到 2012 年的 51.6%，高于全国平均水平，但考虑到 2003 年琼山并入海口、2004 年农垦场部人口计入城镇等统计因素，城镇化水平实际上仍略低于全国平均水平（图 5-1、图 5-2）。

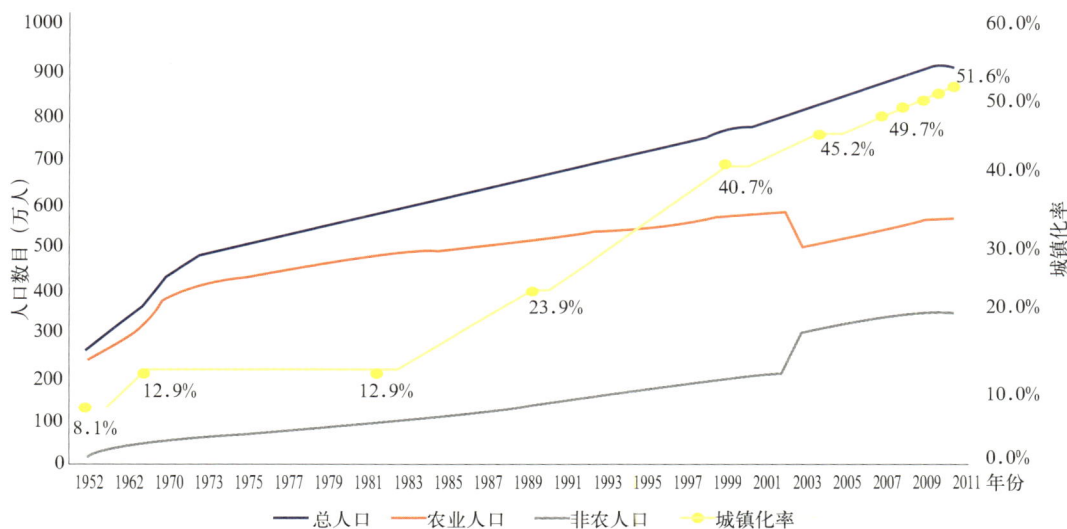

图 5-1 城镇化水平和城乡人口数量变化

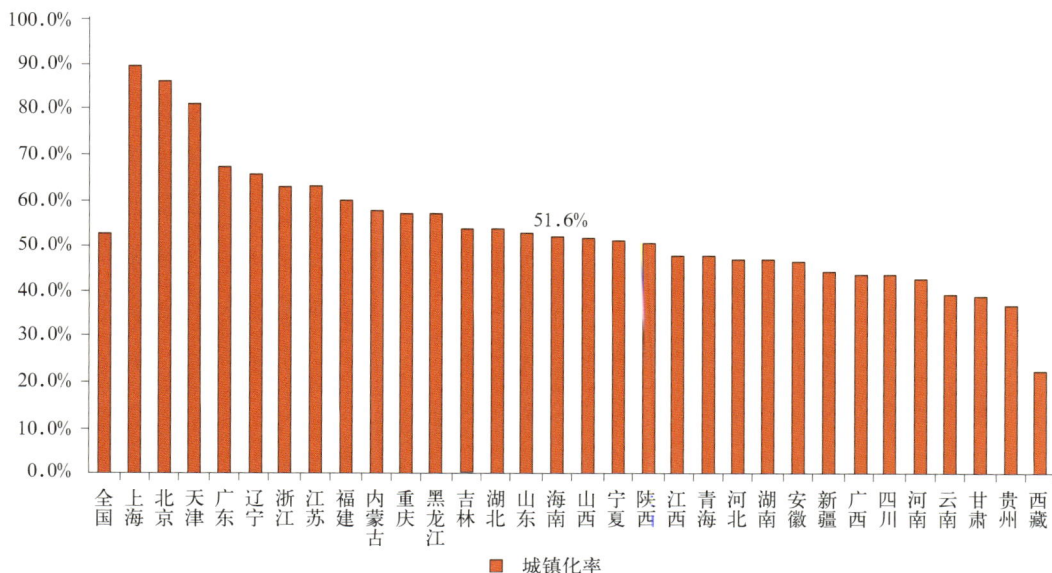

图 5-2 城镇化与全国各省份比较（2012 年）

更为重要的是，从推动城镇化的内在动力看，海南遵循的不是一般地区"农业—工业—服务业"的传统路径，工业的发展并不是来源于农业的积累，主要是基于外部投资的"外嵌式"模式，工业和农业之间缺乏转换；服务业的发展既不是来源于工业的服务需求，也不能带来本地农业劳动力的转换，而是以旅游业为主导，服务就业也以外来人口为主，本地就业转移较少。产业之间的缺乏联系直接导致城乡本质上的"分割"，也决定了城镇化应该有不同于常规的路径。

1. 城镇化靠外来移民推动，缺乏地域转换的"非农化"

海南城镇化水平由建省之初的 25% 上升到 2010 年的 49.2%，20 多年来年均增长超过1 个百分点，数值上反映的城镇化速度较高，但城镇化主要是靠岛外人口迁入推动，本地农民进城从事非农生产的较少（图 5-3）。

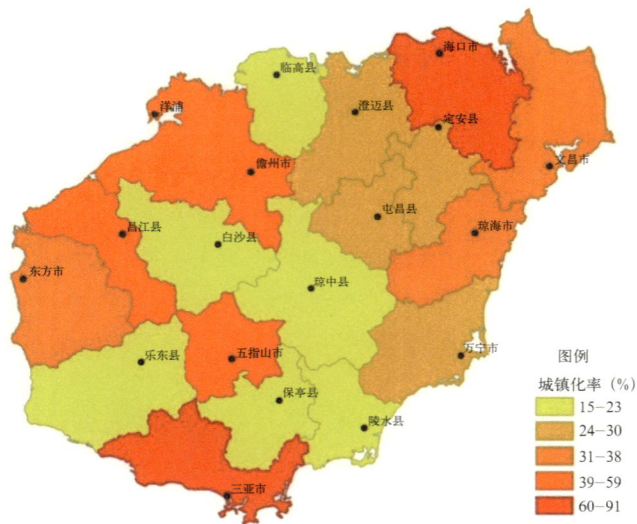

图 5-3 城镇化水平空间格局（2009 年）

传统意义上，城镇化的主体主要是城乡二元，城镇化发展的动力主要来源于城市的吸引力（拉力）和农村地区的推动力（推力），两者共同推动了农村剩余劳动力由农村向城市的转移。但是，由于海南省城镇规模普遍偏小，城市建设、设施水平均较低，城市产业的发展更多的是依靠外部投资的"嵌入式"模式，产业就地吸引劳动力的能力偏弱，城镇对于农民的吸引力有限，"拉力不足"。与此同时，广大农村地区凭借着独特的海南热带高效农业基础和土地优势，农民从事农业收入相对于进城务工的收入来说并不低，进城务工的积极性不高，农村的"推力有限"。因此一般意义上理解城镇化"推—拉"模型在海南城镇化过程中并没有起太大作用。

据统计，海南乡村劳动力向城镇转移就业的比重很低，仅为 9.76%，与江苏的 55.5%相差很大。2009 年海南城镇化水平为 49.2%，但按非农人口统计的比重仅为 39%，也就是说约有 70 多万人口是半城市化人口，这些人口多为外来人口。可以看出，海南农民的职业转换并没带来地域转换，这也就决定了海南城镇化的核心是"探索非农化的多种实现形式"，包括城市转移就业、就近城镇就业、农村非农化转换等多种可能的形式。

2．城镇化的多元主体与多样化动力

与一般地区城镇化的主体为城乡二元不同，由于海南特殊的经济结构和社会结构，除城市带动之外，海南城镇化又包括乡镇、农垦和第二居所等在内的多元主体，它们在海南城镇化过程中均扮演着不同的角色。

（1）城镇化的多元主体

首先，城市的主要作用是通过其自身的引力，包括城市就业机会、生活品质、服务保障等方面的吸引，拉动非农劳动人口在其内部的集聚，是城镇化发展的传统力量，但从现状看，海南城镇的引力有限。

其次，城镇化的另外一个主体是乡镇，由于海南工业化水平较低，工业就业人口比例低，从事旅游服务业的主要是外来人口，本地居民从事服务行业的并不多，加上海南热带高效农业的产业和土地的优势，农民农业收入相对进城务工收入来说并不太低，进城务工的积极性不高，海南的乡村在城镇化过程中主要是通过旅游带动就地城镇化为主。

再次，农垦系统在海南的城镇化过程中也扮演着极其重要的角色。2004 年，海南城镇人口统计口径调整，将农垦场部人口纳入城镇人口后，全省城镇人口比例上升 5 个百分点。

最后，由于海南大力发展旅游房地产，大量岛外置业人士构成了海南城镇的第 4 个主体。这类主体由于在海南的生活具有季节性，因此对海南城镇基础设施的配套提出了全新的挑战。

（2）城镇化的多样化动力

首先，地方工业化是推动海南城镇发展的重要动力来源之一。1970 年代，海南城镇化的起步很大程度上来源于地方工业化的发展。国际旅游岛背景下，集约高效地发展新型工业，仍然是推动全省整体发展的重要力量之一。

其次，农业产业化推动。近年来，海南农业中的企业化农业比重逐步提高，如热带高效农业发展较快，台商和大陆企业对农业的投资主要采取了企业化形式运作。工厂化生产、市场化经营这种农业经营模式相应地带动农产品运销业的发展，从而促进农村人口向城市的转移，推进城镇化的进展。省、市县、乡镇三级综合性产地批发市场已初步建立，农产品加工企业规模壮大。

第三，旅游业的核心推动作用。旅游业带来了大量的服务业就业人口，这些非农就业直接促进了海南城镇化的进程。旅游业还改善了城镇的基础设施条件，使城镇化整体的综合水平得以提高。例如在海南一些苗族、黎族地区旅游开发中，为提高各景点之间的可达性和各旅游景点的串联性，解决随旅游发展所带来的交通问题，提升旅游层次，政府和相关组织（如开发商等）在旅游区修建了大量的基础设施。此外，旅游业的发展还带来了人们生活方式的转变，促使人们的生活方式从传统型向现代型转变，带来生活方式的城镇化。

第四，旅游房地产带动。随着分时度假、休闲旅游等概念的兴起，定位为度假功能的"第二居所"在海南迅速发展。"第二居所"带来了大量的岛外置业人口，直接拉升了海南的城镇化水平。根据海南省住房和城乡建设厅房地产市场监管处的统计数据，2007年海口市全年签约销售的房产共24776套，其中岛内购买只有10205套，占总量的41.19%，岛外购买比例达到58.89%，其中境外购买的比例达到0.66%；三亚的"第二居所"人口比例更高，同年房地产的销售中，岛内的购买比例只有2.15%，岛外购买比例高达97.85%，而这些岛外置业者绝大部分的购买用途为以度假、养老为主的"第二居所"（图5-4）。

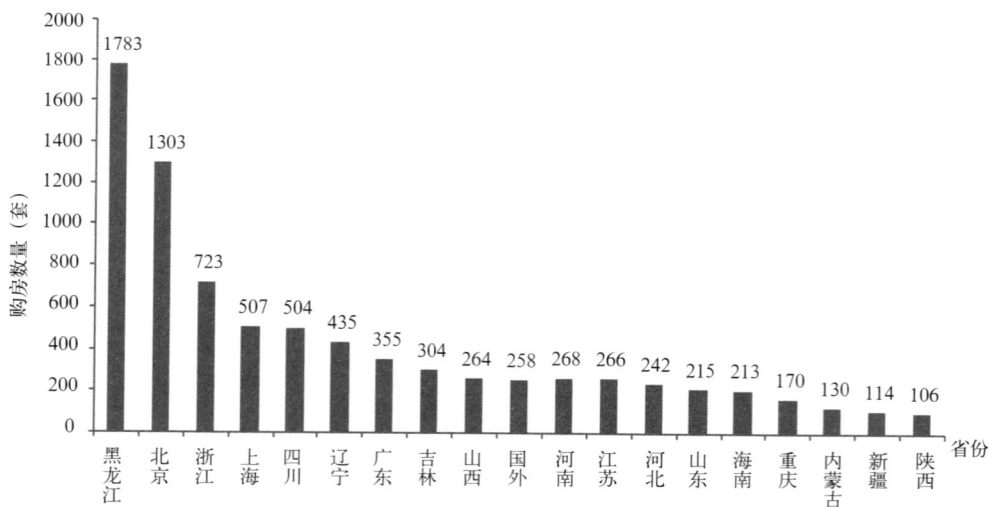

图5-4 三亚岛外人士购房主体分布（2007年）

第五，农垦系统推动。海南农垦拥有土地1282万亩，占海南全省的1/4，橡胶园总面积363万亩，是我国最大的天然橡胶生产基地，为海南今天的农业产业化奠定了基础，是海南城镇化进程的重要力量。同时，海南现有的场部有70多个是靠近乡镇所在地，农垦系统在城乡建设发展中的吸纳与辐射作用较为明显。

3．城市"嵌入式"发展功能单一，城镇规模小，对乡村的带动能力有限

海南城市的发展主要来源于外力，围绕着战略职能（如旅游、军事、能源等），促使城市的发展和核心功能的增强。但这些功能的近域意义仍没充分体现，城市对周边乡村的辐射带动作用较弱。在海南城乡空间的整体格局上，核心城市呈现出"孤岛式"发展特征，没有形成能够影响周边地区的功能地域，更没有形成功能联系紧密的城乡"网络化"或"连绵带"格局，城市的发展不能形成对周边乡村的辐射带动作用。从非农人口从业人员比重反映的功能地域特征来看，海南城镇发展呈现海口、三亚、洋浦"三足鼎立"的态势，三个城市的功能地域范围远小于其行政地域范围，核心城市的带动能力有限。

同时，海南城市的规模偏小，除海口外其余城市均不足 50 万人，少数民族自治县甚至不足 5 万人，"以城带乡"缺乏基础（图 5-5、图 5-6）。

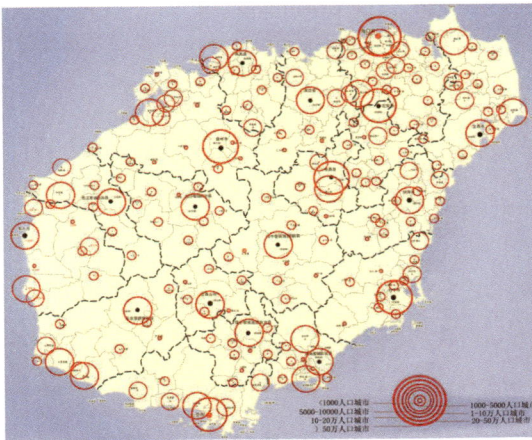

图 5-5 城镇人口规模分布图（2009 年）

图 5-6 非农从业人员比重插值图（2009 年）

2009 年底，海南省有 204 个乡镇，其中 10 个县城镇。小城镇分布密度已达到国家东南沿海地区的较密水平；但是除 10 个县城镇外，其他镇的规模均较小，镇政府驻地人口规模均小于 1 万人，平均 4000 人，部分只有 1000 人左右。这些小城镇普遍由于第二、第三产业规模小、财政收入少而缺少建设投资，城镇建设水平较低。普遍存在房屋建筑破旧、公共设施落后、绿地不足、道路交通设施不完善、环卫设施落后、镇容"脏乱差"等问题。小城镇建设多是沿过境公路发展起来的，许多仅是公路两侧"一层皮"，用地布局松散，城镇建设风貌较差。根据我国的实际情况，一般小城镇的合理人口规模为 5 万人左右，过小的城镇规模起不到产业集聚和促进第三产业发展的作用。

除了小城镇规模小之外，在制度上还存在小城镇的财权和事权不对等的问题。尤其是农业税取消以后，乡镇的财政主要来源是上级补贴和出卖土地资源的收益，但管理广大农村地区的事权并没有减少。"财权上收和事权下放"，导致小城镇责权不对等。

4．城镇空间分布较为分散，沿海圈层集中度较高

截至2009年年底，海南省共有乡镇204个，小城镇普遍规模偏小，空间分布较为分散。反映在人口密度分布上，只有海口附近地区人口密度超过200人／平方公里，中部地区多在100人／平方公里以下，沿海地区多为100～200人／平方公里。与大陆东、中部地区人口分布相比，属于人口分布较稀的地区。

海南岛四周低平，中间山地高耸，沿海多为平原，受地形条件影响，空间上呈现出较为明显的圈层特征。其中，沿海圈层是海南人口、产业和城镇分布的核心区，人口分布集中，经济发展较快，集中了全省约70%的人口和75%的城市人口，建设用地约占全省总建设用地的67.2%。沿海圈层城镇密度也较高，每百平方公里有0.72个城镇，远远高于中部山区，海南人口规模最多的30个城镇，绝大部分分布在该地区。

二、走海南特色的城镇化道路

（一）总体要求与基本思路

海南城镇化的独特性以及国际旅游岛建设和城乡经济社会发展一体化的新要求，决定了未来海南城镇化的发展将会更多地体现自身的特色。海南特色的城镇化道路可以概括为"小集中、大分散"，其内涵为"重点集中、高效分散、差异指引、加快融合"。

重点集中，是指通过政策指引和基础设施网络的配套衔接，引导人口、劳动力、资金、技术等发展要素进一步向海口、三亚、琼海—博鳌、儋州—洋浦等核心城市集聚，发挥其对全省城乡发展的辐射带动作用。

高效分散，是指遵循海南的发展特点，满足以旅游业为龙头的现代产业体系发展需要，引导城乡经济要素的自由、有序流动。在强化核心城市辐射带动作用的同时，培育分散网络化的城乡空间结构，强化小城镇的重要作用，在空间形态上重点打造以环境优美、生态良好、绿色经济为特点的城乡空间。

差异指引，是指以"形成城乡经济社会发展一体化新格局"为目标，在客观识别全省不同地区城乡发展动力来源、发展模式、城乡互动关系差异性的基础上，因地制宜地进行分区、分类差异化指引。

加快融合，是指推进农垦系统尽快融入城乡体系。加快农场重组，形成一批现代化农场，发挥农垦在海南现代农业发展中的龙头作用；加快推进农垦居民点体系与城乡居民点体系的融合，重点变农垦场部"虚拟镇"为事权匹配的"实体镇"，建立统一的现代城乡体系。

（二）海南特色城镇化发展的目标

到 2015 年，全省城镇化水平达到 56% 左右，年均增长 1.2 个百分点左右，城镇人口达到 526 万，城镇再吸纳农村富余劳动力 35 万人，城镇建成区面积达到 350 平方公里，市政公用设施达到全国中等以上水平，公共服务设施进一步完善，环境质量明显改善，景观风貌得到提升。城乡居民收入达到全国中上水平，综合生态环境质量保持全国领先水平。

到 2020 年，城镇化水平达到 60%，形成比较完善的市政公用和公共服务设施体系，城镇生态环境质量得到根本改善，综合生态环境质量继续保持全国领先水平。全省人均生产总值、城乡居民收入和生活质量力争达到国内先进水平，基本形成覆盖城市、城镇、乡村和农垦系统的现代城乡体系。中心城市竞争力显著提升，全省城乡功能网络初步建立。

到 2030 年，城镇化水平达到 68%，城镇人口达到 700 万人，城镇化质量处于全国领先水平。形成以省域中心城市、区域中心城市、县城镇、中心镇为主体的四级城镇体系结构，旅游度假区建设和小城镇、农村中心居民点发展相互支撑，共同形成"四核多心网络化"的城乡空间格局和"特色突出、集约发展、功能一体、生态文明"的现代城乡体系。

三、海南特色城镇化发展路径

（一）引导要素空间集聚，加快发展四大核心城市

遵循海南的产业特征和空间发展特点，进一步引导人口、劳动力、资金、技术等发展要素向海口、三亚、琼海—博鳌、儋州—洋浦等核心城市集聚，发挥其对全省城乡发展的辐射带动作用，作为支撑全省建设的空间枢纽，有序推进城镇化发展。

增强海口省会中心城市的地位，丰富和提升海口的中心职能，将其建设成为满足国际旅游岛要求的商贸中心、商务中心、科研中心、教育中心、旅游服务、信息管理中心和华南地区重要的区域中心城市之一。建成环北部湾和海南国际旅游岛中心城市，发挥规模效应和"发展极核"作用，增强其区域带动能力，并以此为核心，培育发展海口都市区。

将三亚建设成为世界著名、亚洲一流的国际性热带滨海风景旅游城市和国际旅游岛南部服务中枢。满足国际旅游岛建设要求，拓展三亚城市职能，发展成为全省旅游服务业核心枢纽，承担全省旅游中心、商贸中心、高端商务中心、现代服务、先进制造、高新技术

等功能，增强其海南南部内外联系的交通枢纽和对外开放门户地位。

引导儋州—洋浦共同发展，使其成为带动海南西部地区的复合中心，承担海南新型工业中心、资源能源基地、对外贸易中心、西部商贸中心和现代制造业中心等功能。依托洋浦经济开发区，全力打造面向东南亚、背靠华南腹地的航运枢纽、物流中心和出口加工基地；依托儋州城区现有的发展基础和科研教育人才资源优势，发展农业科技产业、现代服务业，成为国际旅游岛的西部服务枢纽之一和支撑洋浦经济开发区的服务基地。

引导琼海—博鳌共同发展，构建带动海南东部地区的复合中心，承担海南国际会议会展中心、高端商贸商务中心、现代农业基地、东部休闲度假旅游中心等功能。以博鳌亚洲论坛建设为重点，以国际性会议、会展及旅游度假为特色，建设海南东部国际旅游核心。

（二）突出特色和效益，培育发展县城镇、中心镇和农村中心居民点

加快建设文昌、万宁、五指山、东方市区和其他 10 个县城镇，成为海南现代城乡体系的重要节点和旅游服务中心。

大力培育 183 个建制镇，构建特色鲜明、产业支撑强劲的中心镇体系，推动特色产业发展，就地吸纳农村剩余劳动力。重点建设 55 个具有浓郁民族风情、环境优美、特色突出的旅游风情镇。

继续推进文明生态村建设，争取到 2015 年，将全省 80% 以上的自然村建成文明生态村，到 2020 年将全省所有自然村建成文明生态村。以文明生态村创建为综合载体和主要抓手，结合旅游景区建设大力推进乡村居民点集中集约建设，完善医疗卫生、文化教育等公共服务设施配套，建设一批规模合理、配套齐全、环境优美的新农村中心居民点。

抓紧实施"千村万旅"计划，打造一批海港渔村、黎村苗寨、热带农业专业生产村、旅游风情村等各具特色的新农村，到 2015 年集中建设 100 个具有鲜明特色的村，远期 2030 年建设 1000 个特色村庄。

（三）完善旅游区功能配套，将旅游区发展成为现代城乡体系的重要组成部分

依托资源优势，全省重点建设 62 个核心景区和旅游度假区。加强旅游度假区、旅游景区景点的服务配套设施建设，结合旅游度假区和景区景点建设旅游服务中心或旅游服务小镇，大力推动旅游商贸、餐饮、商业零售、休闲康体、文化娱乐等服务产业发展，努力创造就业机会，吸纳城乡劳动力就业，发挥旅游业发展对海南城镇化、非农化的重要推动作用。

（四）加快农垦场部与小城镇的协调发展，构建统一的居民点体系

按照"体制融入地方，管理融入社会，经济融入市场"的改革思路，整合重组区域资

源，推动农垦场部与小城镇协调发展。客观识别农场场部与城乡居民点尤其是小城镇之间的空间关系、经济联系强度、现状发展水平和发展动力来源等多方面的因素，采取场部并入小城镇、小城镇并入场部、场部独立发展成为小城镇等多种形式，推动二者协调发展，构建统一高效的居民点体系，服务城乡生产生活。

四、小结

工业化创造供给、城镇化创造需求，每次经济危机下的"城镇化拉动"思维表明了城镇化的重要性。中国的城镇化具有很多独特性，但总的发展趋势应该是：城市的功能逐步由生产型向消费型或者服务型转变；城镇体系由单纯的大城市主导或者小城镇主导向大、中、小城市和小城镇协调发展转变。

而这两个趋势对于海南而言，已经不仅仅是趋势，而是海南正在或近期将要发展的现实。首先，海南的城市生产功能普遍偏弱，除了洋浦之外，其他城市均没有很强的工业生产能力，以满足消费为方向、服务功能为主导基本上是所有城市的发展道路。在这一道路下，城市的空间结构、功能格局、支撑系统都与别的地区不太一样，有很多已经积累的经验本身对于其他地区需要转型的城市而言就具有很强的借鉴意义，未来随着国际旅游岛的建设，这些经验将会越来越成熟和丰富。其次，海南的城镇化道路具有独特性，农村剩余劳动力的非农转移，并非是传统的向大城市集聚，很多就在本地或者小城镇实现了非农化。未来，在海南国际旅游岛要求下，海南将会走一条"小集中、大分散"的城镇化道路，大中小城市和小城镇甚至农村地区，将会承担不同的功能，通过协调发展共同支撑"国际旅游岛"建设。譬如，大城市主要承担内外流通的枢纽功能、面向国际旅游岛服务的中枢功能，中小城市主要承担城乡服务中心功能，小城镇承担转移非农就业、承上启下功能，特色乡村承担旅游服务基层节点功能等，各个层次的城乡居民点各得其所。通过这条城镇化道路形成的大中小城市和小城镇协调发展的城乡体系，对全国未来的城镇化发展而言，将是一个具有示范意义的"亮点"。

第三节　城乡空间发展模式

认识海南城乡空间发展的特征和历程，从空间资源优化配置的角度来思考海南城乡空间的发展模式，是引导海南特色城镇化和城乡一体化发展的核心内容。无论是开发历史还是从自然基础条件看，海南整体的城乡空间具有明显的圈层特征。遵循圈层特征，明确不同圈层的空间开发模式，并在保持圈层特性的基础上增强各圈层之间的联系，是海南城乡空间组织和发展引导的核心。

一、城乡空间特征与开发历程

海南的城乡空间具有明显的从沿海到山区的圈层特征，海南城乡空间的早期开发也经历了沿海局部开拓到环岛沿海开发再到沿海向山区纵深拓展这样一个历程。除本岛外，需要强调的是，南海诸岛的发现与开拓，早在公元前2世纪的汉武帝时代就已经开始。

（一）海南城乡空间的圈层特征

对海南而言，整体上可分为海南岛和海南海域两个部分，海域构成了独特的海洋圈层。海南岛，由于四周低平，中间山地高耸，沿海多平原，受地形条件影响，资源在空间分布上呈现比较明显的圈层特征。其中沿海圈层为平原地区，滨海旅游资源丰富、城镇分布密集；山区圈层为生态保护核心地区；台地圈层主要为热带农作物生产区。

沿海圈层是海南人口、产业和城镇分布的核心区，人口分布集中，经济发展较快，集中了全省70%的人口、75%的城市人口、67.2%的建设用地和85%的经济总量，海南人口规模最多的30个城镇，绝大部分分布在该地区。支撑海南经济发展的三大核心均位于该圈层，这三大核心分别是海口、三亚和洋浦。三大核心分别代表了海南三种不同的发展模式，其中海口为综合型城市，由自上而下和自下而上的动力综合决定，三亚是旅游主导的城市，而洋浦更多落实国家战略，采取的是工业化主导、自上而下建设的模式。

山区圈层是海南重要的生态环境保护区，是海南生态敏感区和生态多样性富集区，发育并保存着我国最大面积的热带雨林及丰富的生物多样性，该区还是南渡江、万泉河、昌化江等海南主要河流的发源地与主要水源涵养区。由于该区主要是山地和部分丘陵，因此空间发展需要在生态环境保护的基础上，整体保护、有序转移、重点集中。

台地圈层处于中部山区圈层和沿海圈层之间，主要是指北部丘陵台地地区。该圈层是海南农业生产和橡胶生产较为集中的区域，分布有热带季雨林和半干旱稀树草原，是未来海南热带现代农业发展的核心区域。同时，该圈层还具有农业等社会生产的生产系统产品服务、防洪蓄洪等水文调节、水土流失和沙化控制等功能。

（二）海南城乡空间的早期开发

自西汉元封初年，海南置于汉王朝直接管辖之下以来，大陆的汉族移民陆续迁入，对海南岛的经济社会形态产生了历史性的影响，以此为起点，开始了海南古代早期开拓的历史时期。

1. 沿海局部开拓阶段

汉武帝元鼎六年平定南粤，元封元年置南海等9郡。从西汉至南北朝约700年，汉族移民迁入，当时主要在海南岛东北部。移民推动了海南岛的土地开发，他们种植五谷、饲养六畜，进行野生动物的驯化。据汉代杨孚《异物志》和宋代周志非著《岭外代答》所载，海南为我国最早植棉的地方之一。

2. 环岛沿海开拓阶段

由隋至唐，海南岛的开疆拓土有了一定进展。唐代海南的生产力有了明显提高。当时，鉴真和尚东渡日本，中途遇风漂流至海南岛，已见到"十月种田、正月收粟，养蚕八度，收稻再度"的情景。手工业可织造"花缣文纱"、熔镀金银，甚至能制造远航大船。

到了宋、元时期，大陆移民不断增加，据《海南岛志》所记，到海南的汉人，南宋时约10万人，至元朝达到17万之多。入岛者开拓荒地，扩大耕地。据正德《琼台志》载，元代列入税册的官民田塘共15519顷3亩（合103460.7公顷），还有屯田292顷98亩（合1953.2公顷），并兴修水利等，农业生产力大有提高，"自宋播占域稻种，夏种秋收，今有三熟者"。在此期间，相应的手工业也得到了发展，如织黎锦、纺织业等也得到发展。元代为了管理海外贸易，还专设了市舶司的机构。总之，从隋唐到宋元的700多年间，海南封建经济不断发展。

3. 由沿海向山区纵深拓展

据正德《琼台志》和《广东通志》记载，明代开垦的土地扩大，如洪武二十四年（1391年）计19856顷1亩（合132374公顷），正德八年（1513年）计20295顷30亩（合135302.7公顷），万历四十三年（1615年）计38347顷56亩（合255651.6公顷）。自明初至正德年间，全岛兴修水利81处，相当数量农田得到灌溉。水稻普遍一年两熟。同时渔盐业、冶铁业、手工业、商贸业等亦大有长进。正德年间，各项税收总量"五倍于元代"。自清康熙中叶至"乾隆盛世"，海南人口增长，开垦之耕地较之明代亦有所增长。据清初颁布的《赋役全书》称，原额为38335顷91亩（合25557.9公顷），加上新垦3112顷40亩（合20773.5公顷），共为41448顷31亩（合276341.4公顷）。清代农业、手工业、渔盐业较明代又有进一步发展，制糖业兴起并逐渐遍及全岛。以锡矿开采为主的采掘业开始出现。清代商业活跃，岛内贸易集墟达314处，较明代170处增加84%。与日本、新加坡、暹罗（今泰国）

等都有贸易交往。

4. 海南诸岛的发现与开拓

在海南岛古代开发过程中，祖国的版图也已逐渐拓展至南海诸岛及其海域。早在公元前2世纪的汉武帝时代，中国人民就先后发现了西沙群岛和南沙群岛，并陆续在此开发和经营。据文物考证，我国在西沙群岛采集到最迟在南朝（420～479年）的陶瓷器物标本，在西沙的甘泉岛发掘到唐宋时期的居住遗址，还发现许多我国渔民在岛上居住和生产、生活的遗物，说明早在唐代（618～960年）我国人民已在此开始经营。大量的历史文物和文献资料证明，早在1500多年前，我国人民已发现和开拓了南海诸岛，并将其列入我国版图。当时南海诸岛远离祖国大陆，在古代受到交通条件的制约，因而对其丰富资源的开发仅局限于海洋生物资源的捕捞作业。

（三）近现代以来的初步开发

在第二次鸦片战争后，闭锁的海南岛被侵略者的炮舰打开了门户。咸丰八年（1858年），清政府被迫签订了中英《天津条约》和中法《天津条约》，实行"五口通商"，琼州为通商口岸之一。随后美国、德国、丹麦、比利时、西班牙、意大利等国也先后与清廷签订了不平等条约，确认了开辟琼州等地为商埠，进而开始了资本主义列强对海南岛的资源掠夺。日本在甲午战争后，占领中国台湾岛，同时把触角伸进海南，日本渔船深入我国海域捕捞海产品，并在西沙群岛掠夺磷矿资源。1939年2月，日本帝国主义侵入海南岛，大力开发石碌、田独矿山，共夺走300万吨富铁矿石。帝国主义者的掠夺性开发经营，对岛上资源造成了破坏性的后果。

这一时期，国内的有识之士以及华侨也对海南的开发提出了自己的设想并且开始了生产实践。清末两广总督张之洞于光绪十三年（1887年），亲临海南，曾有过将海南改设行政省的提议。孙中山先生在辛亥革命后也曾多次提出海南设省的问题。后在其所著的《实业计划》中说："海南岛固其富而未开发之地也，已耕作只有沿海一带，其中央有茂密之森林，黎人所居，其矿藏最富。"强调了开发海南的重要性，且有具体建设计划。1930年代商务印书馆出版的《琼崖》一书中说道："琼崖和台湾二岛，同为我国东南二眼，在地理上占有重要位置。"以华侨为主体的开发实践也在海南岛上不断展开，集中在橡胶、咖啡、椰子、槟榔、甘蔗等的种植与生产，同时制盐业和地下矿产的开采也不断开始。

民主革命时期，革命根据地的农业开发和经济建设带动了海南山区经济的发展。特别是五指山根据地发动了大生产运动，开发土地资源，引导黎、苗族同胞改游牧农业为耕耘农业；开办铁器、军械、皮革、制鞋等小型工厂，生产各种生产工具、军用物资和日用品，供应军民需要，使得海南山区的经济发展开始起步。

（四）海南岛解放后的开发建设

海南岛解放后的开发建设整体上分为建省前后两个阶段。建省前属于广东省的一个行政区，开发建设相对落后，在全国整体格局属于典型的农业社会，是国家重要的战略资源和原料供应地。直至 1988 年建省，前 38 年累计总投资 98.75 亿元，年均仅 2.6 亿元。投资主要集中于资源开发，在投资结构中，农垦投资占 36.9%，农业投资包括水利建设占 22.4%，交通邮电投资占 8%，城镇建设投资仅占 2.2%。这一投资比例使得海南岛以橡胶为主的热带作物种植面积从 1952 年的 2.5 万公顷，扩大至 24.6 万公顷，建成了具有全国意义的橡胶等热带作物种植和生产基地。工业投资重点是扩大了石碌铁矿的开采能力，建设了莺歌海等 3 个大型盐场，成为华南地区最大的原盐生产基地。

建省后，海南开始了大发展的新时期，以国家的战略要求为基准，基于自身城乡资源的独特优势，不断探索、修正和调整发展思路，从国家"外引内联"的工业化新据点，到"一省两地"再到今天的"国际旅游岛"，海南发展思路不断清晰，发展的前景更加广阔。

二、城乡空间结构演变

对海南的城乡空间而言，解放之前的开发只是针对特定资源的初步开发，整体上属于农业社会，谈不上城乡空间结构和模式。因此，对于城乡空间模式演变的认识，重点放在解放后，尤其是建省后。

空间结构组织作为引导城乡空间开发的手段，不同时期呈现出不同的结构特征。总的来看，作为整体战略思路的落实，海南的城乡空间在不同时期体现出不同的空间组织模式。现在回头来看，每次空间发展模式的选择都可以说是基于一定目标导向和时代背景的最优选择，其中反映出来的超越发展阶段的基本空间要素和空间规律，对于现阶段国际旅游岛建设而言仍然具有积极意义，应该得到继承。

（一）开放建特区前：农业社会，均衡分散型空间结构

前已述及，这一时期海南整体上处于农业社会，经济发展处于自给自足的封闭状态。与经济发展相适应的是，空间上体现出均衡分散型的结构特征。以小城镇及农垦场部为中心，城乡发展整体上呈现出小规模、自我完善的格局。城镇极不发育，城镇化水平到 1985

年仅为 14.5%，城市体系呈现出显著的首位分布特征，海口一枝独秀，占到了全省城市人口的 35%，但其规模也仅相当于同期深圳人口规模的 1/6，珠海的 1/5～1/3；而三亚仅为 7 万人，其他中心城市仅为 2～3 万人的规模（图 5-7）。

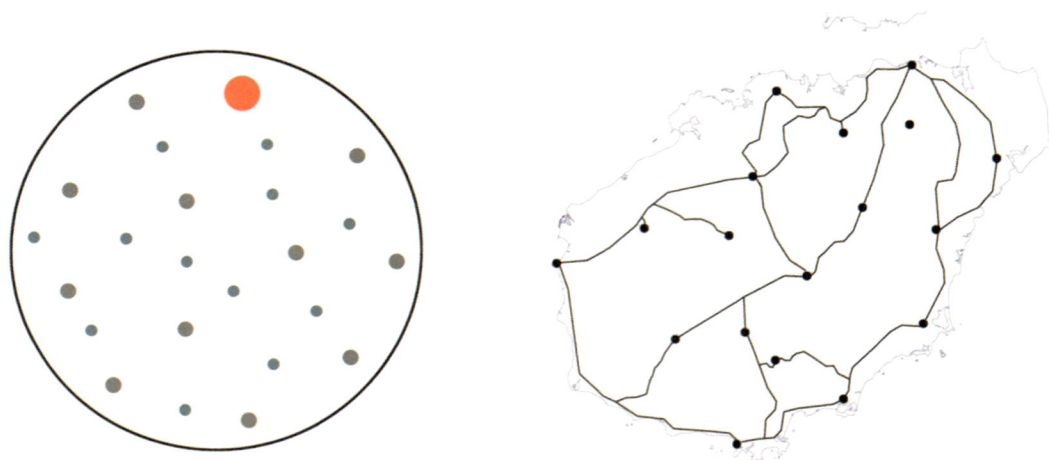

图 5-7 农业社会时期的城乡空间结构（建省办特区之前）

（二）开放建省初期：工业社会取向（协力集团），据点开发、经济区、多层次体系

1988 年建省办特区，在国家明确指明海南应该成为整个对外开放格局中"外引内联"新据点的战略要求下，受中国政府委托，日本协力集团借鉴日本国土开发规划的思路和方法编制了海南岛综合开发规划，对海南整体的发展及空间开发进行了详尽、系统的安排，这一规划直接指导了海南建省前十年的发展，其影响一直延续至今。

规划的基本取向是谋求工业化、城市化和产业结构现代化，目标是引导海南由农业社会的封闭、分散向工业社会的开放、集中转变。为满足工业发展，尤其是出口导向加工工业的发展，选择了"据点开发、组织经济区"的空间模式。一方面，强调空间集中，重点培育海口、三亚、东方、洋浦、琼海等核心城市快速工业化；另一方面，依托这几个核心城市及其所具有的出海港口，跨县市组织经济区，在每个经济区内部培育相对完整的工业体系，带动整个区域的发展。按照空间组织的要求，规划还强调了要提供广域而有效的基础设施网络作为最基础的支撑。在城市体系上强调了构建均衡的中心城市分布和多层次城市体系。可以看出，这一时期的空间组织模式完全是工业化取向，追求空间集聚效益和规模经济（图 5-8）。

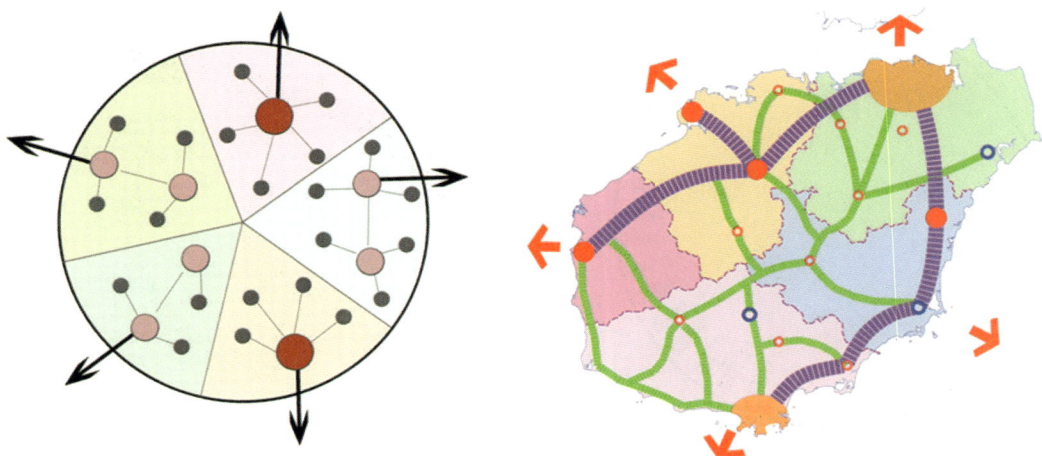

图 5-8 工业社会时期的城乡空间组织（建省之初）

（三）工业社会的自我调整（《海南省城镇体系规划》）：两轴、一心

建省前十年发展的剧烈波动及成效不显，使得海南对自身的发展思路进行了重新思考，进而确立了"一省两地"的新战略。相应地，完全以工业化为灵魂的 1988 年版规划的指导意义已经不复存在。因此，在新发展思路指导下编制省域空间发展的整体规划成为必须。直到 2005 年才审批通过的《海南省城镇体系规划》就是这一背景下诞生的，一定程度上，它可以看做是"一省两地"发展思路指导下，海南工业社会发展基本取向下的自我修正和调整。

现在来看，《海南省城镇体系规划》抛弃了工业化导向下组织经济区的思维是其进步的地方，但却没能找到新的、有针对性的空间组织思路。最后，在空间上只是简单地提出了西部工业轴、东部旅游轴来机械地落实"一省两地"战略；并划定了一个空间范围并不明确的"绿心"来表达生态环境保护对于海南的极端重要性。城镇体系组织上，也是传统城镇体系规划的思维，按照规模等级、职能组合等简单地给出了方案。根本上，我们认为这次规划对于海南整体发展的空间组织是没有想清楚的（图 5-9）。

（四）工业社会的自我调整（《海南省城乡总体规划》）：绿心、两轴、五节点

在城镇体系规划编制的基础上，结合科学发展观和"五个统筹"的时代要求，针对海南的独特性，2005 年海南省建设厅又开始编制《海南省城乡总体规划》。这一规划强调将全省作为一个整体统一考虑资源利用、城乡发展和设施布局，无论是从思维上还是从方法上都具有开创性。

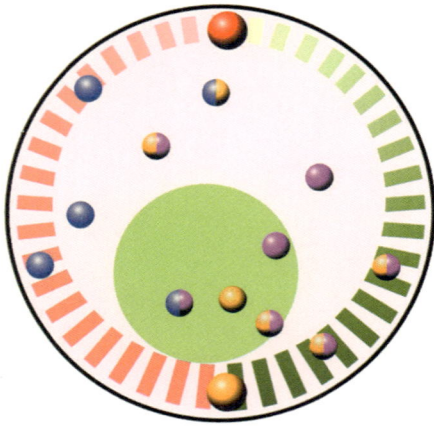

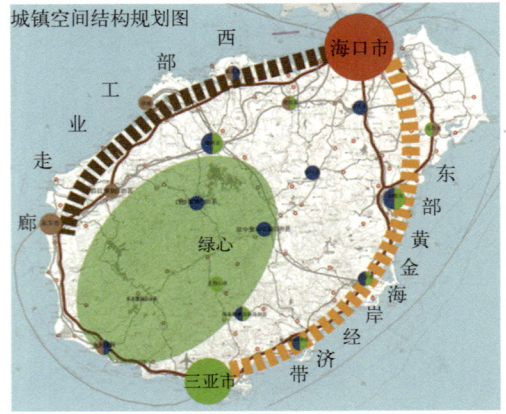

图 5-9 工业社会时期城乡空间结构的调整（一省两地时期）

按照"一省两地"和"生态省"的整体发展要求，规划确定了"一个生态绿心、两条产业经济发展轴、五大空间节点、一个半小时生活圈"的空间组织方案。可以看出，此规划既有对传统空间组织方式的继承和深化，如"绿心"、"两轴"等，也有回归和创新的内容，如强调中心城市作用的"五大节点"和强调全省基础设施网络通达性的"半小时生活圈"等。从落实整体发展战略的角度看，这一空间组织方案是优秀的。但遗憾的是，虽然在空间分析和识别中，认识到了海南圈层发展的核心特征，但在空间组织上却没有采用。事实上，空间的圈层特征应该成为海南城乡空间组织最重要的切入点（图 5-10）。

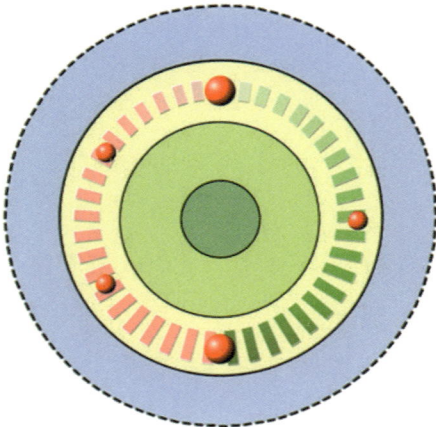

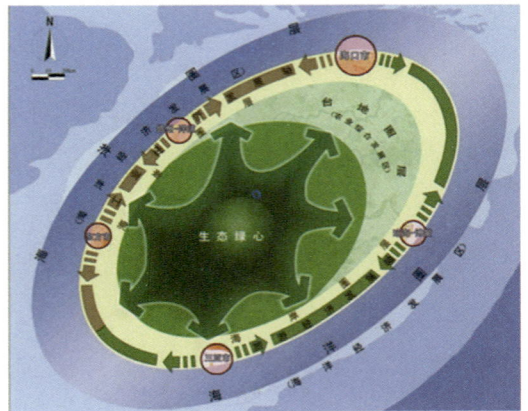

图 5-10 工业社会时期的城乡空间结构（"一省两地"、"生态省"时期）

（五）城乡高度融合的国际旅游岛：后工业化社会、圈层网络扁平化

未来，以国际旅游岛战略为契机，以后工业化社会为基本取向，着眼于促进城乡要素的自由流动和公共资源的均衡配置，构建"圈层网络扁平化"的城乡空间结构。

圈层分为四个发展圈层，引导要素有效率地流动，四个圈层侧重于政策分区和要素引导，与全省主体功能区相衔接，综合统筹全省发展与保护的关系；网络化的重点是形成保障城乡要素自由流动的城乡功能网络，增强城乡之间的联系，综合统筹城市和乡村；扁平化的重点是均衡化配置城乡公共资源，以满足基本公共服务均等化和国际旅游岛建设为目标，构建两级生活圈，统筹城乡经济与社会发展（图5-11）。

最终形成有序的现代城乡体系，促进城乡居民点体系与农垦居民点系统相互融合。

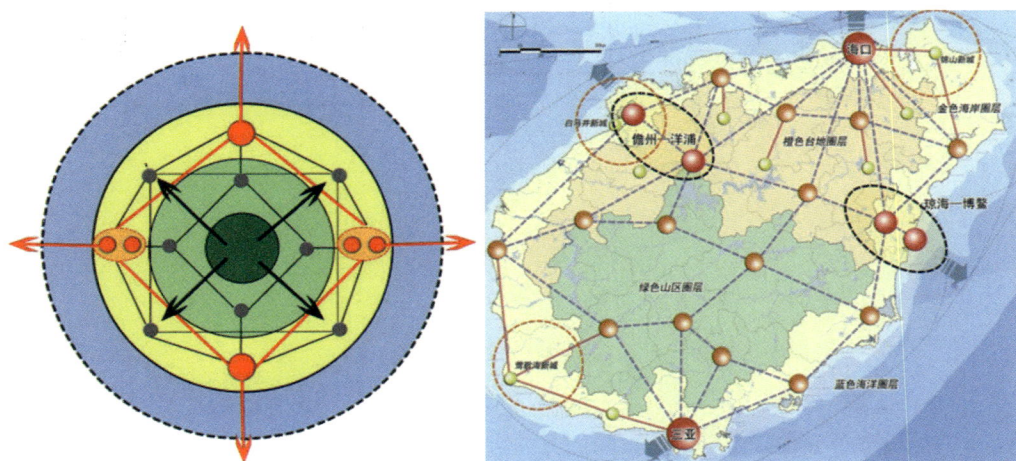

图5-11 后工业化社会时期的城乡空间组织

三、城乡空间发展模式

遵循圈层特征，进一步识别各圈层内部的差异性，明确沿海圈层、山区圈层、台地圈层的空间开发模式。

（一）沿海圈层：差异引导、分段打造

该圈层是未来海南城乡发展的核心区域，以资源的统一高效利用为目标，促进该地区要素的自由流动，重点是引导城乡各类资源要素空间流动向该地区进一步集聚。采取"差异引导、分段打造"的空间发展模式，分北部、东部和西部三段进行建设。

1. **沿海圈层北段：带状组团、绿廊镶嵌**

该段为东起文昌东寨港、西至洋浦经济开发区的沿海岸段，是海南工业发展基础较好的地区。依托滨海城镇和现有临港工业区布局，以强化核心城市的服务功能和集约高效发展临港工业为重点，通过新型工业化带动城镇化发展。采取"带状组团、绿廊镶嵌"的空间发展模式（图 5-12）。重点构筑包括海口城市组团、老城花场工业组团、临高组团和洋浦工业组团四大组团，依托河流水系建设生态廊道，加强滨海生态节点的建设，形成组团之间绿廊，防止功能组团的连绵发展。

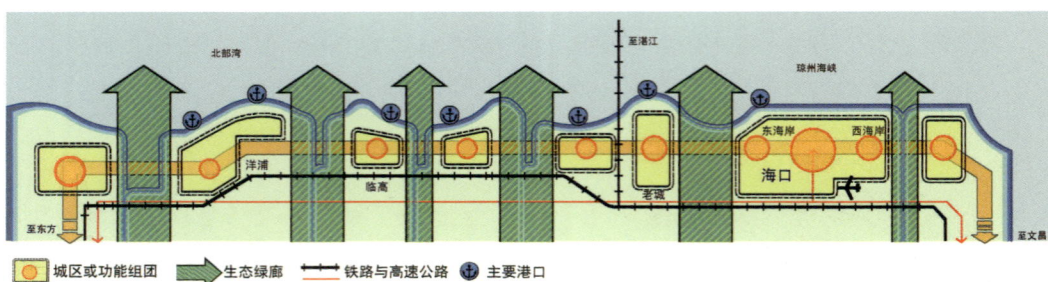

图 5-12 沿海圈层北段发展模式示意图

2. **沿海圈层东段：内外两轴、横向拓展**

该段为北起文昌月亮湾，南至三亚南山的沿海岸段，作为海南滨海旅游资源最为富集和发展基础最好的地区，重点发展滨海旅游和服务功能，通过旅游业等现代服务业促进地区城镇化发展。采取"内外两轴、横向拓展"的空间发展模式（图 5-13）。其中，内外双轴为滨海旅游业发展轴（旅游区＋城镇）和内部服务功能发展轴（依托传统城镇和交通走廊建设）；引导文昌、琼海、万宁、陵水等中心城市向沿海地区拓展。在琼海以南的沿海地区，重点强化山区与沿海生态和功能的联系，形成沿海城镇和旅游区带形组团发展，山区点状集聚，山区生态向滨海地区指状延伸的发展格局。

3. **沿海圈层西段：城（镇）区（旅游区）一体、打造核心**

该段为北起儋州海头镇、南至九所的沿海岸段，该段是海南滨海旅游业发展最具潜力的地区，山海过渡的平原地区较小，主要城镇均滨海分布。采取"城（镇）区（旅游区）一体、打造核心"的空间发展模式（图 5-14）。重点开发滨海旅游资源，打造高品质的海南西部滨海旅游度假休闲带，同时强化滨海城镇与旅游区的空间和功能的融合，以及滨海旅游与山区旅游的协作互动。重点培育东方成为西部国际旅游服务中心。

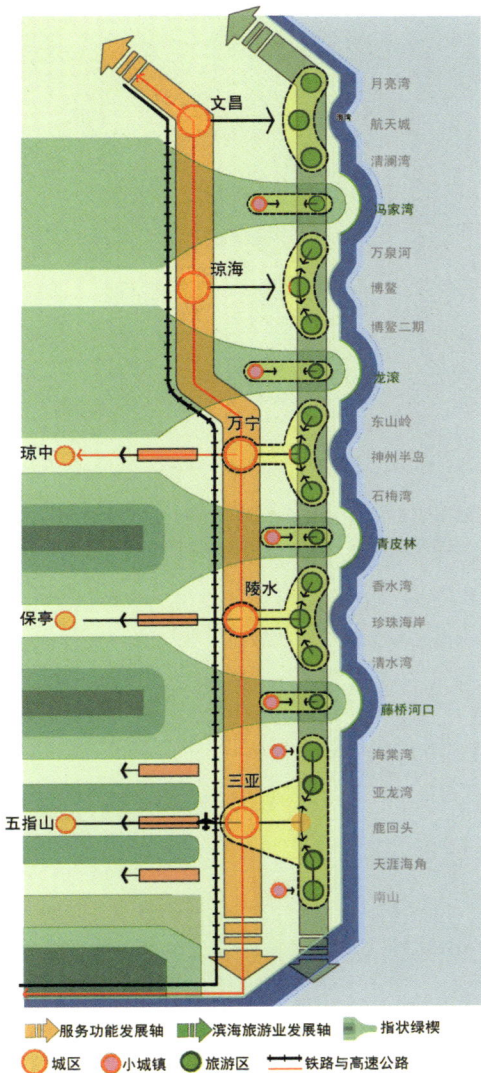

图 5-13 沿海圈层东段发展模式示意图

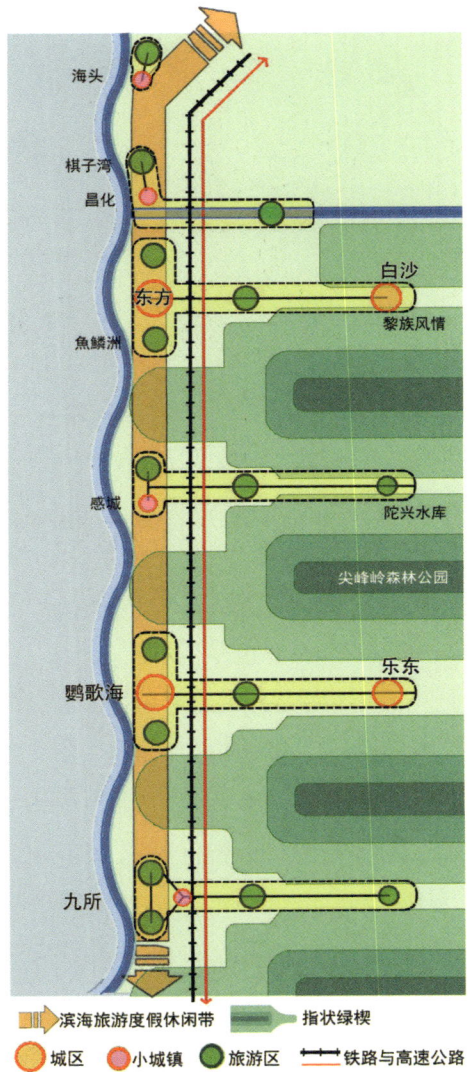

图 5-14 沿海圈层西段发展模式示意图

（二）山区圈层：整体保护、梯度控制、有序转移

山区圈层是海南重要的生态环境保护区和重要的生态涵养地，该区主要是山地和部分丘陵，在行政区划上包括三亚、东方、儋州、万宁和陵水内陆山地地区，以及五指山、白沙、琼中、昌江、乐东、保亭的全部。

重点强调生态资源的保护和人口转移，在生态环境保护的基础上，采取"整体保护、梯度控制、有序转移"的空间发展模式（图 5-15）。以生态环境的整体保护为主，遵循自

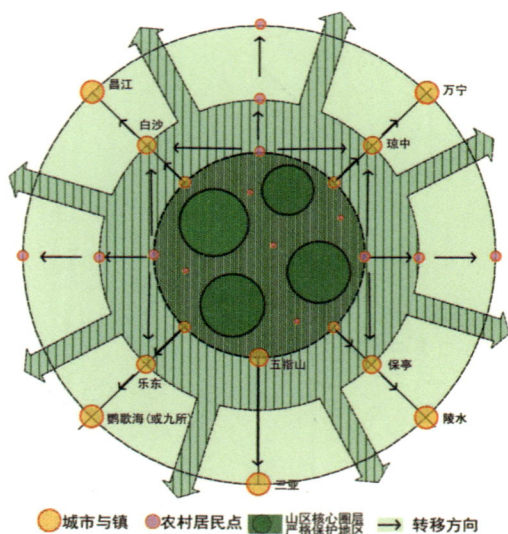

圈 5-15 山区圈层空间发展模式示意图

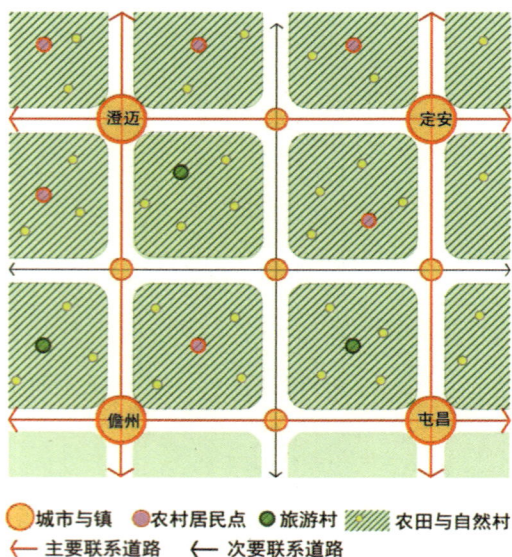

图 5-16 台地圈层空间发展模式示意图

然保护区界限，强化省级政府统一保护，积极建设海南岛中部国家森林公园；在保护基础上，产业发展以农业和旅游业为主，有序引导山区城乡居民向五指山等中心城市集聚，现代农业生产向台地转移，并引导山区内中心城市人口、产业向沿海圈层转移。

（三）台地圈层：强化城镇、均衡布局、城乡互助

台地圈层是海南热带现代农业生产和橡胶生产较为集中的区域，分布有热带季雨林和半干旱稀树草原，是未来海南热带现代农业发展的核心区域。在行政区划上包括海口和临高南部，儋州北部，琼海和文昌西部，澄迈、安定和屯昌的全部。

重点强化台地农业区高效分散的城镇组织，采取"强化城镇、均衡布局、城乡互动"的空间发展模式（图 5-16）。重点打造交通节点上的小城镇，完善设施，强化服务功能。城镇建设以提升面向广大农业地区的服务职能为重点，空间上均衡布局；加强镇区各类生产生活服务设施建设，引导人口集聚，与当地农业特色经济相结合，加强龙头企业与农产品流通市场的构建，推动农业地区农业产业化和农村经济发展，促进城乡之间互动发展。促进农业和旅游业协调发展，引导创意性景区开发，打造百里百乡生态休闲旅游网，发展一批生态果园、花卉长廊、乡村酒店等特色乡村旅游项目。引导风情小镇、乡村旅游、现代农业"三位一体"协同发展，塑造生态景观和乡村景观。

第四节　小城镇发展与村庄居民点重构

小城镇是转变经济发展方式，消除城乡二元结构的重要着力点，是衔接城乡的关键环节。对海南走"小集中、大分散"的城镇化道路而言，重点发展小城镇更具有重要的意义，其在就地就近解决非农就业，支撑旅游业、热带农业发展等方面具有不可替代的作用。海南现有小城镇规模普遍较小，分布较为分散。通过分类引导小城镇健康发展、加快推进农垦场部与小城镇之间的协调发展、创新思路推动旅游风情小镇建设等途径重点推进小城镇发展是海南城乡空间发展的重点内容之一。与此同时，从解决民生问题入手，本着在城镇化发展过程中实现城乡一体化的思路，分区分类引导乡村居民点重构，也是实现海南城乡有序发展的重要组成部分。

一、小城镇的分类引导

海南的小城镇类型多样，依据不同的划分标准，可以分为不同的类型。按照自然地理因素，可以划分为山区型城镇（如营根镇、冲山镇、牙叉镇、抱由镇等）、沿海型城镇（如田独镇、和乐镇、博鳌镇、昌化镇等）、沿河型城镇（如灵山镇、龙塘镇、万泉镇等）；按经济因素，可以划分为工业型城镇（如老城镇、三都镇、感城镇等）、农业型城镇（如大田镇、黎母山镇等）、旅游型城镇（如天涯镇、东郊镇等）、旅游房地产城镇（如博鳌镇、田独镇等）；按发展演变的历史，又可以分为传统文化城镇（如崖城镇、那大镇、中和镇等）和新型小城镇（如海棠湾镇、博鳌镇等）；按发展依托的核心动力，又可以划分为农垦型城镇（如桂林洋农场、帮溪农场、三江农场等）、工矿型城镇（如石碌镇、翁田镇、大田镇等）、交通枢纽型城镇（如兴隆农场、大茂镇、山根镇等），不同类型的城镇发展的经济基础和建设基础均存在较大的不同。

结合海南面向后工业化社会的非传统跨越发展，以及国际旅游岛建设的功能需要，综合考虑小城镇的差异化因素，将海南省小城镇发展模式的类型划分为"中心城市带动型"、"旅游主导型"、"农业产业化主导型"、"海洋渔业主导型"、"工业主导型"等5种类型，对不同的发展模式提出差异化的发展指引（图5-17）。

（一）中心城市带动型

这类城镇空间上与中心城市邻近，在城镇化发展定位、产业选择、基础设施配套和社会文化建设等方面考虑与中心城市的互补与协调，在规划建设上纳入中心城市统一考虑。

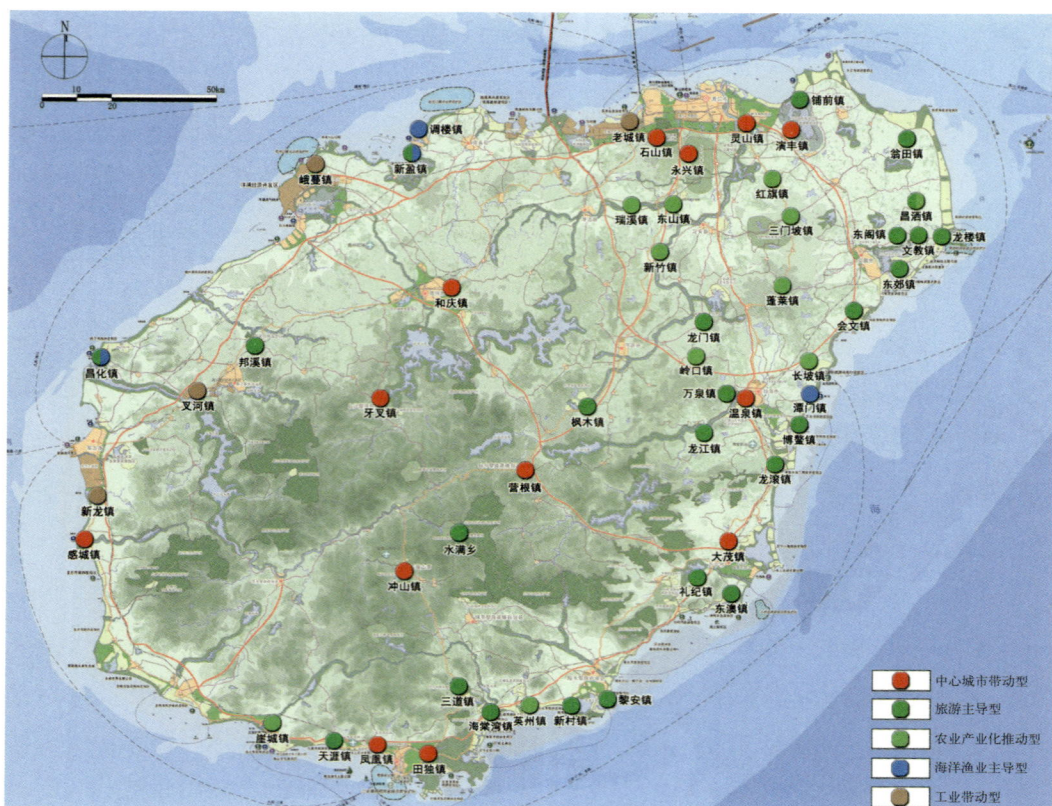

图 5-17 重点城镇发展分类指引图

其中，近郊的小城镇，依靠毗邻中心城市的优势，发展为中心城市发展配套的、与中心城市有互补性、协作性特点的产业，以清幽、舒适的人居环境和完善便捷的交通通信条件吸引人口。将小城镇发展纳入中心城市建设和规划体系之中，成为中心城市的有机组成部分，按照城市标准规划建设，形成合理规模。

远郊小城镇，可以借助中心城市发达的交通、技术和市场，发展特色集群产业，形成专业市场，促进镇域经济发展。

农业地带小城镇可以与当地农业特色经济相结合，加强龙头企业与农产品流通市场的构建，推动农业地区农业产业化和农村经济发展。

这类小城镇重点包括灵山镇、大茂镇、石山镇、永兴镇、和庆镇、温泉镇、演丰镇、感城镇、田独镇、凤凰镇等。

（二）旅游主导型

这类小城镇的发展动力主要来源于旅游业，并主要服务于旅游业的发展。空间上主要分布在旅游资源密集、交通便捷的地区。

城镇的发展建设，重点是搞好环境整治，完善基础设施和服务设施配套建设，丰富文化内涵，强化资源保护；在旅游开发过程中，始终以农民利益为指导，在规划、论证、招商、融资、建设、利用等各个环节要处处为农民着想，保障农民能参与其中；发掘和保护好当地特色文化，弘扬个性鲜明的地域文化，积极发展现代文化，营造良好的居住环境，增强对城市和农村人口的吸引力。

这类小城镇重点包括万泉镇、新盈镇、铺前镇、翁田镇、昌洒镇、东阁镇、文教镇、龙楼镇、东郊镇、会文镇、龙门镇、枫木镇、龙江镇、博鳌镇、龙滚镇、礼纪镇、东澳镇、邦溪镇、新村镇、黎安镇、三道镇、海棠湾镇、凤凰镇、天涯镇、水满乡、昌化镇等。

（三）农业产业化推动型

这类小城镇是推动和服务于海南热带现代农业发展的空间重点，主要分布在海南北部高效农业功能区、中部生态农业功能区等地区。

城镇的发展建设需要积极稳妥地进行土地综合整理，促进农业产业化、规模化、标准化生产与经营，推进农村生产生活设施的现代化；重点发展农产品加工业和物流产业，形成产业链体系，大幅度提高农产品加工转化率，提高农产品附加值，创造非农就业机会，服务于周边农村地区。

这类小城镇重点包括崖城镇、英州镇、长坡镇、昌洒镇、瑞溪镇、东山镇、红旗镇、三门坡镇、新竹镇、蓬莱镇、岭口镇等。

（四）海洋渔业主导型

这类小城镇空间上依托国家级渔港，具有发展海洋渔业的资源、区位条件和产业基础，未来在发展上强调以海洋渔业为主导方向，主要分布在沿海圈层渔业生态岸线地区。

发展建设上，发挥海洋资源优势，以渔港为依托，推进城镇建设，形成突出渔业小镇的独特风貌。建设过程中，注重保护环境和资源的可持续利用。

这类小城镇重点包括潭门镇、调楼镇、新盈镇、昌化镇等。

（五）工业带动型

这类小城镇空间上靠近工业园区，具有一定的产业基础。未来在发展定位、产业选择、社会文化发展和基础设施配套等方面需要考虑与工业园区的互补与协调。

发展建设上，以新型工业化带动城镇经济增长模式的转变，积极引导周边农业剩余劳动力向镇区集聚，使农村剩余劳动力可以通过"离土不离乡"的就业途径实现就地城镇化。

依赖工业发展的积累，全面改善镇区教育、医疗卫生、生态保护等社会设施，控制零散居民点的无序扩建，引导村民向中心区集聚，形成紧凑型的城镇空间格局。

这类小城镇包括老城镇、峨蔓镇、新龙镇、叉河镇等。

二、农场场部与小城镇的协调

与城乡居民点体系并行的有一个农垦系统居民点体系，其基本架构是农场场部（小城镇）和生产队两级，少部分大农场（例如八一、四联）居民点体系架构为农场场部（小城镇）—分场（或作业区）—生产队三级架构。农场场部地区基本上建成了初具规模的小城镇，镇区内的农场户籍常住人口多数在 2500～3500 人，多者 10000 多人，少者只有 1000 余人。从空间位置上看，多数农场场部是独立于城市和小城镇建设的，其比例超过了 60%，只有一小部分场部与乡镇驻地共处一城镇或相距 3 公里之内。本着"体制融入地方、管理融入社会、经济融入市场"的改革思路整合重组区域资源，促进农场场部的城镇建设与小城镇建设协调发展，构建统一的城乡居民点体系，对海南城乡空间资源的统一高效利用和城镇化健康发展至关重要。

农垦系统尽快融入城乡体系包括两个方面的重点内容：其一，加快农场重组，形成一批现代化农场，发挥农垦在海南现代农业发展中的龙头作用；其二，加快推进农垦居民点体系与城乡居民点体系的融合，重点是推进农场场部与小城镇的协调发展。

（一）农场重组

海南垦区农场的设置和分布，是在计划经济条件下通过统一规划设计，并按当时特定的程序报批立案，获得各级政府的批准的，各农场在推动海南农垦事业的发展中做出了重要的贡献。

半个多世纪后，因资源配置等多种原因，农场之间经济规模差异不断扩大，贫富差别越来越悬殊，垦区资源优势得不到科学整合，农业产业化水平低并逐渐开始制约垦区社会和经济发展。加上社区布局不合理，城市化程度低，农场长期负担所有的社会职能，根本谈不上从企业管理的高度去整合资源，提高企业竞争力。

从国外的经验看，美国 1950 年有 565 万个家庭农场，为了解决分散经营、成本过高、竞争力低这一根本问题，一直在推进农场合并，至 2006 年变成 209 万家。农场规模由原来 1300 亩扩大到 2710 亩，有力地推动了美国农业产业化进程，使美国农业一直处于世界领先的地位。为了节省管理费用，降低生产成本，海南农垦及时推出重组农场体制。截至 2009 年

6月，海南农垦已经初步完成农场的重组工作，全省农场数量由原来的92个重组为49个，农场数量减少43个。重组后，原农场长期积累的管理经验，放在同一个平台上进行梳理交流，充分发挥互补作用，对提高重组后农场管理水平将发挥积极作用（图5-18、图5-19）。

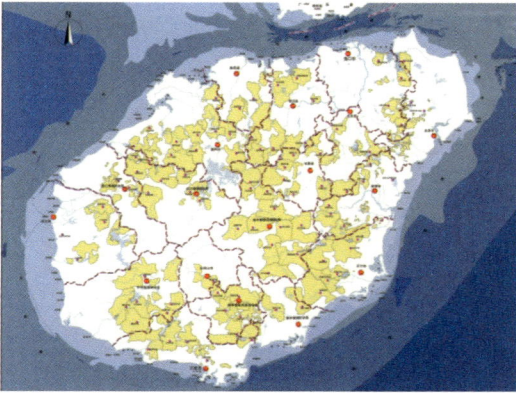

图5-18 农场分布（92个，合并前）　　　　图5-19 农场分布（49个，合并后）

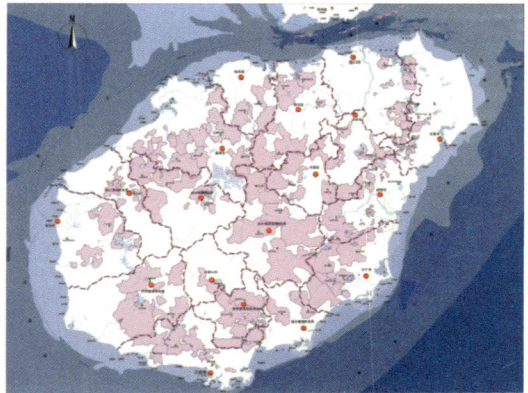

未来，在考虑农场与城乡的空间关系的基础上，综合农场与周边城镇的经济发展水平、产业基础、历史文化等因素，对农场进行进一步的空间重组，保留包括八一农场在内的22个农场，具体名单包括：八一农场、西联农场、龙江农场、乌石农场、长征农场、加钗农场、金江农场、立才农场、南阳农场、广坝农场、东和农场、新中农场、加来农场、红华农场、西达农场、中瑞农场、金鸡岭农场、中建农场、邦溪农场、南平农场、乐光农场等。

（二）农场场部与小城镇的协调发展

根据农场场部与所在乡镇的空间关系，分为场镇一体型、场镇相邻型、场镇相离型三类不同类型，分类逐步引导两者协调发展（图5-20）。

1. 场镇一体型

指农场场部与所在乡镇的政府驻地镇共处一城镇，场部与乡镇之间没有明显分界的城镇类型。

包括：南新农场—凤凰镇、红林农场—石碌镇、白沙农场—牙叉镇、红光农场—福山镇、红华农场—多文镇、加来农场—加来镇、蓝洋农场—兰洋镇、乌石农场—湾岭镇、长征农场—长征镇、南林农场—南桥镇、金江农场—加茂镇、东兴农场—北大镇、山荣农场—抱由镇、中坤农场—南坤镇等14个典型场镇。

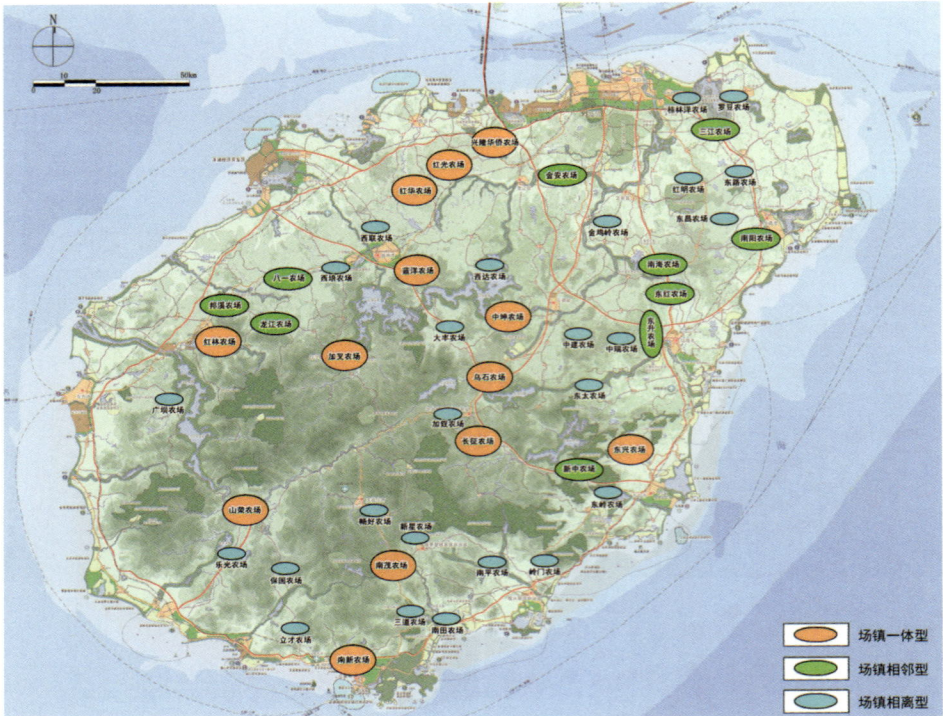
图 5-20 农场场部与小城镇空间关系识别图

未来将这些场部与镇区在体制上合二为一，试点推行设立副县级镇改革，将农场场部与所在的镇合并，并赋予管理权限，提高场镇的发展自主权，适度放开这些镇的户籍限制，增强场镇的发展活力；空间发展上进行统一规划、整体建设；城镇经营管理上实现资源共享、基础设施共建、公共设施共用。

2．场镇相邻型

指场部与所在乡镇的政府驻地镇虽然在空间上分离，但是彼此相距在 3 公里以内，场部与乡镇之间存在部分公共服务设施如城镇给水、医疗卫生、商业服务等资源的共享。

包括：三江农场—三江镇、邦溪农场—邦溪镇、新中农场—三更罗镇、龙江农场—七坊镇、八一农场—雅星镇、金安农场—瑞溪镇、东升农场—万泉镇、南阳农场—文城镇、东红农场—大路镇、南海农场—黄竹镇等 10 个典型场镇。

未来这一类型的农场应打破场镇隔离，实施场镇合并。保持原有的镇管理体制，给予其中心镇的政策待遇。在空间上对场部与镇区进行统一规划、整体建设，提高基础设施、公共服务设施的共建共享。

3．场镇相离型

指农场与乡镇空间上相距在 3 公里以上，彼此独立建设，公共服务设施共享难度较大。这些农场现有基层生产队居民点数量多、规模小、分布散，并且有相当规模的生产队地处海南生态环境保护核心区内，生产生活条件较差，不利于生产力发展和生态环境保护。

包括：东路农场、罗豆农场、南阳农场、西联农场、东平农场、龙山农场、红岭农场、芙蓉田农场、白沙农场、东昌农场、中瑞农场、中建农场、阳江农场等 25 个典型场镇。

对这类型农场的发展战略主要有两种选择：

一是对于小而散的农场，首先在同一个市县辖区且土地集中连片、场部之间距离不远的部分农场通过农场重组合并，采取积极、稳妥、有效的方式逐步撤并小而散的农场，集约建设中心居民点，从而实现扩大经营规模。

二是一些规模较大的农场，本身经济实力强、人口规模较大，与周边乡镇相比具有绝对的优势，如西联农场等，可以考虑以农场场部为核心，撤并周边的乡镇，调整农场场部为镇区，壮大经济实力，实现空间集聚发展。

三、旅游风情小镇建设

旅游风情小镇主要是指以旅游及相关服务业为主要功能，以提供迥异于城市和乡村的旅游产品，并产生良好的环境、社会、经济效益为特征的小城镇，它是海南特色城镇化的重要组成部分，是海南国际旅游岛建设的重要"抓手"，它的建设需要从土地、资金等方面创新体制机制，由省级部门统一规划实施加以推动。未来，全省重点建设 55 个具有浓郁民族风情、环境优美、特色突出的旅游风情镇（图 5-21）。具体如下：

（1）海口：石山镇、演丰镇、三江镇、东山镇；

（2）文昌：铺前镇、昌洒镇、龙楼镇、东郊镇、清澜镇、会文镇；

（3）琼海：潭门镇、博鳌镇、官塘镇；

（4）万宁：万城镇、龙滚镇、兴隆华侨镇（农场）、长丰镇、东澳镇、礼纪镇；

（5）陵水：光坡镇、新村镇、英州镇；

（6）三亚：海棠湾镇、田独镇、凤凰镇、天涯镇、崖城镇；

（7）乐东：九所镇、莺歌海镇、佛罗镇、尖峰镇、保国镇（农场）；

（8）东方：大田镇、东河镇；

（9）昌江：昌化镇、七叉镇；

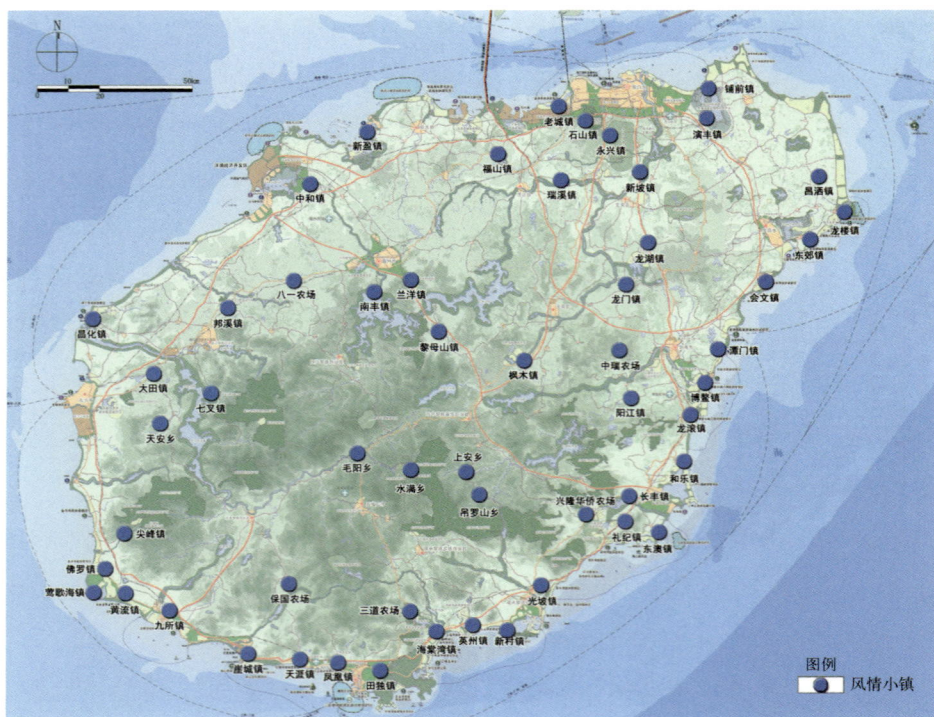

图 5-21 重点建设的旅游风情小镇分布图

（10）儋州：兰洋镇、南丰镇、八一镇（农场）、中和镇；

（11）临高：临城镇；

（12）澄迈：福山镇；

（13）定安：定城镇、龙湖镇、中瑞镇（农场）；

（14）屯昌：枫木镇；

（15）琼中：营根镇、黎母山镇、上安乡、吊罗山乡；

（16）白沙：牙叉镇、邦溪镇；

（17）五指山：水满乡、毛阳镇；

（18）保亭：保城镇。

四、积极发展小城镇的管理策略

（一）科学规划、因地制宜、突出小城镇特色

小城镇规划要在市县域城乡总体规划指引下，合理确定规模，统筹配置基础设施和公

共服务设施。小城镇规划要统一研究乡村发展问题，注意同经济发展和居民生活水平相适应，因地制宜、紧凑布局、节约用地，在保护生态环境的基础上发挥资源价值最大化。

小城镇发展要以区域产业发展为依托，立足自身优势，逐步形成独具特色的发展模式。要抓住区域基础设施建设和重点项目开发的机遇，通过竞争形成具有鲜明产业特色的经济发展空间。

北部台地地区的小城镇要重点结合农业产业化发展，科学有序地推动土地综合整理，以城镇化理念提升农业综合生产能力，完善支撑农业生产的各类服务设施体系；东部南部沿海地区的小城镇要结合自身的资源区位特点，面向支持滨海旅游、第二居所、海洋渔业等产业的发展，重点发展以旅游业为龙头的相关服务业，建设特色旅游服务城镇；中南部地区的小城镇是保持生态本底条件、集中引导人口非农就业的空间载体，要在严格保护生态环境的基础上，完善各类生产生活服务设施，引导人口集聚，建设生态基础上的服务型城镇；西部地区的小城镇要适当结合工业的集中布局态势，建设既服务工业发展，更服务于城乡生活的综合小城镇。

（二）完善小城镇土地使用制度

小城镇建设用地，除法律规定可以划拨的之外，一律实行有偿使用。小城镇现有建设用地采取统一规划、成批次报批的方式办理农地转用和土地征用。小城镇存量建设用地的土地有偿使用收益，留给镇级财政专款用于小城镇开发和建设；新增建设用地的土地有偿使用收益，优先用于补充耕地，实现耕地占补平衡。

允许小城镇规划区内的集体土地使用权采取作价入股、出租、转让等方式参与小城镇的开发和建设，降低企业进入小城镇的用地成本。严格限制分散建房的宅基地审批，鼓励农民按规划在镇区集中建房。进城农民可在一定时间内保留原承包地，其承包地可依法流转，但不得弃耕撂荒。

撤乡并镇与土地整理相结合，开发利用荒地、闲置地等，解决小城镇的发展建设用地问题。要采取严格保护耕地的措施，防止乱占耕地。小城镇建设用地要纳入市县土地利用总体规划和土地利用年度计划。

（三）改革小城镇财政及投资体制

开设小城镇建设资金专户，将小城镇规划区内土地增值收益、城市维护建设税、市政设施配套费以及各项按政策规定收取的费用、财政下拨款、银行贷款等款项纳入小城镇建设资金专户，专款用于小城镇建设。小城镇基础实施建设的重点投资项目，各级计划部门应纳入年度投资计划。

通过引入股份制，明确股权，拓宽融资渠道，建立小城镇投融资新体制；鼓励通过市场机制经营小城镇，增加小城镇资本收益。鼓励集体、个人、外商等采取独资、合资、合作经营等方式参与小城镇的供水、排水、道路、环卫等基础设施建设。小城镇公用事业建设与管理，除必须由政府管理的（如水质、水价等）外，放开经营，允许公平竞争，实行合理计价，有偿使用。

省、市、县要在农村电网改造、公路、广播电视、通信等基础设施建设方面给予小城镇大力支持，镇级政府要探索资金打包统一使用的有效途径和方式。

（四）引导"农转非"人口进城居住

凡在县级市市区、县政府驻地镇及县以下小城镇（含国有农场、林场，华侨农场场部）有合法固定住所的居民，经本人申请，公安部门给予办理城镇常住户口。对在小城镇落户的农民，不得收取城镇增容费或其他类似费用。要本着弱化户口管理、强化人口管理的原则，逐步实现"智能身份证"管理。

（五）加强社会服务体系和保障体系建设

以小城镇为中心建立农村社会化服务体系，小城镇中的第三产业应突出农村社会化服务设施的建设内容。小城镇要加强社会保障体系（就业保险、医疗保险、养老保险等）的建立，以提高进镇人口的社会保障能力。强化教育培训，广泛提高进城农民的素质。

五、村庄居民点重构

海南"文明生态村"的建设，使得村庄空间整体上基础较好。未来重点是，从解决民生问题入手，注重公共服务设施配套，加强村镇结构的优化调整，引导村庄集中布局、集约建设，建设高品质的现代化村庄。

依托现状条件较好、人口规模较大、具有较大发展潜力的集镇和中心村，集约建设新农村中心居民点，使其成为农村地区的主要聚落形式，同时保留和适度发展具有鲜明特色和区域代表性的村庄，从而形成以小城镇、中心居民点和特色村庄为主体的乡村居民点体系。

（一）重构模式

将全省现有乡村居民点分为四种类型，在建设过程中采取不同的空间重构模式，并制定相应的指导原则。

1. 促进发展型的集镇与村庄：集中建设

对于人口规模较大、具有较大发展潜力的现有集镇或中心村，采用集中建设新农村中心居民点的方式，引导周边规模小、分布散的村庄向中心居民点集聚（图5-22）。

在中心居民点配置公共服务设施，满足农产品加工业、旅游业、服务业等多种功能发展的需求。在建设过程中，应适当预留发展用地；制定公共品配套倾斜政策，加强公共财政投资力度；适当超前进行基础设施建设。促进村庄空间形态和人居环境优化，并提高对外公路等级，使村庄与周边小城镇及其他地区的联系更加紧密。

2. 保留整合型村庄：连片整合

对于村庄分布稠密、村庄规模呈现匀质化的乡村地区，应与文明生态村的"连片创建"和"片区连创"相结合，对原有居民点进行持续调整，通过空间重构，形成组团式居民点（图5-23）。

对于保留整合型村庄应实行规模控制、就地整治，积极更新改造，形成良好的人居环境和基础设施条件。此类村庄通过完善道路建设，加强与集镇或中心村的交通联系，形成有机整体，依靠集镇或中心村提供公共服务设施配套。

3. 迁移型村庄：移民迁建、开发迁建

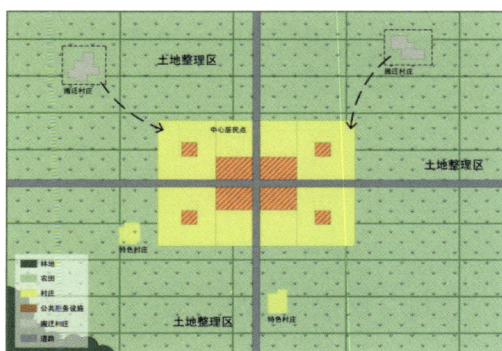

图5-22　集中建设模式

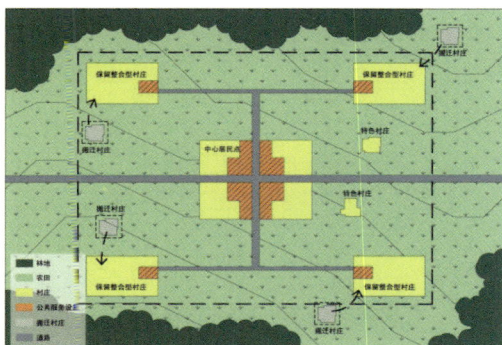

图5-23　连片整合模式

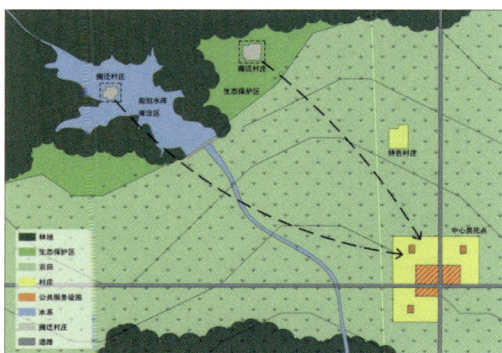

图5-24　移民迁建模式

位于生态保护区、水源涵养区、大型水利设施淹没区等范围内，或者因大型工程建设需要搬迁的村庄，应以政府为主导，向周边城镇或中心居民点搬迁，按照城镇安置小区或中心居民点标准进行配套建设（图5-24、图5-25）。

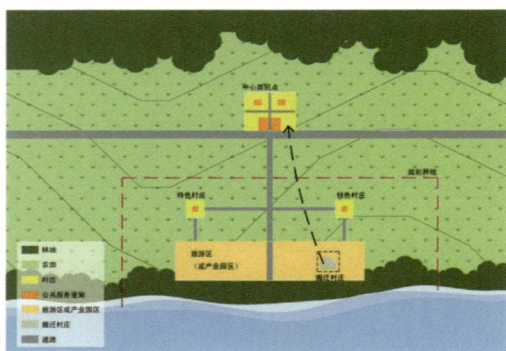

图 5-25 开发迁建模式

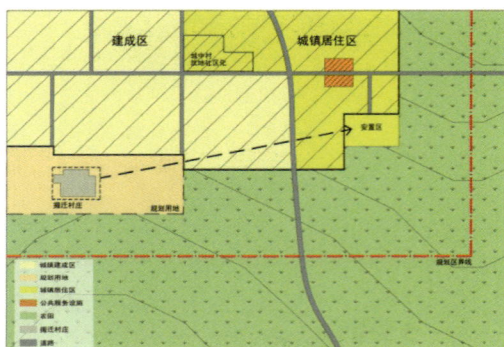

图 5-26 城乡融合模式

位于规划的产业园区或项目开发用地内的村庄，采用政府引导、开发商投资相结合的方式，按照项目建设的进度逐步搬迁，向周边城镇或中心居民点搬迁，并在产业园区或开发项目中解决农民的就业和社会保障问题。

因产业园区和大型工程建设以及生态环境保护需要迁移的村庄，冻结一切建设活动，不再进行村容整治，以免增加基本建设费用，造成投资浪费。

4. 城中村与城边村：城乡融合

在符合城镇总体规划的前提下，积极推进城中村和城边村的改造，把村庄建设转向居住社区建设。依据城镇总体规划积极推进改造城中村、合并城边村，使此类村庄在空间形态、建设方式、配套水平、社会管理等方面与城镇接轨，加快融合，形成有机整体。促进城中村和城边村向城镇社区过渡，与相邻城镇地区统一规划，配套建设基础设施和公共服务设施。各级城镇应重视城中村和城边村的改造，对其新建、续建、扩建等行为进行控制与引导，努力改善人居环境（图 5-26）。

（二）引导方式

1. 编制乡镇居民点体系规划

从乡镇层面科学确定乡村居民点空间结构，明确村庄等级、功能和发展方向，确定重点发展的集镇与中心村，以及限制发展村和需要搬迁的村庄，指导乡村布局优化和发展建设。

2. 制定建设和投资导向政策

通过制定差异化的建设与投资政策、宅基地转移和置换政策，积极推进新农村中心居民点建设，将中心居民点的公共服务设施配套作为投资重点，鼓励农民在中心居民点集中建房；对于限制发展和需要搬迁的村庄，侧重于建设维持基本民生需求的设施。

3．发挥示范带动作用

抓紧推进示范中心居民点建设，创造优美的人居环境，创建成功的建设模式，提高中心居民点的吸引力，带动其他地区中心居民点建设。

第五节 国际旅游岛分区空间指引

在整体空间四大圈层的基础上，结合不同空间圈层开发模式，对国际旅游岛六大功能分区，从开发与保护两个角度提出具体的空间发展指引。

一、北部分区

以海口市为中心，包括文昌、定安、澄迈三个市县，面积 7965 平方公里，占海南岛面积的 23.37%。

（一）发展指引

大力推进海口、澄迈、定安、文昌中心城市发展，增强中心城市的整体经济实力和影响力，引导各类城乡要素向中心城市集聚；加快发展长流镇、西秀镇、灵山镇、永兴镇、大致坡镇、潭牛镇、铺前镇、东郊镇、昌洒镇、龙湖镇等小城镇，完善基础设施网络，促进城乡之间、城市之间联系，形成功能联系紧密的海口都市区（图 5-27）。

基于该地区城乡关系的特点，确定省级政府的空间政策导向是吸引省内外经济要素向该地区集聚，进而加大该地区经济密度；引导各类经济要素在城乡功能网络中自由流动，缩短该地区城乡经济距离。面向构建网络化空间结构和建设海口都市区，省级政府空间管理的重点是构建网络化的交通体系，提高该地区交通网络的通达性。

（二）生态保护与景观塑造

生态廊道建设：重点建设南渡江生态廊道、滨海生态景观带；在北部各工业区之间建设生态绿廊，形成"组团发展、绿廊相嵌"的综合发展走廊（图 5-28）。

生态保护区和景观节点：重点加强对东寨港国家级自然保护区、铜鼓岭国家级自然保护区、清澜自然保护区等自然保护区的保护和管理；开发保护南渡江河口生态节点和火山口生态节点，打造独特的景观节点。

依托公路，串联自然保护区构建生态绿环；提高红树林和珊瑚礁的护岸阻浪功能，严禁毁林养殖和毁林采矿等行为，恢复沿海基干林带，提高防风固沙能力；严格保护生态敏感区。

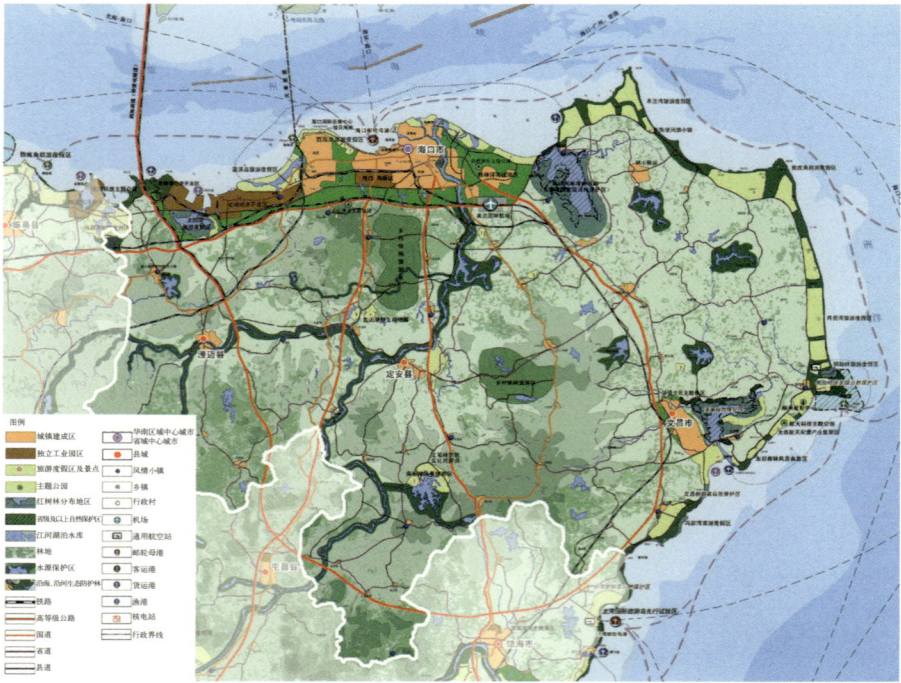

图 5-27 北部分区用地布局图

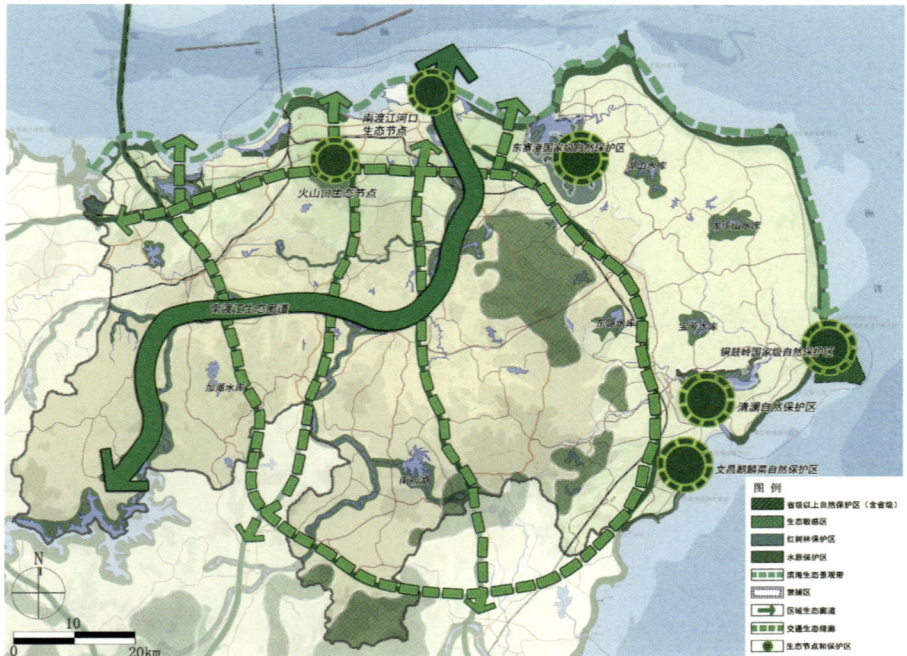

图 5-28 北部分区生态保护与景观格局图

二、南部分区

以三亚市为中心，包括陵水、保亭、乐东三县，面积6955平方公里，占海南岛面积的20.41%。

以国际化的标准，提升发展旅游业，丰富旅游产品体系，打造核心景区，促进四市县旅游业联动发展。滨海地区积极发展滨海观光和休闲度假旅游，内陆纵深山区适度发展生态观光、民族风情和山地探险等旅游项目。

（一）发展指引

重点建设三亚、陵水、保亭、乐东四个中心城市，将三亚发展成为世界著名、亚洲一流的国际性热带滨海风景旅游城市，中国生态文明建设的示范基地和宜居城市；以三亚为核心，整合四个城市的旅游资源、联动发展，形成具有竞争力的旅游核心区；发挥中心城市的辐射带动作用，带动山区城乡发展，促进山海联动（图5-29）。

重点发展崖城镇、天涯镇、凤凰镇、田独镇、海棠湾镇、英州镇、黎安镇、新村镇、三道镇、九所镇、佛罗镇、黄流镇等小城镇，形成功能突出、特色明显的空间节点；建设莺歌海新城。

旅游资源的统一开发是保障效益最大化的必要条件，对于该地区而言，省级政府空间政策的基本导向是减少空间分割，保障旅游资源的统一开发利用，做到"同质、同位、同

图5-29 南部分区用地布局图

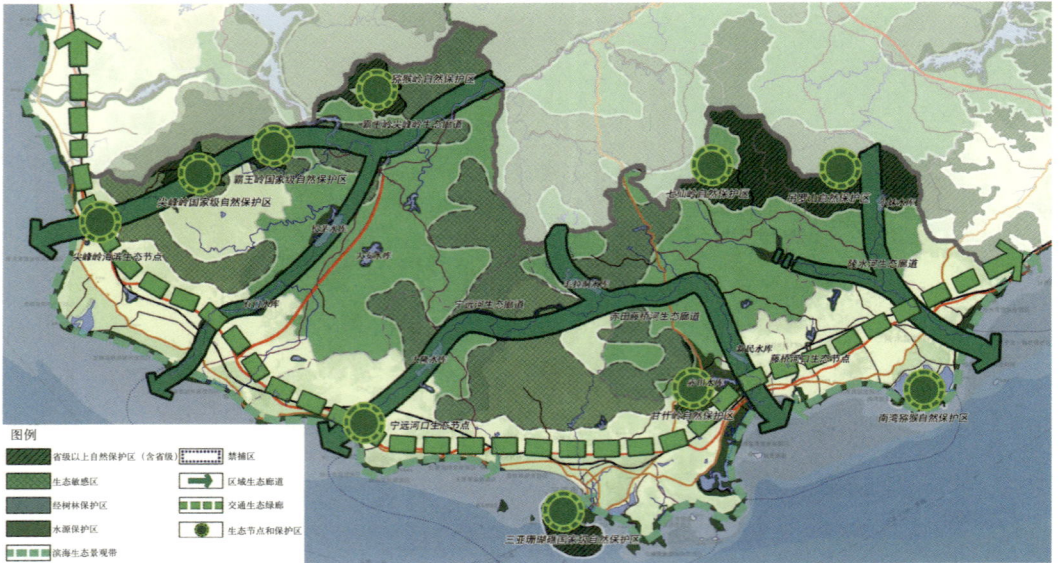

图 5-30 南部分区生态保护与景观格局图

价”，最大限度地实现资源开发价值。

该地区省级政府空间管理的重点，是协调各行政单元，减少恶性竞争和不必要的分割，从省级层面对土地、旅游资源等进行统一规划和开发利用。

（二）生态保护与景观塑造

生态廊道建设：重点建设霸王岭—尖峰岭生态廊道、宁远河生态廊道、赤田—藤桥河生态廊道、陵水河生态廊道，促进绿廊由山区向滨海渗透，促进山海联动（图 5-30）。

生态保护区和景观节点：重点保护猕猴岭自然保护区、尖峰岭国家级自然保护区、吊罗山自然保护区、甘什岭自然保护区、三亚珊瑚礁国家级自然保护区等自然保护区；打造和维护尖峰岭滨海生态节点、宁远河口生态节点，塑造独特的景观风貌。依托公路，串联自然保护区构建生态绿环；严格保护生态敏感区。

三、中部分区

包括五指山、琼中、屯昌、白沙四市县，面积 7184 平方公里，占海南岛面积的 21.07%。

在加强热带雨林和水源地保护的基础上，积极发展热带特色农业、林业经济、生态旅游、民族风情旅游、城镇服务业、民族工艺品制造等。重点建设国家森林公园和黎族苗族文化旅游项目（图 5-31）。

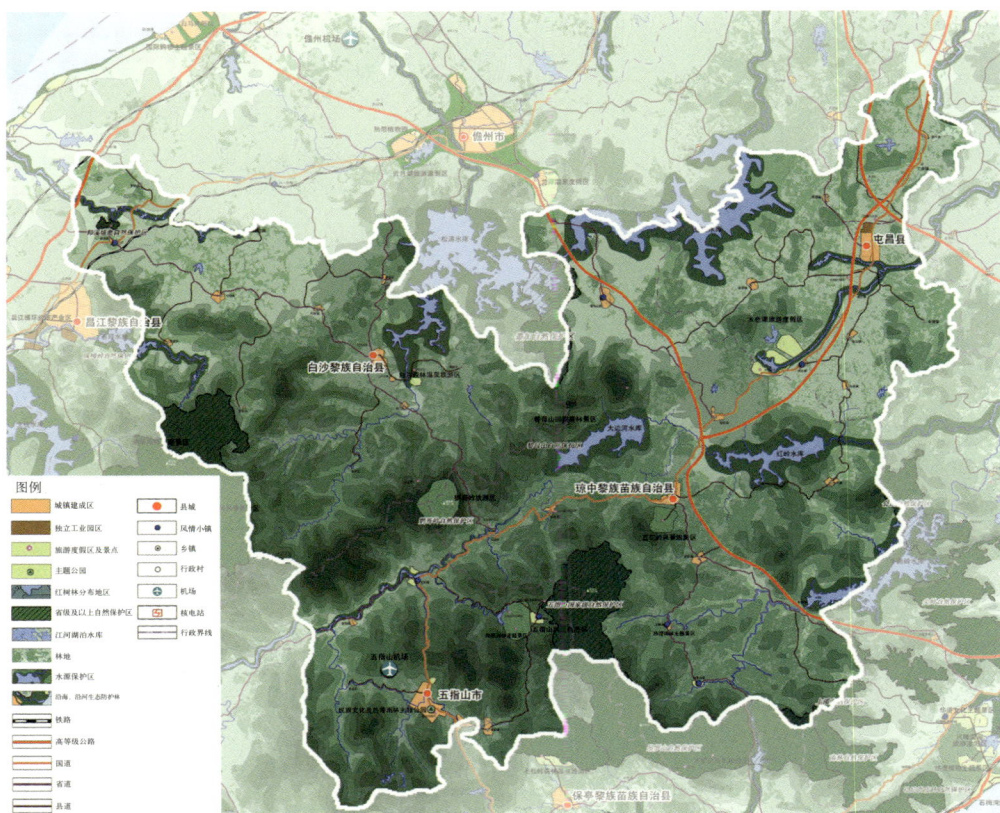

图 5-31 中部分区用地布局图

（一）发展指引

重点集中建设五指山、琼中、屯昌、白沙等中心城市，引导城乡要素向中心城点状集聚，引导山区城乡居民向中心城市转移；将中心城市建设成为城乡服务中心和国际旅游岛服务节点。

加强城乡协作，走城乡互助的城乡一体化道路。以保护生态环境为前提，避免分散开发。

引导城乡人口一方面向中心城市点状集聚，另一方面整体向沿海地区迁移。

为保障人口的有序转移，省级政府空间政策的导向为创建一个流畅的土地和劳务市场，让农民能够自由流动。

（二）生态保护与景观塑造

充分认识中部山区对海南生态环境保护的极端重要性，严格控制该地区的大规模开发建设活动，实施最严格的生态保护措施（图 5-32）。

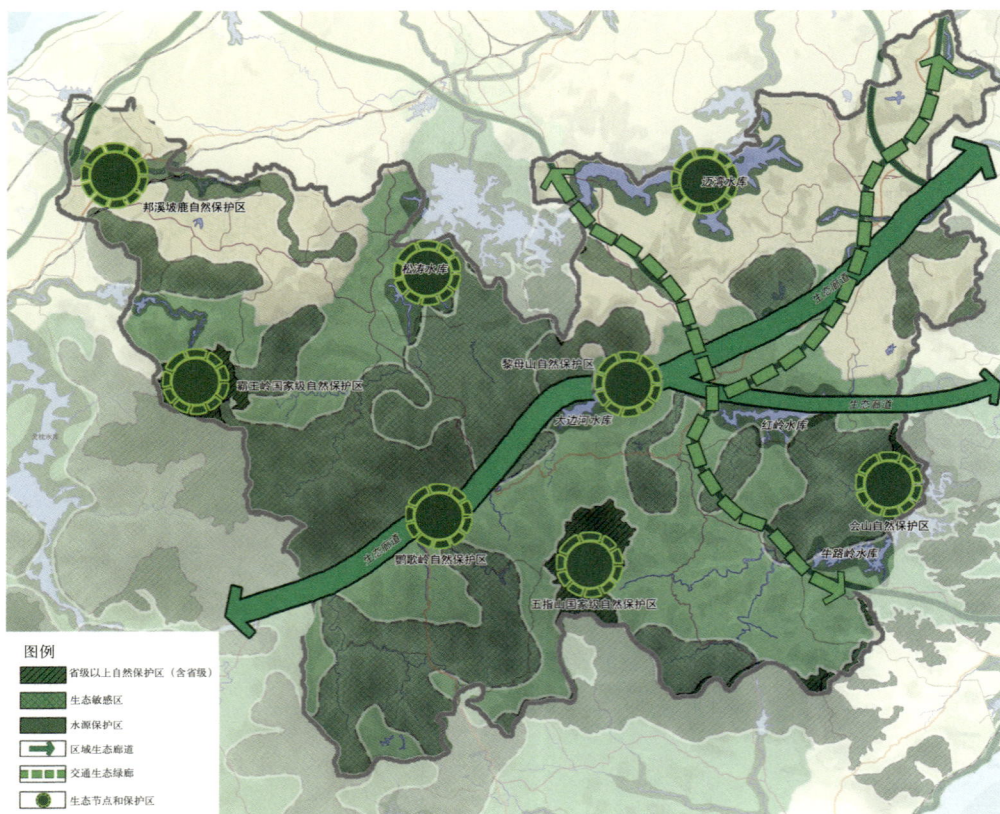

图 5-32 中部分区生态保护与景观格局图

禁止高等级公路对该地区的穿越,积极推动生态脆弱地区人口向中心城市集中和向沿海地区迁移,实施生态移民和生态扶贫政策。

生态保护区:重点保护邦溪自然保护区、迈湾水库水源保护区、霸王岭国家级自然保护区、大边河水库水源保护区、红岭水库水源保护区、会山自然保护区、五指山国家级自然保护区、牛路岭水库水源保护区等自然保护和水源地。

识别其他生态敏感区,制定特别政策进行严格保护。

四、东部分区

包括琼海、万宁两市,面积 3576 平方公里,占海南岛面积的 10.49%。

发展壮大滨海旅游业、热带特色农业、海洋渔业、农产品加工业等。根据条件,适当布局特色旅游项目,打造文化产业集聚区。

（一）发展指引

将琼海、万宁建设成为国际滨海旅游城市。高水平建设滨海旅游度假区，大力发展国际会展中心、高端商贸中心、高端商务中心等现代服务功能，支撑国际旅游岛建设（图5-33）。

重点建设潭门镇、博鳌镇、龙滚镇、龙江镇、万泉镇、和乐镇、礼纪镇、东澳镇等风情小镇，完善服务设施，成为支撑海南东部滨海旅游带的重要节点。

以旅游业作为促进农村发展、增加农民收入、进行农村非农化转移的主要途径，保障农民参与旅游业发展并从中获利，走"以旅促农"的城乡一体化道路。

遵循旅游资源分布和旅游业发展的特点，采取"大区小镇"的建设模式。

减少空间分割，保障旅游资源的统一开发利用，做到"同质、同位、同价"，最大限度

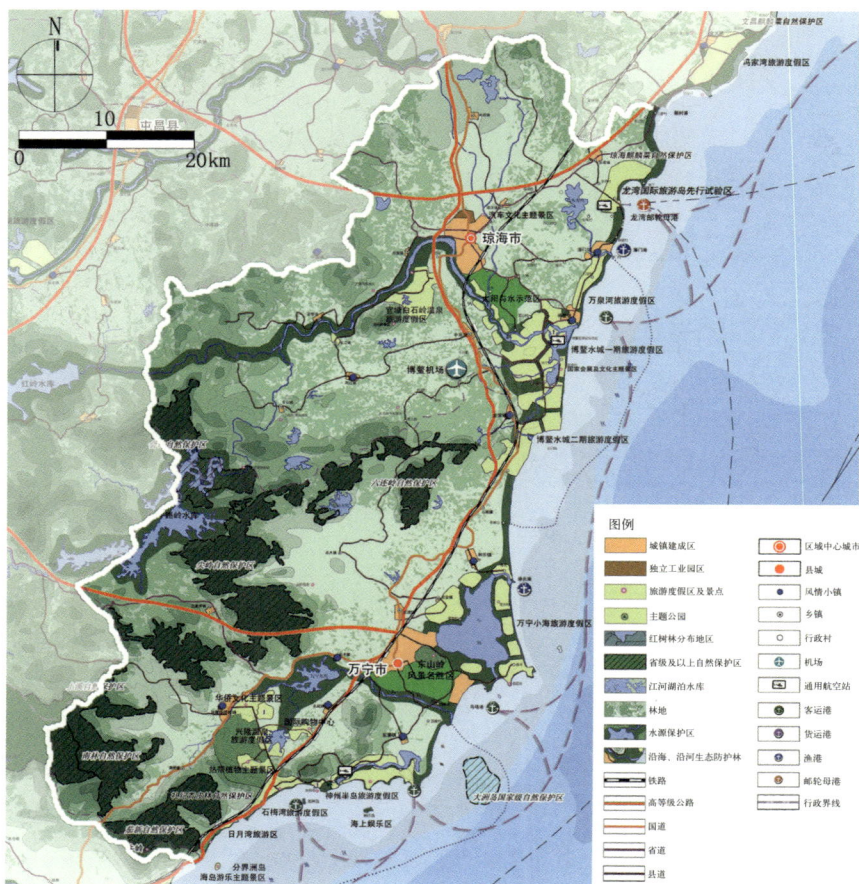

图5-33 东部分区用地布局图

地实现资源开发价值。

协调各行政单元,减少恶性
竞争和不必要的分割,从省级层
面对土地、旅游资源等进行统一
规划和开发利用。

(二)生态保护与景观塑造

生态廊道建设:重点建设万
泉河生态廊道、会山—六连岭生
态廊道、茄新生态廊道,促进绿
廊由山区向滨海渗透,促进山海
联动(图5-34)。

生态保护区和景观节点:重
点保护茄新自然保护区、大洲岛
国家级自然保护区、南林自然保
护区、上溪自然保护区、尖岭自
然保护区、六连岭自然保护区、
会山自然保护区等自然保护区;
打造和维护官回洋坡生态节点、

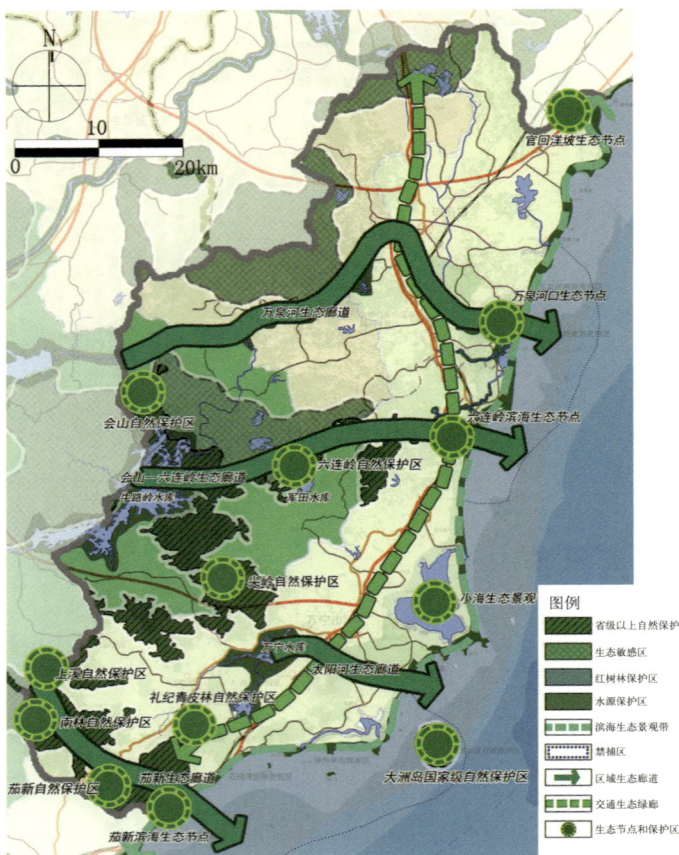

图5-34 东部分区生态保护与景观格局图

六连岭滨海生态节点、茄新滨海生态节点,塑造独特的景观风貌。依托公路,串联自然保
护区构建生态绿环;严格保护生态敏感区。

五、西部分区

包括儋州、临高、昌江、东方四市县和洋浦经济开发区,面积8407平方公里,占海南
岛面积的24.66%。依托洋浦经济开发区、东方化工城等工业园区,集中布局发展临港工业
和高新技术产业。积极发展生态旅游、探奇旅游、工业旅游、滨海旅游等。

(一)发展指引

壮大儋州、临高、昌江、东方四城市经济实力,发挥中心城市影响力;集中集约发展
新型工业,增强洋浦和东方的竞争力和辐射力;促进儋州—洋浦联动,成为西部中心城市
(图5-35)。

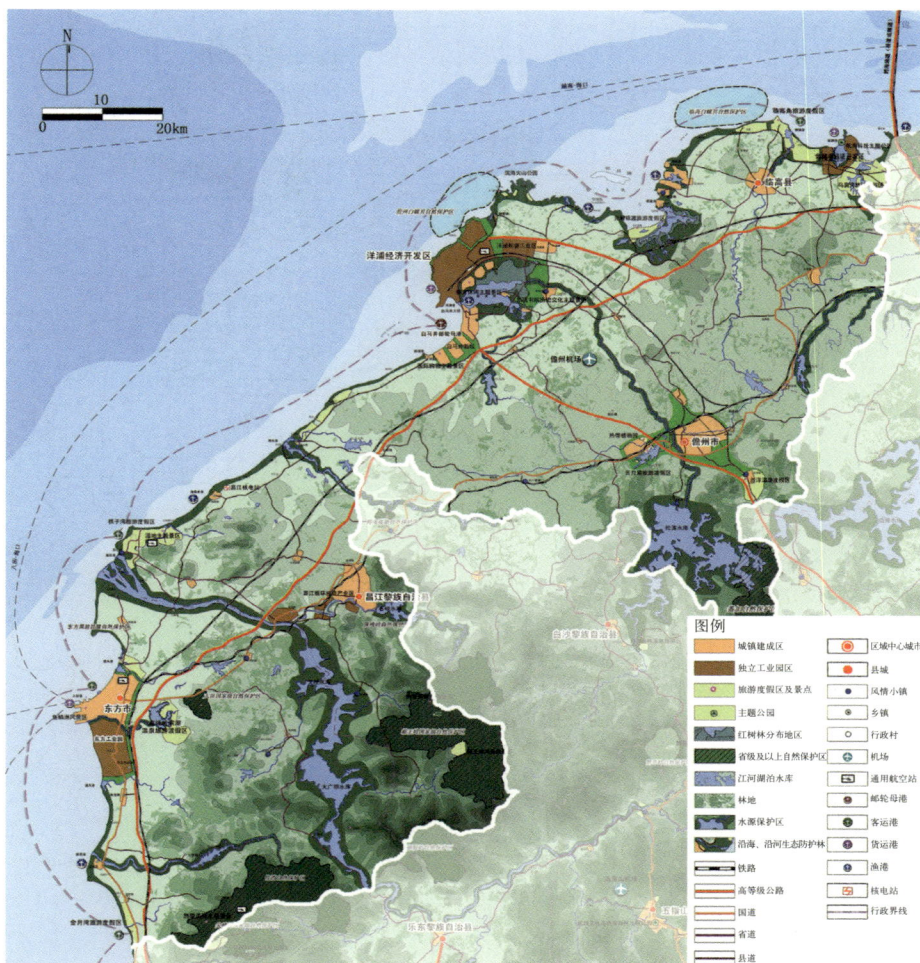

图 5-35 西部分区用地布局图

建设白马井滨海服务新城；重点发展峨蔓镇、三都镇、东英镇、调楼镇、光村镇、昌化镇、感城镇、新龙镇、叉河镇等小城镇，增强服务功能，成为联系城乡节点。

通过工业发展所带来的整体实力提升，通过转移支付等方式带动周边地区发展，走"以工促农"的城乡一体化道路。强化省级层面和地区内部城乡之间的转移支付力度，支持乡村地区发展。

（二）生态保护与景观塑造

生态廊道建设：重点建设松涛干渠牙拉河生态廊道、珠碧江生态廊道、昌化江鹦哥岭生态廊道，促进绿廊由山区向滨海渗透（图 5-36）。

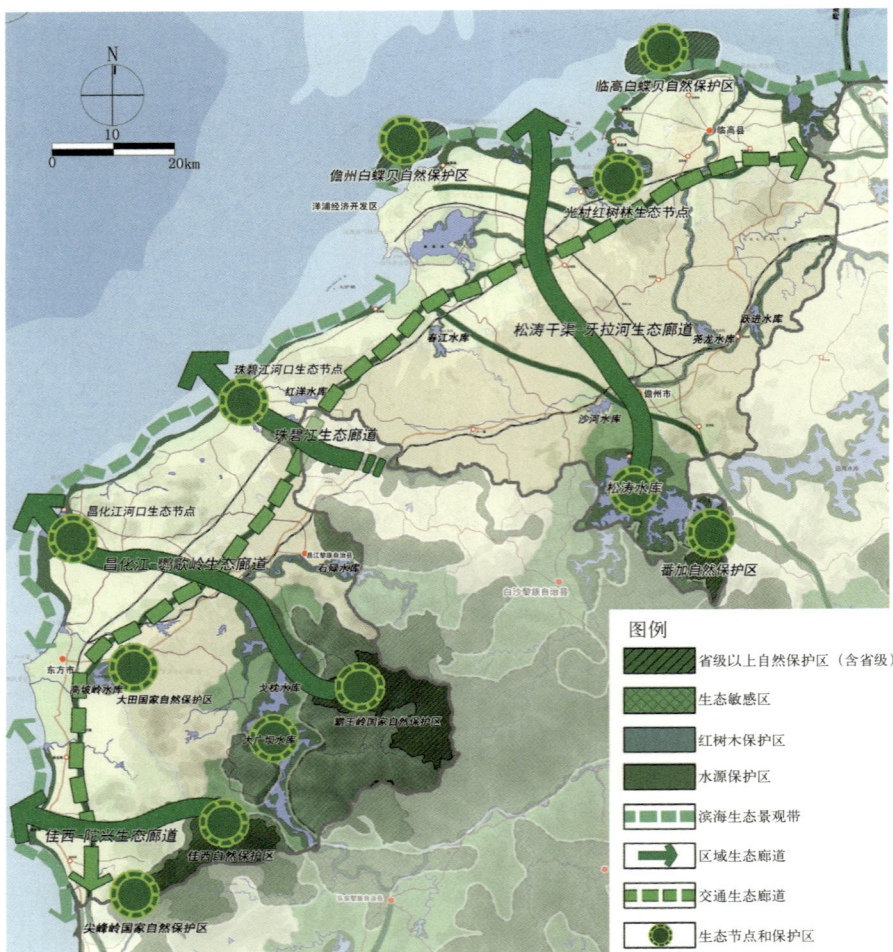

图 5-36 西部分区生态保护与景观格局图

生态保护区和景观节点：重点保护临高白蝶贝自然保护区、儋州白蝶贝自然保护区、光村红树林保护区、新英湾红树林保护区、松涛水库水源保护区、番加自然保护区、霸王岭国家级自然保护区、大田国家级自然保护区、尖峰岭国家级自然保护区等自然保护区和水源地。

打造和维护珠碧江河口生态节点、昌化江河口生态节点，塑造独特的景观风貌。

六、海洋分区

包括海南省授权管辖的海域和西沙、南沙、中沙群岛及其岛礁。充分发挥海洋资源优势，巩固提升海洋渔业和海洋运输业，做大做强海洋油气资源勘探、开采和加工业，大力发展海洋旅游业，鼓励发展海洋新兴产业。

从海洋经济区划分、海洋生态环境保护、海岛保护与开发利用等方面入手，统筹开发利用和保护海南的海洋资源和海岛资源。

（一）海洋经济区划分

我国南海与东海的分界线为福建的南澳岛到台湾的鹅銮鼻连线，以北为东海，以南为南海。参考海南省相关功能区划，以北纬18°、北纬12°为界将南海划分为北部、中部、南部海区。南海北部海洋开发区指北纬18°以北的南海海域；南海中部海洋开发区指北纬18°以南，北纬12°以北的南海海域；南海南部海洋开发区指北纬12°以南的南海海域。

1．南海北部海洋经济区

海南省管辖南海北部的海域内，目前已查明蕴藏可开发的资源主要有油气资源和生物资源，按海洋经济区域布局规划可规划为北部湾油气区、海南岛东北部海洋油气区、海南岛东南部海洋油气区、海南岛西部海洋油气区、北部湾渔业区、海南岛东部海域渔业区6个海洋经济区。

2．南海中部海洋经济区

南海中部海洋经济区主要包括西沙群岛海域和中沙群岛海域，按海洋经济区域布局，规划为西沙群岛珊瑚礁自然保护区、东岛鲣鸟自然保护区、西沙群岛海洋国家公园区、永兴岛－七连屿珊瑚礁旅游区、西沙－中沙群岛海洋捕捞区、西沙群岛渔业增殖区、中建南油气勘探开发区、西沙海槽－中沙盆地油气勘探区8个海洋经济区。

3．南海南部海洋经济区

南海南部海洋经济区内渔业资源、油气资源丰富，区位显要，是重要的国际航道。根据环境与资源条件、开发现实可能，规划为南沙群岛捕捞区、南沙群岛渔业资源特别保护区、南沙群岛油气勘探开发区、南海南部航道区、南沙群岛海域执法管理区与科学实验区5个海洋经济区。

（二）海洋生态环境保护

在加大海洋资源开发力度的同时，要更加注重海洋生态环境的保护。建立健全海洋环境污染防治体系，保护和修复海洋生态系统，最大限度地控制海洋污染，维持海洋生态平衡和海洋资源可持续利用。

1．加强海洋污染防治

控制海洋开发利用活动、污染物排放和海洋倾废，实施重点港湾海洋排污总量控制制度，重点污染企业实现全面达标排放。加快滨海城市生活污水、垃圾处理和工业废水处理设施建设，提高污水、垃圾处理率和中水回用率，逐步实现城市生活污水达标排放、生活垃圾无害化处理。大力整顿水产养殖业，提高养殖技术，加强废水排放的监督、控制和管理。改善港口污染处理设施，加强港口船舶废弃物接收和处理能力，提高船舶和码头防污设备的配备率，并在大中型港口建设岸基油污水接纳处理站或配备油污水接纳处理船。

2．加大海岸带保护力度

实施海岸带综合保护措施，以立法和规划为主要手段，提高海岸带综合管理水平。在西部地区，如东方八所、洋浦开发区等地，集中安排特定海岸带，集中布局、集约发展临港工业、海洋矿产、海洋油气化工业，提高经济效益，减少海洋污染。加强海岸带立法，健全执法体系，加大海洋污染调查、监测和管理力度。建设环岛防护林带，在适宜种植椰子的岸段，大力发展椰林，其余岸段种植木麻黄林，与临海低丘台地和小海岛的林木组成海岸带的第三道防线。

3．保护和修复海洋生态系统

加强对河口、海湾、湿地等重要生境的有效监控，使部分严重受损的重要生态系统得到初步恢复和重建。推动生物资源保养增殖等生态保护与修复工程的实施，加强珍稀濒危海洋动物栖息地生态环境、海洋渔业资源及生物多样性的保护，使海洋生物资源衰退趋势得到初步遏制。重点保护好红树林、珊瑚礁和海草床等典型海洋生态系统。加大对海洋自然保护区的投入力度，构建自然保护区生态监控体系，建设海南三亚珊瑚礁自然保护区生态教育基地和珊瑚礁修复基地。建立珍稀濒危物种监测救护网络和海洋生物基因库，开展典型海域水生生物和珍稀濒危物种的繁育与养护。

（三）海岛保护与开发利用

海南所辖海岛风光秀丽，资源丰富，具有很高的保护和开发价值。海南岛沿海海域的海岛数量为 242 个（不含海南岛），人工岛 2 个，岛礁（干出礁与明礁）38 个。西沙群岛有海岛 32 个，中沙群岛有黄岩岛、中沙大环礁和 40 多个礁、滩、沙，南沙群岛有 235 个岛礁、滩、暗沙。

1．海南岛沿海岛屿

海岛的开发利用要以《中华人民共和国海岛保护法》为依据，在强有力的管理措施下，科学规划，逐步深化，适度开发。

重点发展海岛风光旅游、海岛探奇旅游、以海岛为依托或目的地的邮轮旅游、游艇旅游、海上运动旅游、海底潜水旅游、游钓旅游、海洋文化旅游、海洋科学考察旅游、海洋探险旅游，海岛海洋主题公园、海岛海洋国家公园、海岛自然保护区，开通西沙群岛旅游和珊瑚礁特色旅游等具有鲜明热带海洋特色的海洋组团旅游。

2．西沙、南沙、中沙群岛

建设西沙、南沙、中沙群岛海洋经济区要寓维权和生态保护于开发之中，以保护生态与环境为前提，建设珊瑚礁自然保护区、海洋国家公园、西南中沙渔业补给基地、水产增养殖基地、热带海岛绿色能源开发示范基地、海域天然气水合物勘探开发服务基地、海岛生态经济建设国际合作平台、南海区海岛生态经济建设管理体制与机制创新的试验区等。

把西沙、南沙、中沙群岛建设成为生态保护与开发建设协调可持续发展、海防坚固、人与自然和谐相处的生态经济区。

第六章　海南城乡发展一体化的改革创新

进入新世纪以来，我国城乡关系整体上进入了国家战略主导下的"以城带乡"阶段。2003 年，党的十六届三中全会，明确提出了"五个统筹"的战略思想，"统筹城乡"发展上升为国家战略，并首次明确提出了"建立有利于逐步改变城乡二元经济结构的体制"。2007年十七大报告明确提出了"形成城乡经济社会发展一体化新格局"的战略要求。2012 年党的十八大进一步强调推动城乡发展一体化是解决"三农"问题的根本途径，要促进城乡要素平等交换和公共资源均衡配置，形成以工促农、以城带乡、工农互惠、城乡一体的新型工农、城乡关系。之后的十八届三中全会通过的《中共中央关于全面深化改革若干重大问题的决定》从城乡用地市场、新型农村经营体制、农民财产权利、城乡要素平等交换和公共资源均衡配置、城镇化健康发展等方面明确了支撑城乡发展一体化的体制机制改革创新思路和具体举措。

可以看出，新时期城乡发展的重点是统筹协调城乡关系，目标是形成城乡发展一体化新格局，途径是改革创新。加快体制机制创新、深化城乡改革发展既是破除城乡二元结构，形成城乡发展一体化新格局的重要内容，也是根本的保障。相关的城乡改革，已经由最初的经济领域拓展到包括免除农业税、农村义务教育免除费用、建立新型合作医疗等社会领域，也拓展到基于事权、调整各级政府关系的体制领域。

海南作为我国唯一省级单元的特区，建省 20 多年来，在探索城乡发展一体化方面一直走在全国前列，粮食价格改革、免除农业税、免除城乡义务教育阶段学杂费、新型农村合作医疗制度等方面创造了多个率先。本章通过梳理和总结 20 多年来海南探索城乡发展一体化的基本经验和面临的挑战，结合对海南城乡关系独特性的认识和整体发展阶段的判断，较为系统地思考了海南推进形成城乡发展一体化新格局的体制机制创新和政策改革方向，为我国城乡发展一体化体制机制创新探索提供一个鲜活的地方案例。

第一节　海南的城乡发展阶段

一、城乡关系现状的基本认识

从城乡发展的阶段性规律来看，城乡关系从最初的自发混沌合一状态，经由城乡分离、城乡交流，最终趋向一体化阶段，在空间上表现为低水平的空间均衡逐渐走向高水平的空间均衡。对海南而言，现阶段城乡关系正处于相对低水平的均衡状态，"城市相对不富、农村相对不穷"导致城乡居民收入低于全国平均水平的同时，城乡收入差距却较小。城乡发展一体化作为城乡关系演进的最高阶段，其内涵包括整体效益最大化和内部相对均衡化两个方面。即要求全省经济社会发展达到现代化水平的同时，内部城乡和区域差异应该达到最小化。从这个标准来看，海南的城乡关系还处于现代化水平偏低、区域差异较大的低水平阶段。

（一）现代化水平偏低

现代化水平反映了一个地区城乡经济社会发展的总体实力，通过经济发展、经济结构、国民素质、生活质量、社会发展协调性多指标综合判定，海南整体的现代化水平不高，主要反映在非农产业不发达、教育发展任务重等方面。

海南城乡经济社会现代化水平评判（2009 年）　　　　表 6-1

指标	单位	现代化标准值	海南实际值	指标	单位	现代化标准值	海南实际值
经济发展现代化				拥有医生数	人/1000 人	≥ 2	1.57
人均 GDP	美元	≥ 8000	2805	**生活质量现代化**			
外贸进出口依存度	%	≥ 45	40.9	恩格尔系数	%	≤ 30	42.8
经济结构现代化				人均摄入蛋白质	g/日	≤ 90	>90
农业增加值占 GDP 比重	%	≤ 8	27.94	人均居住面积	m²	≥ 40	28.87
三产增加值占 GDP 比重	%	≥ 55	45.25	电话普及率	部/100 人	≥ 40	67.6
城镇化率	%	≥ 65	49.2	**社会发展协调化**			
非农就业人口比重	%	≥ 85	46.82	人口自然增长率	‰	≤ 3	8.96
国民素质现代化				基本社会保障覆盖率	%	≥ 95	91.02
人均预期寿命	岁	≥ 72	72.92	城镇登记失业率	%	≤ 4	3.48
非文盲率	%	≥ 95	93.02	贫富差距	倍	≤ 4	4.01
在校大学生人数	10000 人	≥ 900	197	三废综合治理率	%	≥ 95	<95

注：现代化水平标准值整理人/自国家统计局相关研究报告。

2009 年，海南人均 GDP 为 19254 元，离 8000 美元的现代化水平相差甚远；经济结构中，农业增加值的比重接近 30%，远远高于 8% 的现代化标准值，第三产业增加值比重、城镇化率、非农就业比重等指标离现代化水平仍有一定差距；社会发展和生活质量方面，万人大学生数量仅为 197 人，远远低于现代化标准值，教育发展与人才的培养任重而道远（表 6-1）。

（二）区域发展差距较大

比较海南各县市的区域差异，可以发现海南区域差异化程度比较高。从主要经济指标各县市之间的最高／最低比值来看，海南各县市之间的总量差距明显较大，GDP 最高最低之比达到了 50 多倍，尤其是工业增加值各县市之间差距非常明显（图 6-1）。从人均指标上来看，经济最发达的海口、三亚，其人均 GDP 为 31541 元和 33124 元，分别是位居最后的琼中的 3.56 倍和 3.74 倍；人均 GDP 最高的地区是洋浦，2009 年高达 31.52 万元／人，是海南省平均水平的 16 倍。各县市的人均 GDP 最高值达到最低值的 4 倍多，区域差距明显（图 6-2）。

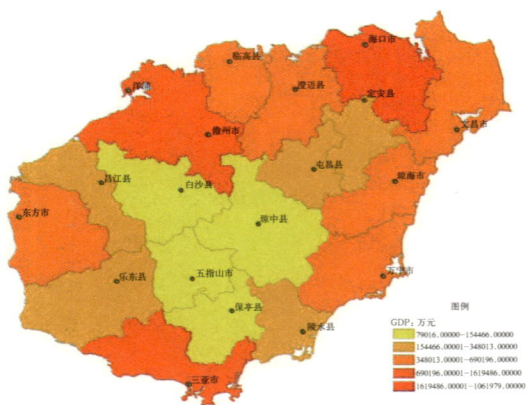

图 6-1 各县市 GDP 空间格局（2009 年）　　图 6-2 各县市人均 GDP 空间格局（2009 年）

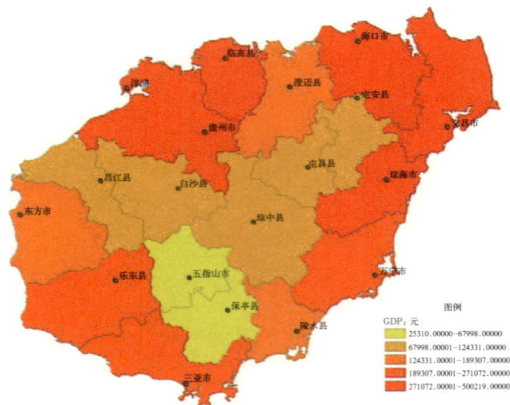

然而，从农民人均纯收入和职工的工资上来看，各县市之间的差异并不是特别大。这说明经济发展总量的区域差距要大于居民收入的差距。这也间接说明了经济的发展在人民收入的提高上发挥的作用并不是很明显（表 6-2）。

海南主要经济社会指标区域差异化评判（2009年）　　　表6-2

指标	最高／最低	指标	最高／最低
规模以上工业增加值	353.59	三产从业人员	41.81
二产增加值	128.41	一产增加值	19.15
社会消费品零售总额	125.39	非农人口	16.22
城乡居民储蓄存款余额	85.02	总人口	13.52
农村劳动者	84.29	普通中学在校学生数	12.22
三产增加值	82.24	二产比重	7.90
固定资产投资	75.60	一产从业人员	7.51
财政收入	70.92	人均生产总值	4.08
乡镇企业总产值	67.73	非农从业比重	3.75
二产从业人员	65.67	非农产值比重	3.50
生产总值	51.41	三产比重	3.47
城乡固定资产投资比	47.37	农民家庭人均纯收入	2.09
非农从业人员	44.27	在岗职工年平均工资	1.86

（三）城乡低水平均衡

通过城乡收入差距来衡量城乡关系，早期城乡处于自发状态，城乡收入差距小，城乡处于低水平均衡阶段；随着城乡收入差距的逐步扩大，城乡逐渐进入了城乡分离、城乡交流等非均衡阶段；最终走向城乡一体化的高度均衡阶段，这时城乡收入差距又趋于缩小。

海南现阶段的城乡关系正处于相对低水平的均衡状态，表现为城乡居民收入低于全国平均水平，而城乡收入差距却小于全国平均水平（图6-3、图6-4）。2012年，海南人均

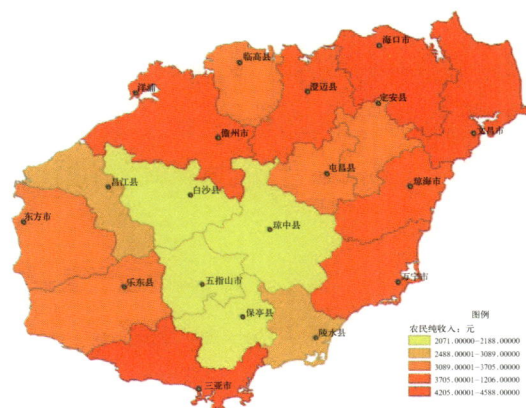

图6-3　各县市农民人均纯收入空间格局　　　　图6-4　各县市城乡居民存款空间格局

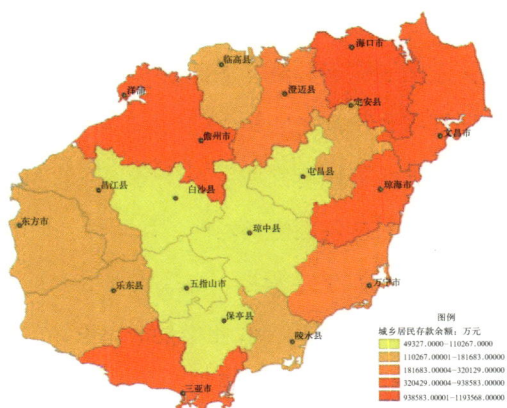

GDP 为 32377 元，与重庆、广东、河南、山东、浙江等省份比相对落后。其中，城镇居民人均可支配收入为 20918 元，比全国平均水平的 24565 元少 3647 元；农村居民人均纯收入为 7408 元，比全国平均水平的 7916 元少 508 元。但与此同时，城乡居民收入差距为 2.8/1，低于全国 3.1/1 的平均水平，甚至低于重庆、广州等发达城市。

（四）城乡基本公共服务存在差距

由于海南区域经济发展不平衡，也造成了各地区的社会事业发展的不平衡，许多县市长期以来经济总量小、税收低，很难有财力支持社会事业的发展，社会事业方面的支出主要靠转移支付完成。在农村义务教育、基本医疗和公共卫生、社会保障等基本公共服务方面城镇与农村仍存在较大差异。以低保保障标准为例，2009 年城市低保标准为 245 元／人，而农村只有 163 元／人。尤其是城乡教育差距明显，城市受过高中教育的人口比例明显高于镇和乡村，受过大学教育的人口比例更高。在农村劳动力中，高中以上文化程度的仅占 12%，初中占 30%，小学占 43%，文盲占 15%。

对于海南而言，无论是推动城乡发展一体化，还是推进国际旅游岛建设，教育的相对滞后和人才的缺乏始终是最为突出的"短板"。

二、城乡发展阶段的综合判定

城乡发展涉及自然、经济、社会、环境、设施等诸多方面，关系十分复杂。采用一个或者几个指标难以获得全面的评价信息，因此，笔者通过建立一套完整的指标体系来进行综合判定。指标体系的设计从城乡发展一体化的基本内涵出发，通过城乡现代化水平和城乡差异化程度两个系统构建评价体系。其基本理念是，城乡发展一体化的实现包括两个基本的导向或特征，即整体经济社会发展水平实现现代化的同时，缩小内部的差异化，包括地区之间的差异和城乡之间的差异两个方面。根据这三个基本方向，从经济、社会、居民生活等多个角度选取共 39 个具体的指标构建指标体系，并通过与国家发展目标和国际相关研究标准的对比得到城乡一体化水平的判定体系，进而得出海南城乡发展一体化的现状水平。指标的选取坚持代表性、科学性、便于统计和收集的原则。

现代化水平的衡量，由经济发展、社会结构、国民素质、生活质量和社会发展等五方面共包括人均 GDP、农业增加值比重、非农就业人口比重、城镇化率、千人拥有医生数、恩格尔系数、人均居住面积、基本社会保障覆盖率、贫富差距、三废综合处理率等 19 个二级指标构成。对于不同的指标赋予不同的权重，综合评判得出海南现代化水平得分为 72.07

（满分 100 分）。从具体指标上看，教育、社会保障、人均 GDP 等方面的现代化程度相对较低（表 6-3）。

海南城乡基本现代化实现程度评价指标体系及判定　　　　　　表 6-3

指标体系	单位	标准值	小类权重	大类权重	实际值	评价得分
1. 经济发展现代化				25		18.73
人均 GDP	美元	≥ 8000	55		2805	17.00
外贸进出口依存度	%	≥ 45	45		40.90	40.90
2. 经济结构现代化				25		14.46
农业增加值占 GDP 比重	%	≤ 8	25		27.94	6.67
三产增加值占 GDP 比重	%	≥ 55	25		45.25	18.18
城镇化率	%	≥ 65	30		49.2	22.15
非农就业人口比重	%	≥ 85	20		46.82	10.87
3. 国民素质现代化				16		10.30
人均预期寿命	岁	≥ 72	25		72.92	25.00
非文盲率	%	≥ 95	20		93.02	19.58
万人在校大学生人数	人	≥ 900	30		197	4.93
千人拥有医生数	人	≥ 2	25		1.57	14.88
4. 生活质量现代化				19		15.42
恩格尔系数	%	≤ 30	30		42.8	21.03
人均摄入蛋白质	克／日	≥ 90	28		>90	28.00
人均居住面积	平方米	≥ 40	22		28.87	12.14
电话普及率	部／100 人	≥ 40	20		67.6	20.00
5. 社会发展协调化				15		13.16
人口自然增长率	‰	≤ 3	17		8.96	5.72
基本社会保障覆盖率	%	≥ 95	23		91.02	22.03
城镇登记失业率	%	≤ 4	20		3.48	20.00
贫富差距	倍	≤ 4	18		4.01	18.00
三废综合治理率	%	≥ 95	22		<95	22.00
合计				100		72.07

　　区域差异化程度的衡量，由总量指标、比重指标、人均指标和基尼系数等四方面共包括社会消费品零售总额、城乡居民储蓄存款余额、固定资产投资、财政收入、总人口、非农从业人员比重、三产比重、农民家庭人均纯收入、在岗职工年平均工资、基尼系数等 14 个二级指标评判构成。对于不同的指标赋予不同的权重，综合评判得出海南区域差异化水平得分为 45.64（满分 100 分）。从具体指标上看，总体区域差异化水平较高，各项总量、

人均指标都有很大区域差距（表6-4）。城乡差异化程度的衡量，由城乡人均收入、恩格尔系数、养老保险等6个二级指标构成，赋予不同权重后综合判定，得出海南城乡差异化水平得分为47.93（满分100分）。具体指标看，社会保障、教育文化娱乐服务等方面城乡差距较大。海南城乡发展阶段的综合判定由城乡基本现代化实现程度（占比55%）和城乡发展一体化差异化程度（占比45%）共同构成，其中，城乡发展一体化差异化程度由区域差异化程度（占比40%）和城乡差异化程度（60%）构成（表6-5）。

海南区域发展差异程度评价指标体系及判定　　表6-4

指标	极差（最大值／最小值）	级差	大类权重	小类权重	得分
总量指标			20		0.59
社会消费品零售总额	125.39	10.15		3	0.02
城乡居民储蓄存款余额	85.02	9.12		3	0.04
固定资产投资	75.6	7.49		3	0.04
财政收入	70.92	6.55		3	0.04
生产总值	51.41	6.13		3	0.06
总人口	13.52	3		3	0.22
普通中学在校学生数	12.22	3.44		2	0.16
比重指标			20		5.6
非农从业人员比重	3.75	1.31		7	1.87
非农产值比重	3.5	1.19		6	1.72
三产比重	3.47	1.45		7	2.01
人均指标			30		12.63
人均生产总值（元）	4.05	1.02		10	2.47
农民家庭人均纯收入	2.09	0.7		10	4.77
在岗职工年平均工资（元）	1.86	0.62		10	5.39
比较指标	全国平均值				
基尼系数	0.49	0.44	30		26.82
总计			100		45.64

海南城乡发展差异程度评价指标体系及判定　　表6-5

指标项	单位	农村值	城市（镇）值	农村值／城市（镇）值	权重	评价得分
人均收入	元	4744	13751	0.34	25	8.75
年末参加养老保险人数	万人	26.3	141.7	0.19	12	2.23
恩格尔系数	％	56	42.8	0.76	20	15.29
每百户电话拥有数	部	52.36	98.45	0.53	15	7.98
人均教育文化娱乐服务支出	元	223.98	837.83	0.27	15	4.01
电视覆盖率（每百户拥有量）	％	91.67	123.24	0.74	13	9.67
合计					100	47.93

综合计算，海南城乡发展一体化总得分为 60.8 分，处于城乡发展一体化的初步实施阶段。此阶段应强化各项较弱的指标，逐渐缩小差距，提升整体经济发展水平并缩小区域城乡差异化程度，为城乡经济社会发展一体化蓄势。

第二节　海南城乡发展一体化的实践探索

建省办特区 20 多年来，海南充分利用特区先行先试的优势，在推动城乡发展一体化，逐步打破城乡二元的经济结构、社会结构和制度体系等方面一直走在前列。20 多年的探索发展取得了巨大的成效，也积累了丰富的经验。

一、城乡发展一体化的有益探索

（一）20 多年城乡关系演变的阶段性

20 多年来，海南在注重城市改革发展的同时，高度重视农村改革发展。城乡关系从侧重城市，逐步演进到城乡相互促进、协同发展，城乡关系的演变大致经历了三个阶段。

第一阶段（1988 ~ 1999 年）：经济体制改革与城乡市场联结。在这一阶段，城市与农村都加快了市场化改革，城乡之间计划经济联系为市场联系所取代，但改革发展的重心在城市。此时期城市和农村主要还处于各自发展的阶段，二者的联系开始初步建立。

第二阶段（2000 ~ 2006 年）：农村综合改革、新农村建设与城市支持农村发展。这一阶段改革发展的重心开始向农村倾斜，主要通过免除农业税、加强农村公共服务等方面的改革扶持农村。

第三阶段（2002 至今）：城乡统一规划建设，一体化由经济领域向社会领域拓展。这一阶段，海南形成了将全岛作为一个大城市来进行规划，统筹安排全岛经济社会建设，走城乡一体化道路的系统思路，并付诸规划实践。同时，视角由经济转向了经济和社会一体化发展，推进了城乡经济社会发展一体化规划的编制。

（二）城乡发展一体化的有益探索

1. 发挥特区优势，在城乡经济体制改革方面走在前列

1990 年海南省在全国率先实行粮食购销同价改革，同时将农贸市场放开，实行双轨制。从 1993 年起，省委、省政府提出"以运销加工为中心组织生产"的方针，海南农垦开始积极推行股份制改造，成立了全省农垦橡胶产品销售中心，形成全垦区统一、开放、有序的

橡胶产品销售市场。在农产品流通体制改革的同时，大量农村劳动力转移到城市工作。

海南从 2000 年开始创建文明生态村。2001 年 3 月，在琼海市、琼中黎族苗族自治县开展农村税费改革试点工作。2003 年全面铺开，取消乡统筹费、屠宰税。2004 年，率先取消农业特产税。2005 年比全国提前一年取消农业税。2006 年开展县乡财政管理体制改革，在琼海市启动"乡财县管"试点。2007 年 9 月，省政府出台《海南省集体林业产权制度改革总体方案》。2008 年，国家将海南农垦交由海南统一管理，持续推进农垦系统改革。2009 年，建设国际旅游岛上升为国家战略。

2．城乡一体化由经济领域逐渐拓展到社会领域

2000 年以后，在推动城乡经济发展一体化的同时，更加注重社会发展与经济发展之间的协调配套，出台了一系列改革措施，推动城乡一体化由经济领域向社会领域拓展。

2003 年取消农村教育集资。2005 年，在全国率先实行城乡九年义务教育"两免一补"，全部免除义务教育阶段学杂费，将农村义务教育全面纳入公共财政保障范围，率先统一全省义务教育阶段城乡教师工资标准。2006 年，率先对边远贫困地区和核心生态保护区初中以下学生实施"教育移民"扶贫工程。

2003 年开始试点新型农村合作医疗，2006 年覆盖全省。2008 年，省委五届三次全会通过了《关于大力改善民生推进基本公共服务均等化的意见》，省政府制定了加强民生建设的五年规划，投入 450 多亿元，通过集中推进教育、就业、公共卫生及基本医疗体系、社会保障、住房保障、农民增收以及生态文明等七大工程建设，使城乡社会发展一体化体系逐步完善。2010 年省委五届八次全会进一步强调民生事业。

3．大力推动城乡规划建设逐渐走向一体化融合

2000 年之后，针对城乡发展的趋势和要求，海南省开始积极探索城乡规划建设一体化融合的道路。2006 年批准实施的《海南城乡总体规划（2005 ～ 2020）》和 2009 年批准实施的《海南省社会主义新农村建设总体规划》成为统领海南省城乡经济社会发展建设的指导性文件，并在全国产生了重要的创新示范意义。

2007 年中共海南省第五次党代会提出构建更具活力的体制机制，切实把海南作为一个整体进行统一规划的战略构想。2008 年省委五届四次全会提出编制完成《海南省城乡经济社会发展一体化总体规划》的任务，规划于 2011 年 9 月编制完成。该规划立足海南实际，研究创新城乡经济社会发展一体化的体制机制，结合城镇化进程，在全省城乡基础设施建设一体化、产业发展一体化、社会事业发展一体化、旅游发展一体化以及城乡一体化管理体制和发展政策等方面进行研究，明确未来 20 年甚至更长时期海南的城乡发展一体化战略，提出分步实现现代化目标的城乡发展一体化模式。

二、城乡发展一体化的基本经验

（一）始终将生态环境保护作为海南可持续发展的"生命线"

在发展的过程中，海南始终将维护和保持良好的生态环境作为所有发展的基础，"生态省"建设、文明生态村建设等产生了重大的影响，为全国可持续发展和生态文明建设积累了丰富的经验。按照国际旅游岛建设的要求，未来海南的城乡一体化发展，要坚持生态立省、环境优先，积极探索人与自然和谐共处的绿色发展之路，始终保持海南森林覆盖率、大气质量和水质等生态环境质量指标在全国的领先地位，努力把海南建设成为全国生态文明建设示范区。

（二）按照一个"大城市"的思路对城乡进行统一规划

进入新世纪以来，海南省委、省政府逐步形成了按照一个"大城市"规划城乡建设的思路。这反映了城乡一体化建设的基本趋势和基本要求，也是海南 20 多年城乡一体化经验的高度升华和总结。海南作为一个人口仅有 800 多万的小省，如果按照 18 个市县和农垦分割城乡资源的格局，经济社会发展就会复杂化，形成既有城乡差距，又有区域差距，全岛多维差距并存的状况。

（三）充分发挥独特资源优势调整城乡关系

在过去 20 多年的探索中，海南尽管拥有其他地方无法比拟的自然资源优势，但城乡居民收入低于全国平均水平，工业化、城镇化不足的特征相当明显。这决定了海南很难通过"以工哺农、以城带乡"的模式实现城乡一体化。海南只有把独特的资源优势转化为现实的竞争优势，加上人口少、城乡差距小的优势，才有可能实现跨越式发展，在城乡一体化上走在全国的前列。

第三节　改革创新推动海南城乡发展一体化

政策与空间是经济与社会的两条腿，没有政策的保证和空间的安排，任何经济与社会发展的设想和规划，都是"空中楼阁"。本质上看，城乡发展一体化的根本目的在于解决"城乡二元"，但无论是经济二元，还是社会二元，都是最终的表现结果，其症结都在于制度上的二元。对于发展而言，促进城乡二元结构向城乡一体化演变的主线是制度创新，而空间规划的意义在于，通过重点项目的安排和空间有效的引导和组织使得制度创新落地。

从所处阶段及所面临的挑战看，海南作为现代化水平较低、非农产业相对滞后、城镇不发育、区域发展差距较大、整体上欠发达的岛屿型地区，很难通过全国多数地区"以工哺农、以城带乡"的路子实现城乡发展一体化。需要以强化城乡资源互补性、发挥独特资源价值为重点，公平与效率并重，加快环境保护、土地、户籍、人才、核心资源利用等方面的体制机制创新和政策改革，加快形成生产力布局优化、生产要素流向合理、全省城乡经济社会发展一体化的新局面。同时，在注重无空间差别的政策创新的同时，还需要识别全省不同地区的差异性，制定特定的空间政策，有针对性地加以推动和引导。

一、空间政策

空间政策重点强调了对全省不同地区有差别的政策引导，反映在城乡发展、资源利用、环境保护、生态补偿等方面。

（一）城乡发展一体化政策分区

针对全省不同地区城乡发展动力来源、互动方式、发展取向的差异性，从省级政府事权出发，确定了各个地区省级政府空间管理的政策导向，明确了省级政府空间管理的重点内容（表6-6、图6-5）。

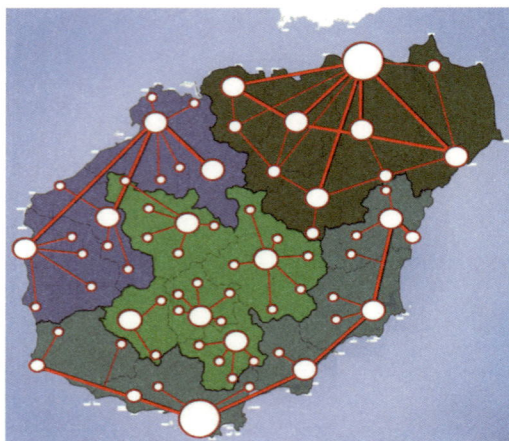

图6-5 城乡发展一体化政策分区模式

城乡一体化发展分区指引　　　　　　表6-6

分区	动力来源	空间结构	城乡互动方式	城镇化路径	省级空间政策导向	省级政府管理重点
北部地区	城市化	网络化	以城带乡	都市区	加大经济密度缩短经济距离	交通网络通达性
西部地区	工业化	核心放射	以工促农	大集中小分散	加大经济密度增强转移支付	环境
东部地区	旅游国际化	带状网络	以旅促农	小集中大分散	减少经济分割	土地、旅游资源统一利用
中部地区	农业产业化生态旅游	点状集聚	城乡协作	集中	创建流畅的土地和劳务市场	基本的社会公共服务

226

1．北部地区

北部地区，包括海口、澄迈、临高、文昌、定安和屯昌五个市县范围，是海南省人口和产业集聚的核心地区，城镇化动力最为强劲、城镇分布最为集中。

（1）动力来源：城市化

该地区未来城乡发展的主要动力来源是城市化，通过强化海口核心城市的战略地位，增强辐射带动全省的能力。

（2）空间结构：网络化

以海口为核心，增强澄迈、临高、定安、屯昌、文昌等中心城市与其的便捷交通联系和功能连接，形成网络化的空间结构。重点打造各市县中心城市，强化中心城市的区域中心职能；建设海口的长流镇、灵山镇、大致坡镇，文昌的潭牛镇、锦山镇，澄迈的福山镇、仁兴镇，临高的加来镇等小城镇；整合农垦资源，推进农垦场部与建制镇的合并。

（3）城乡互动方式：以城带乡

增强海口核心城市和澄迈、临高、定安、屯昌、文昌等中心城市的整体经济实力和区域影响力，带动周边地区发展，走"以城带乡"的城乡一体化道路。

（4）城镇化路径：都市区

引导人口劳动力、资金资本、产业等城乡经济要素向核心城市集聚，加快海口高新区、老城开发区、海口"药谷"的建设，提高海口对周边城乡的辐射带动能力，增强整个区域的经济密度，建设海口都市区。

（5）省级政府空间政策导向：加大经济密度、缩短经济距离

基于该地区城乡关系的特点，确定省级政府的空间政策导向是吸引省内外经济要素向该地区集聚，进而加大该地区经济密度；引导各类经济要素在城乡功能网络中自由流动，缩短该地区城乡经济距离。

（6）省级政府空间管理重点：交通网络通达性

面向构建网络化空间结构和建设海口都市区，省级政府空间管理的重点是构建网络化的交通体系，提高该地区交通网络的通达性。

2．西部地区

西部地区，包括儋州、昌江和东方三个市县范围，是海南省工业实力最强的地区，全省重点建设集约发展的工业集聚点均分布在该地区。

（1）动力来源：工业化

该地区未来城乡发展的主要动力来源是工业化，通过洋浦开发区、东方化工城、老城开发区等工业发展核心区的集约发展，壮大该地区的整体经济实力，进而带动城乡发展。

（2）空间结构：核心放射

引导城乡空间形成核心放射状空间结构，支撑工业集聚发展。依托洋浦开发区、东方化工城、昌江工业园区，强化要素集聚，发挥规模效应，重点建设洋浦、东方、昌江和儋州中心城市，作为辐射源带动周边地区发展。

（3）城乡互动方式：以工促农

工业化是该地区整体发展的主要路径，依靠工业发展带来整体实力的提升，通过转移支付等方式带动周边地区发展，走"以工促农"的城乡一体化道路。

（4）城镇化路径：小集中、大分散

遵循工业发展的基本规律，强调工业点状集聚发展，强调空间集聚效应，追求规模经济，重点建设洋浦、儋州、东方、昌江等城市的中心城区和白马井镇、感城镇等重点城镇，避免工业的布局分散。

（5）省级政府空间政策导向：加大经济密度，加强转移支付

该地区省级政府空间政策的导向是：一方面，通过工业的空间集约高效发展，推进工业化进程，增强整个地区的经济实力，加大地区经济密度；另一方面，强化省级层面和地区内部城乡之间的转移支付力度，支持乡村地区发展。

（6）省级政府空间管理重点：环境保护

该地区省级政府空间管理的重点是环境保护，通过设定门槛、加强监管等方式，保障工业的集聚集约发展，保障工业的发展坚持"不污染环境、不破坏资源、不重复建设"三不原则。

3．东部地区

东部地区，空间范围上包括琼海市、万宁市、陵水县、三亚市和乐东县的沿海乡镇，是海南热带滨海旅游发展的核心地区，也是海南国际旅游岛建设的标志性地区。

（1）动力来源：旅游国际化

该地区旅游资源丰富，充分利用国际旅游岛建设的契机，建设博鳌水城、铜鼓岭、东郊椰林、神州半岛、石梅湾、香水湾、清水湾、亚龙湾、南山等核心景区，完善设施体系，丰富旅游产品体系，按照国际化标准推进形成富有特色、具有竞争力的热带滨海旅游地区，

进而带动整个地区的城乡共同发展。

（2）空间结构：带状网络

以核心城市为中心，围绕核心景区建设量大面广的旅游服务点，重点建设英州镇、新村镇（清水湾）、海棠湾镇（海棠湾）、椰林镇（香水湾）、黄流镇、九所镇（龙栖湾）等旅游风情小镇，形成带状网络化的空间结构。

（3）城乡互动方式：以旅促农

该地区以旅游业作为促进农村发展，增加农民收入，进行农村非农化转移的主要途径，保障农民参与旅游业发展并从中获利，走"以旅促农"的城乡一体化道路。

（4）城镇化路径：小集中、大分散

遵循旅游资源分布和旅游业发展的特点，采取"大区小镇"的建设模式，走小集中、大分散的城镇化道路。

（5）省级政府空间政策导向：减少城乡经济分割

旅游资源的统一开发是保障效益最大化的必要条件，对于该地区而言省级政府空间政策的基本导向是，减少空间分割，保障旅游资源的统一开发利用，做到"同质、同位、同价"，最大限度地实现资源开发价值。

（6）省级政府空间管理重点：土地、旅游资源统一利用

相应地，对于该地区省级政府空间管理的重点是，协调各行政单元，减少恶性竞争和不必要的分割，从省级层面对土地、旅游资源等进行统一规划、开发利用。

4．中部地区

中部地区，空间范围上包括五指山、保亭、琼中、白沙和乐东县的北部山区各乡镇，是海南生态环境保护的核心地区，也是自然保护区和重要的生态敏感区集中分布的地区，是海南国际旅游岛建设的基本前提。

（1）动力来源：农业产业化、生态旅游

该地区未来整体上是保护，城乡发展的主要动力来源是农业产业化和生态旅游业。

（2）空间结构：点状集聚

城乡空间发展的结构是，引导人口和各类经济要素向五指山、琼中、保亭、白沙、乐东等中心城市点状集聚。

（3）城乡互动方式：城乡协作

该地区主要是农业发展和生态旅游业发展地区，城乡互动的方式是加强城乡协作，走

城乡互助的城乡一体化道路。

（4）城镇化路径：集中

整体而言，该地区的城镇化路径是强调集中，以保护生态环境为前提，避免分散开发。

（5）省级政府空间政策导向：创建流畅的土地和劳务市场

该地区城乡人口规划引导的基本方向是，一方面向中心城市点状集聚，另一方面整体向沿海地区迁移。为保障人口的有序转移，省级政府空间政策的导向是，创建一个流畅的土地和劳务市场，让农民能够自由流动。

（6）省级政府空间管理重点：基本的社会公共服务

该地区经济发展相对落后，从生态补偿的角度来看，需要强化省级政府的空间管理作用，加大财政支持力度，满足基本社会公共服务的需求。

（二）生态补偿和流域补偿

从纵向和横向方面加强海南的生态补偿力度：其一，纵向补偿方面，加大国家层面对于海南生态补偿的力度，划定明确的生态补偿范围和试点对象；其二，横向补偿方面，按照流域加强海南省内部的生态补偿（图6-6）。

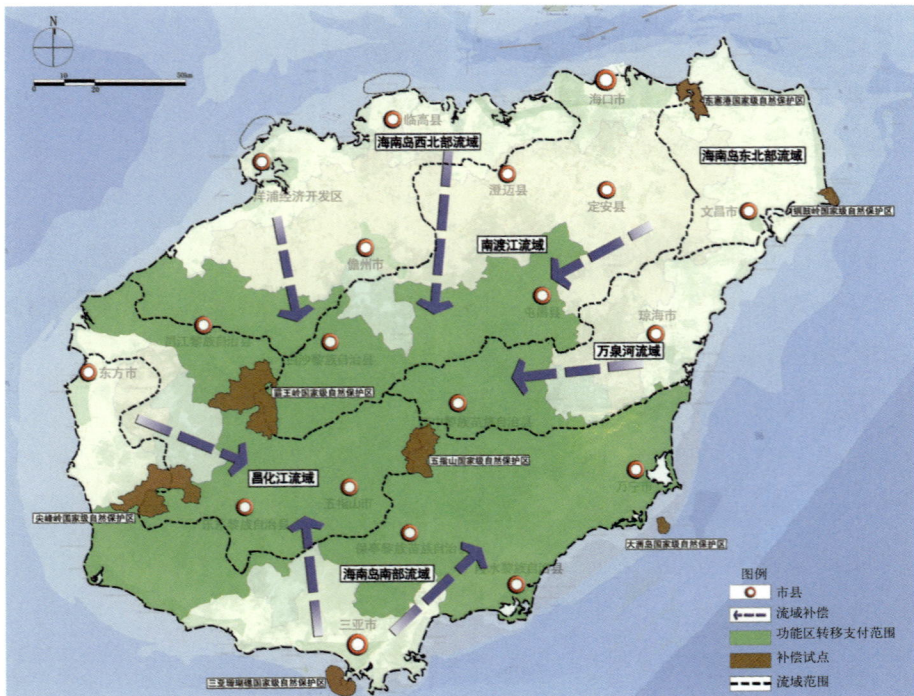

图6-6 生态补偿和流域补偿示意图

1．纵向补偿：划定国家层面的生态补偿范围与试点

将海南省作为全国生态补偿机制试点省，积极争取中央财政对海南的生态补偿力度。

将中部的五指山、琼中、白沙、昌江、乐东、保亭、陵水、万宁、屯昌等9个市县行政范围作为国家生态功能区转移支付范围。

将尖峰岭、五指山、东寨港、霸王岭、三亚珊瑚礁、大洲岛和铜鼓岭7个国家级自然保护区列为国家生态补偿试点。

对于生态补偿范围及试点，从国家层面加大财政转移支付力度，并从法律法规、组织管理、财税制度、政策制定以及科学技术支撑等方面给予支持。

2．横向补偿：省域内部的流域补偿规划

基于经济补偿数额与治理污染成本相当、公平公正合理、法律保障与协商等原则，加强海南省域内部的流域补偿。

从大的尺度看，是沿海圈层补偿山区圈层。

从中尺度看，面向国际旅游岛建设的要求，结合海南岛河流水系特点，将海南岛分成6个流域，即南渡江、昌化江、万泉河、海南岛东北部、海南岛南部、海南岛西北部，根据流域进行补偿。

在全省统一补偿机制的基础上，逐步向市场机制过渡，建立"谁用水谁补偿"的市场机制。

（三）海岸带分段管制

海岸带是海南人口、经济的集聚区，也是旅游业和现代服务业布局的重点地区，同时也是需要加强管理、统筹保护和有序开发的重点地区。根据自然条件和经济社会发展需要，将海岸带按照城镇生活岸线、生态保护岸线、生态保护与旅游休闲兼用型岸线、临港产业岸线、农业渔业岸线、其他岸线几种类型，分段进行管制指引（图6-7）。

1．城镇生活岸线

管制要求：主要用于城镇发展，配套完善基础设施，为居民提供高品质的生活环境，注重滨海城镇特色景观的塑造，保障居民与海岸的接近性。对该区域尚未开发的海岸线，优先保障基础设施和公共服务设施的建设。

数量指标：140公里，占全省岸线的7.7%。

2．生态保护岸线

管制要求：主要用于保护海洋资源、森林资源、湿地资源、生物物种和自然历史遗迹。

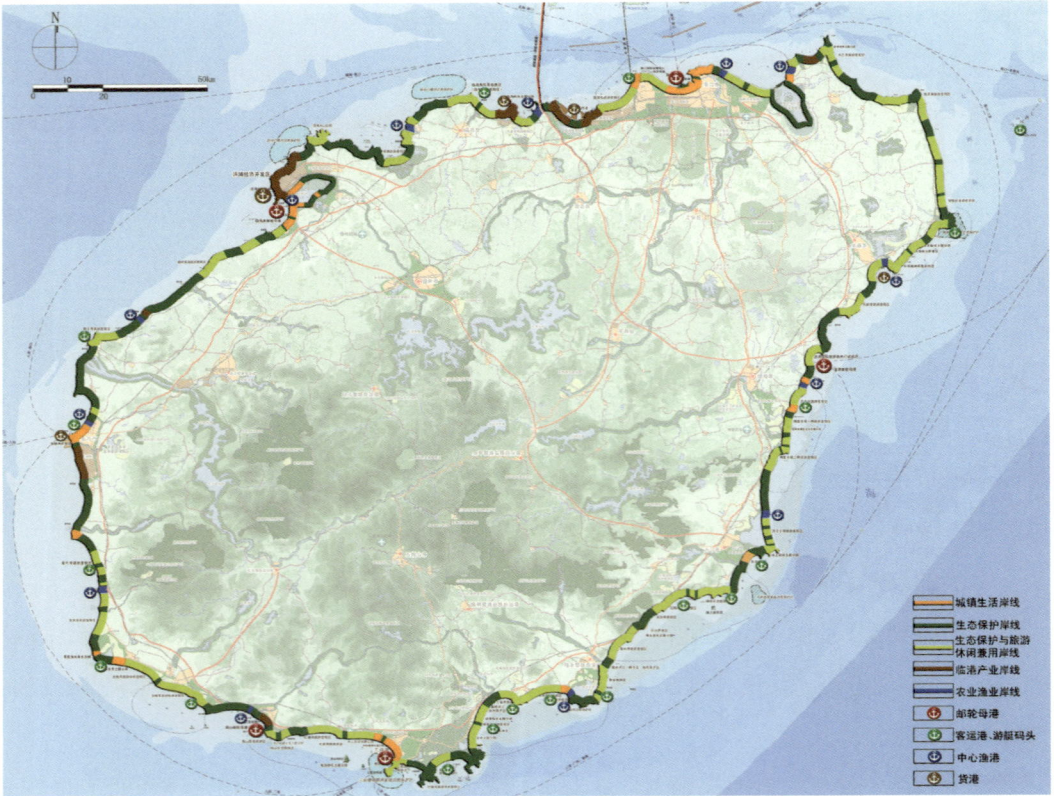

图 6-7 海岸带的分段管制划分图

这类海岸带的开发建设必须在严格保全自然保护区面积，分级管控；对于围海造地、采沙炸礁和设置海上人工构造物、海上排污区等严重影响环境的项目，必须严格控制；在不影响生物多样性保护和不破坏沿海防护林带等生态隔离带的前提下，实行保护性利用。

数量指标：780 公里，占全省岸线的 42.8%。

3. 生态保护与旅游休闲兼用岸线

管制要求：主要用于发展观光旅游和休闲度假旅游，配套完善旅游服务设施。保障海岸的公众接近性；合理规划、布局旅游设施，避免旅游设施建设过分靠近海岸；保护和保留现有的沿海防护林带，同时对现有林带补植风景树种，实现防护和景观兼用。

数量指标：698 公里，占全省岸线的 38.3%。

4. 临港产业岸线

管制要求：主要功能是建设大型专业化港口及相应的深水航道，形成临港产业集聚区。

为促进港区联动，保护港口优先使用的陆域，以建设海运码头和直接相关的辅助设施；坚持效率原则，优先保障赖水型产业的岸线，通过大企业、大项目带动海岸带土地资源的高效开发。

数量指标：130 公里，占全省岸线的 7.2%。

5．农业渔业岸线

管制要求：主要用于农业生产、海水养殖和海洋捕捞。优先保障各级渔港体系建设；强化海滨渔村的特色，鼓励发展休闲农业、休闲渔业和乡村旅游；对养殖污水进行处理，严禁污水直接排放。

数量指标：55 公里，占全省岸线的 3.0%。

6．其他岸线

管制要求：主要用于科研、军事和其他特殊功能。

数量指标：20 公里，占全省岸线的 1.1%。

二、体制机制创新

对海南而言，城乡发展一体化的核心是对城乡资源的统一高效利用。因此，体制机制创新的首要原则是打破资源的行政分割、分散开发、低水平开发的常规发展局面，创新体制机制，实现海南优质独特资源的开发利用全省"一盘棋"，使得相邻市县资源互补性、整体性得以体现，最终使得全省资源整体价值最大化。再者，是要遵循市场规律，发挥市场对资源配置的决定性作用，强化经济要素的空间集中，追求不平衡的经济增长；与此同时，加强政府宏观调控的能力，加大转移支付和特定帮扶的力度，弥补社会发展水平上的差距。

（一）进一步完善省直管市（县）管理体制

按照"创新特区体制机制、推动海南科学发展"的要求，科学划分省和市县两级政府职责，着力提高市县推动经济社会发展的积极性和能力，增强县域经济发展动力，提高行政效能。

（二）建立适应城乡发展一体化的规划建设管理机制

健全统筹城乡建设的规划管理机构，将城乡规划建设管理和服务延伸到乡村地区，将乡村地区土地利用、房屋建设和基础设施建设纳入城乡规划统一管理，保证乡村地区规划的有效实施，提高乡村地区建设水平，促进节约用地、合理用地和村庄集约建设，使基本公共服务设施达到城乡均等化，切实改善乡村人居环境和空间形态。

（三）建立完善全省资源统筹开发利用机制

打破资源行政分割、分散开发、低水平开发的常规发展局面，整合、优化海南独特的城乡资源，通过全省城乡发展一体化，实现资源开发全省"一盘棋"，使相邻市县资源互补性、整体性得以体现，提高资源整体利用的效率和效益。

加快推动农垦融入地方，打破城市、农村、农垦三元分治的格局。将垦区人口纳入属地统筹管理，将农垦社会管理和公共服务职能纳入地方统筹管理，推动农垦场部与城乡居民点的尽快融合。

（四）建立健全实施城乡发展一体化的考核和激励机制

把城乡发展一体化的各项核心指标纳入领导干部和地方政府的绩效考核指标体系，建立健全考核、激励、约束和监测机制，加强对城乡建设活动、资源环境保护和利用工作的监管和评价。

三、政策改革创新

以资源整合、优化配置为重点的海南城乡发展一体化是一项系统工程，既需要特定空间政策的支持和体制机制的创新，更需要相关政策的改革创新和突破。海南城乡发展一体化政策改革创新的基本思路是：以强化城乡资源互补性和资源的高效利用为导向，公平与效率并重，在生态环境、土地、户籍、强农惠农、投融资等方面实现突破。

（一）实施严格的生态环境保护政策

实行城乡生态环境同治政策，采取先进的技术、管理、制度优化生态环境，走绿色发展之路。

1. **实施城乡生态环境同治政策**

（1）把农村环保纳入城市环保规划

统筹布局城乡生态环境保护设施，建立健全城乡污染综合治理长效机制，统一管理城乡绿化美化工程，构建城乡一体化的环保模式。

（2）重点加强农村生态环境投入

加大对农村生态环境保护设施建设的投入力度，重视农村生态保护工作。加强农村饮用水水源地环境保护，下大力气解决农村养殖污染问题，减轻农业种植面源污染。开展土壤污染调查和防治工作，从严查处毁林开荒等破坏生态环境的行为。

2．建立严格、科学的生态环境监管制度

（1）制定严格的环保措施

采用国际高标准监管全省经济社会活动对生态环境造成的影响，及时掌握全省环境影响情况，杜绝片面追求 GDP 而破坏生态环境的行为。建立完善环境监测、环境监察、环境管理的科学执法体系。建立有效的监控平台，加快重点污染源在线监测设施建设和环保部门监控平台建设。

（2）实行严格的环境容量总量控制制度

优化产业布局，对环境容量有限、经济相对发达的区域，严格限制和逐步淘汰耗能高、污染重的产业和项目，把排污总量控制在环境容量许可范围内；对环境状况较好、发展潜力较大的区域，重点发展低污染、低排放的新型产业；对于经济相对发展不足的生态保护地区，加强引导和调控，实行保护优先，适度开发，重点研究制定异地开发、搬迁企业税收政策及下山脱贫和生态脱贫等行之有效的生态补偿政策，形成造血机能与自我发展机制，使外部补偿转化为自我能力的积累和提高。

（3）实施严格的生态环境问责制

建立生态环境评估指标体系，将万元 GDP 能耗、万元 GDP 水耗、万元 GDP 排污强度、森林资源保护绩效、流域交接断面水质达标率和群众满意度等指标纳入政府的绩效考核指标体系，并加大权重。把生态环境评估纳入领导干部政绩考核体系，与干部的选拔、任用和激励接合起来。

（4）建立生态环境保护的信息公开制

实现生态环境保护信息的公开透明，积极鼓励公众参与环境保护和管理，加强社会监督。一是建立信息公开的长效机制，比如责任制度、信息公开预审制度、公开评议制度。二是制定相应的政府信息公开实施细则、管理办法、奖惩办法。尽快建立健全环境信息主动公开和依申请公开、公开发布、公开监督和保障、公开考核评议、监督检查、年度报告、发布协调制度等。三是扩展政府信息公开途径。组织编制《便民手册》，免费对各级环保部门、公众阅览室、图书馆等部门发放，为公众提供更方便的查阅环境保护资料的更多选择；发挥杂志、新闻发布会、新闻传媒等公开载体的作用，为公民、法人或其他组织获取政府信息提供方便。

3．加强生态环保领域的国际合作

充分借鉴和利用国际先进的技术、管理方法和资金加强环境保护管理。

在发展低碳经济、自然生态、污染防治、城市环境规划、环境科学研究、环境教育、环境能力建设等众多领域开展国际环保合作项目。

成立环境保护国际合作中心，推进国际组织和政府机构参与环保、扶贫等方面的合作。

4．创新生态环境保护投资体制

（1）建立生态环境建设与保护的专项基金

参照国家目前实行的三北防护林建设工程等项目，围绕中部山区、沿海防护林带等重点生态工程建设，设立相应的生态环境保护专项基金，进行生态环境示范、保护和补偿。其资金来源可以通过中央国债转贷、补贴、中央专项基金、地方财政生态专项支出、环境有偿使用收入以及地方政府公债等方式筹集。充分用足用好国际旅游岛政策，发行中长期特种生态建设彩票或债券，筹集生态环境建设资金。

（2）鼓励社会资本参与生态环境建设

提高金融开放度、资信度和透明度及加强投资制度的一致性和稳定性，创造良好的条件积极吸引国内外资金直接投资于生态环境项目的建设。支持和促进民营资本参与环保基础设施建设，推进环保基础设施运营和建设市场化。提供各种优惠政策，鼓励私人投资环保产业，争取在证券市场中形成绿色板块。

（二）创新城乡土地政策

1．实施全省土地统一规划管理的政策

在确保基本农田面积不减少，农民利益不受损失，生态保障能力不减弱，严保耕地底线的前提下，实现全省土地统一管理、保护和开发利用。

（1）严格保护耕地，实施耕地总量保护控制管理制度

严格实施耕地保护制度，推进耕地总量保护控制管理，实行耕地占补的动态平衡控制，突破各市县各自执行耕地占补平衡控制对省内建设用地规划与供应的限制。

（2）落实耕地占补平衡制度

巩固海南连续10多年实现耕地占补平衡的成绩，严格贯彻落实耕地占补平衡制度。加强组织领导，落实补充耕地考核年度任务；规范选址，明确补充耕地项目选址条件；积极推行补充耕地与土地开发整理项目挂钩制度和补充耕地储备制度；严格实行"先缴款，后批地"制度，切实加强耕地开垦费等专项资金的收缴使用管理；严把检查验收质量关，加强成果管理；严格考核，确保按期完成耕地补充任务。

（3）强化省级政府对土地资源的调控能力

按照国际旅游岛功能分区，制定区域内独立、统一的供地计划，形成区域内土地指标的管理、分配与协调的统一。

（4）实施跨市县（易地）补充耕地管理办法

实施《海南省易地补充耕地管理办法》，按照"属地申报、统一批准、集中管理、分级实施"的原则，推进跨市县的耕地增补，确保全省耕地占补平衡。

（5）完善省级土地储备机制，实现省级投融资平台与土地储备的有机结合

省级政府在跨市县基础设施投资后，带来市县土地的增值，可通过省级政府向市县征地储备的办法，回收省级政府投资收益，解决基础设施投融资持续获得收益的问题。

2．鼓励存量土地集约利用

采取多项政策创新，鼓励采取多种形式实现存量土地集约利用。

（1）建立全省统一的土地分类、分级最低投资强度标准

盘活存量土地，规范以招标、拍卖、挂牌出让为主的工业用地配置方式，鼓励工业向功能园区集中，实现城市规划由平面规划向立体规划的转型，充分利用城市空间。

（2）限制对环境有危害的土地利用

对资源消耗大、污染严重、产出低、不符合产业导向的企业，鼓励其利用现有厂区整体转产，按照产业功能规划动态优化配置土地资源；对工业用地在符合规划、不改变原用途的前提下，提高土地利用率和增加容积率的，经核准，不再补交土地价款。

（3）鼓励农民集中居住

鼓励和支持农村居民采取并村、转移到乡镇集中居住等方式，将节约出的宅基地复垦为农田，推进城乡建设用地增减挂钩，增加可用土地资源。

3．积极稳妥推进农村土地流转

规范城乡建设用地，实行集体土地抵押、入股试点，推进土地要素市场化。

（1）建立统一的城乡建设用地市场

形成城乡一体的土地有形市场和土地市场监管体系。进行试点和探索，明晰农村土地产权并赋予产权主体相应的权能。

明确界定农民土地产权的结构，尽快完成全方位土地确权。依照国家法律、法规，保障农户享有农村土地承包权、使用权、继承权、收益权、流转权，使农民成为独立的产权主体。开展农村集体土地和房屋确权登记，明晰农村集体建设用地和宅基地产权，制定农

村集体土地所有权和使用权登记管理办法，使农村土地管理制度化、规范化。

（2）实行土地流转委托管理

在有条件的乡（镇）、村建立土地流转服务中心、土地托管中心、土地代管站、托田制等土地流转中介服务组织。开展农村集体建设用地使用权流转，通过规范的"招、拍、挂"使农村集体建设用地进入市场。

探索"转权让利"的管理模式，将集体土地所有权依法征收转为国有，然后补办国有土地出让或租赁手续，将土地收益大部分返还集体经济组织，形成"同种产权、统一市场"的模式。

（3）积极探索农民承包土地和房地产的抵押、入股的政策和具体办法

法律已经赋予农民的可以抵押的土地权力（如非家庭承包方式承包的非耕地、住宅等），应创造条件使其实现抵押；同时，探索其他类土地权益抵押、租赁和入股的政策和办法。

（4）鼓励农民自主组建土地合作社

由土地合作社统一对企业招商，合作社以地入股，分享红利，农民通过务工获得工资性收入。引进有实力的大企业参与农村休闲旅游、观光旅游、农业现代化建设。

（5）鼓励农业集中土地实现规模经营

在不改变农业用地性质和农民自愿的前提下，支持农村种养能手和专业大户通过租赁、代耕、转包等方式扩大生产规模，推进专业化、集约化生产。

稳步推进土地向农业龙头企业、农村集体经济组织、农民专业合作经济组织和种植大户集中。鼓励工商企业采取公司＋合作社、公司＋农户、订单农业等方式，带动农户发展高产高效经济作物，实现产业化经营。

4．改革现行土地税费政策

（1）改革耕地占用税

改革耕地占用税的征收办法，使其逐步与耕地质量相挂钩，并提高征收耕地补偿标准，强化其约束耕地占用的政策功能。改革和完善耕地开垦费收缴、使用、转移和监督管理办法，健全耕地占用的经济补偿机制。

（2）建立土地收益基金专项管理制度

土地出让收入在扣除征地费用和宗地开发费用等成本费用后，按照50%比例缴入国库，建立土地收益基金。明确规范其用于城镇土地收购储备、被征地农民的社会保障、农业土地开发整理、城乡基础设施建设、农村建设用地整理、廉租房建设等具体支出范围。通过

合理安排土地收益的分配使用，促进城乡经济社会全面协调可持续发展。

（三）推动户籍制度改革

逐步剥离附着在户籍上的各种社会职能，还原户籍的管理功能，建立城乡一元化的户籍制度：对内分步骤解决城乡人口一元化管理问题、城乡人口流动问题、区域人口流动问题；对外实施更具吸引力的落户政策为海南建设吸引人才、技术、资金。

1．实施城乡统一的户籍管理政策

按照建立城乡统一的新型户籍管理制度要求，全面推行一元化户籍管理制度，逐步对全省户籍人口取消农业和非农业户口性质的划分，统称为"居民户口"，按实际居住地登记，实行海南省城乡户口一元化登记管理。

2．实施区域一体化的户籍政策

与推进省内区域间基本公共服务均等化相结合，打破省内地区间劳动力和人才流动的限制，实施宽松的户籍政策，鼓励发达地区和落后地区之间、城乡之间的劳动力和人才的双向流动，优化人力资源配置。

采取优惠政策鼓励城市人才到乡村创业，鼓励发达地区的人才到落后地区工作。

实施社会保障区域间可转续等政策，鼓励大学生、专业技术人才到农村以及少数民族地区工作、创业，推进人才的合理分布，促进农村落后地区的加速发展。

使农民工、失地农民能够方便地办理城市户口，并能够享受到与城镇居民水平大致相当的基本公共服务。形成统一的人才市场，促进农村剩余劳动力转移，推动城镇化和农业现代化进程。

3．放松外来人口落户限制

实施与国际接轨的户籍管理办法，突出前瞻性，把户籍政策设计与吸引人才、吸引投资有机结合起来。放宽落户政策，吸引各类省外人才参与海南省的建设，使海南成为华南地区中、高层次人才积聚地。

对具有大学本科以上学历或中级以上技术职称的各类专业技术人才及管理人才，到海南工作户口随到随办。

对具有特长的技术工人、非公有制经济所需的各种人才，放开户籍迁入的门槛。

使户籍由严格的行政管理变为人性化的服务管理，为吸引人才创造有利条件。

通过购房入户等政策，吸引社会资本流入岛内，带动旅游业、房地产业的发展。

实施投资入户政策，对到海南投资的外籍人士，优先办理海南户籍。

（四）大力实施强农惠农政策

始终把"强岛"、"富民"作为发展的根本点和落脚点，同步推进"强岛"和"富民"两大工程。特别是要围绕保障和改善民生，重点做好促进农业农村发展，促进农民增收的各项工作。

1．继续加大对农业农村的投入力度

按照总量持续增加、比例稳步提高的要求，不断增加"三农"投入。确保财政支出优先支持农业农村发展，预算内固定资产投资优先投向农业基础设施和农村民生工程，土地出让收益优先用于农业土地开发和农村基础设施建设。

严格按照有关规定计提和使用用于农业土地开发的土地出让收入，严格执行新增建设用地土地有偿使用费全部用于耕地开发和土地整理的规定。

对各市县土地收入用于农业农村的各项资金的征收和使用情况进行专项检查。增加现代农业生产发展资金和农业综合开发资金规模。

2．完善农业补贴制度和市场调控机制

坚持对种粮农民实行直接补贴。进一步增加农机具购置补贴，扩大补贴种类，把牧业、林业和抗旱、节水机械设备纳入补贴范围。

落实和完善农资综合补贴动态调整机制，重视市场调控机制的作用。逐步完善适合林区、垦区特点的农业补贴政策。加强对农业补贴对象、种类、资金结算的监督检查，确保补贴政策落到实处，不准将补贴资金用于抵扣农民交费。

3．提高农村金融服务质量和水平

加强财税政策与农村金融政策的有效衔接，引导更多信贷资金投向"三农"。落实和完善涉农贷款税收优惠、定向费用补贴、增量奖励等政策。进一步完善县域内银行业金融机构新吸收存款主要用于当地发放贷款的政策。

拓展农业发展银行支农领域，农业银行、农村信用社、邮政储蓄银行等银行业金融机构要进一步增加涉农信贷投放。积极推广农村小额信用贷款。加快培育村镇银行、贷款公司、农村资金互助社，有序发展小额贷款组织，引导社会资金投资设立适应"三农"需要的各类新型金融组织。

建立农业产业发展基金。鼓励各市县对特色农业、农房等保险进行保费补贴。发展农村小额保险。支持符合条件的涉农企业上市。

4．积极引导社会资源投向农业农村

在制定规划、安排项目、增加资金时切实向农村倾斜，主动服务"三农"。充分发挥城市对农村的辐射带动作用。鼓励各种社会力量开展与乡村结对帮扶，参与农村产业发展和公共设施建设。

抓紧健全科技、教育、文化、卫生等下乡支农制度。通过完善精神物质奖励、职务职称晋升、定向免费培养等措施，引导更多城市教师下乡支教、城市文化和科研机构到农村拓展服务、城市医师支援农村。

健全农村气象服务体系和农村气象灾害防御体系。

5．大力开拓农村市场

针对经济发展和农民生产生活需要，适时出台刺激农村消费需求的新办法新措施。继续加大家电、汽车、摩托车等下乡实施力度。改善售后服务，加强市场监管，严禁假冒伪劣产品流入农村。大力发展物流配送、连锁超市、电子商务等现代流通方式，支持商贸、邮政等企业向农村延伸服务，建设日用消费品、农产品、生产资料等经营网点。鼓励农村金融机构对农民建房、购买汽车和家电等提供消费信贷。

6．鼓励农村、农民积极投入国际旅游岛建设

大力引导农民以多种形式发展热带现代农业，提高农业产业化水平。探索农村实现"资源资本化"的多种途径，使农民能够享受到国际旅游岛建设的收益。进一步加快推进文明生态村建设，改善农村生产生活条件，建设具有海南特色、农民得到切实实惠的农村发展新格局。

（五）实施投融资政策创新

1．在财政向农村基础设施倾斜的同时，实现基础设施投融资市场化

建立公开、透明的投融资政策、投资信息发布制度。对城乡重大基础设施建设，通过政府参股、控股或财政拨款补助、贴息、地方税减免、优惠地价政策、人口政策等形式加以引导或支持。政府定期或不定期地向社会发布宏观经济信息，引导国内外投资者进行投资。

采取财政投资项目多种运营模式。对非经营性项目，可以采取政府投资、政府经营的模式，授权国有资产经营管理公司经营管理。积极采取国外政府贷款、风险投资基金、信托投资基金、重大产业投资基金、BOT、ABS、TOT、红筹股、可转换债券和B股等多种新型融资方式，吸引国内外的自然人、法人和其他社会组织等社会资金的投入，促进投资资金的快速增长。

充分运用资本市场，扩大直接融资。通过企业上市发行股票、债券和组建基金等方式，加快实现资本证券化步伐。大力鼓励、支持本地区优势企业，到境外、国内证券市场上市融资。加强已上市公司增发、配股的再融资功能。加强对亏损上市公司的重组工作，充分利用好上市公司的"壳资源"。

探索发行地方政府债券。争取中央财政专项支出和国债支持，并以此带动信贷资金和社会资金的大幅投入。争取进行地方政府债券发行试点，充分发挥地方政府信用，实现"低成本、高效率"融资。遵循"政府主导，市场运作"的原则，试点发行国际旅游岛基础设施建设债券、公益旅游彩票。

2．完善支持城乡产业一体化的投融资政策

制订农业、旅游业、新兴工业互动的产业目录，作为实施城乡产业一体化政策、发展特色产业集群的依据。

完善支持农旅互动的投融资政策体系。采取财政贴息、营业税减免、农业政策性银行信贷优惠等多种形式，在高效生态农业示范基地的基础上，兴建一批休闲、观光、娱乐设施，为游客提供观光、度假、休憩、游乐等服务项目。把休闲观光农业等乡村旅游产品纳入国际旅游岛营销体系。建立政府扶持、企业为主、社会参与的投入机制，有效盘活民间资金发展乡村旅游业，使景区（点）农民积极参与到景区建设中，并受惠于此。

完善支持新型工业与热带农业互动的投融资政策体系。采取财政贴息、营业税减免、农业政策性银行信贷优惠、建立农业保险等多种形式，培育一批技术含量高、市场占有率高、具有明显区域带动作用的农产品深加工龙头企业，扶持建立一批在全国甚至国际上有影响力的自主品牌。

参考文献

1. Andrea Bigano, Jacqueline M. Hamilton, Maren Lau, et al. A Global Database of Domestic and International Tourist Numbers at National and Subnational Level. NOTA DI LAVORO, 2005, 3.

2. Chenery H B, Syrquin M, Elkington H. Patterns of development, 1950−1970. New York : Oxford University Press for the World Bank, 1975.

3. Ciccone A. and R. Hall.Productivity and the Density of Economic Activity.American Economic Review, 1996, 87, 54 : 70.

4. Fitrani F, Hofman B, Kaiser K. Unity in diversity? The creation of new local governments in a decentralizing Indonesia. Bulletin of Indonesian Economic Studies, 2005, 41(1) : 57−79.

5. Florida A Time for Reckoning, National Geographic, 1982.

6. Florida Attractions Association, 2009.

7. Florida Department of Revenue, Office of Tax Research Data as reported in Visit Florida. 2001 Visit Florida Studies, 2001.

8. Florida History. Florida Dept. of Commerce, Tallahasse 1986.

9. Friedmann J. A general theory of polarized development. Ford Foundation, Urban and Regional Advisory Program in Chile, 1967.

10. Fujita M. and J−F. Thisse.Economics of Agglomeration, Cities, Industrial Location and Regional Growth. Cambridge Cambridge University Press, 2002.

11. Fujita M. and J−F. Thisse.Economics of Agglomeration, Journal of the Japanese and International Economics, 1996(10) : 339−378.

12. G·M·格罗斯曼，E·赫尔斯曼．全球经济中的创新与增长．北京：中国人民大学出版社，2003.

13. Gallion A B. The Urban Pattern. VanNostrand:Van Nostrand Reinhold Company, 1983.

14. Gelan A. Trade liberalization and urban rural linkages : a CGE analysis for Ethiopia. Journal of Policy Modeling, 2002, 24(7) : 707−738.

15. Henderson J.V., Shalizi Z and A.J. Venables.Geography and Development.Journal of Economic Geography, 2001(1) : 81−105.

16. Hirschman A O. The strategy of economic development. Boulder:Westview Press, 1988.

17. Hoover E.M. and J. Fisher.Research in Regional Economic Growth.In Universities—National Bureau Committee for Economic Research, ed. Problems in the Study of Economic Growth, New York, 1949.

18. Howard E. Garden cities of tomorrow. MIT Press, 1965.

19. Jorgenson, Dale Weldeau, Zvi Griliches. "The explanation of productivity change." The Review of Economic Studies , 1967, 249—283.

20. Krugman P. History and Industry Location:the Case of the US Manufacturing Belt. American Economic Review, 1991b, 81(2) : 80—83.

21. Krugman P. History versus Expectations. Quarterly Journal of Economics, 1991a, 106 : 651—667.

22. Krugman P. What's New about the New Economic Geography? Oxford Review of economic Policy, 1997, 14(2) : 7—16.

23. Krugman P.R. and A.J. Venables. Globalization and the Inequality of Nations.Quarterly Journal of Economics, 1995, 60, 857—880.

24. Kuznets S, Murphy J T. Modern economic growth : Rate, structure, and spread. New Haven : Yale University Press, 1966.

25. Lewis W A. Economic development with unlimited supplies of labour. The manchester school, 1954, 22(2) : 139—191.

26. Lipton M. Why poor people stay poor : urban bias in world development, 1977.

27. Martin P. and G. Ottaviano. Growth and Agglomeration. International Economic Review, 2001, 42 : 947—968.

28. McGee T G. The emergence of desakota regions in Asia : expanding a hypothesis. The extended metropolis : Settlement transition in Asia, 1991 : 3—25.

29. Mitra A. and H. Sato. Agglomeration Economies in Japan:Technical Efficieney, Growth and Unemployment, Review of Urban and Regional Development Studies, 2007, 19(3) : 197—209.

30. North D. Location theory and regional economic growth.Journal of Political Economy, 1995, 243—258.

31. Pietrusewsky M, Douglas M T. Ban Chiang, a Prehistoric Village Site in Northeast Thailand : The Human Skeletal Remains. I. UPenn Museum of Archaeology, 2002.

32. Ranis G, Fei J C H. The Ranis—Fei model of economic development:Reply. The American Economic Review, 1963 : 452—454.

33. Richardson H. Regional Economics. Penguin Books Ltd, 1978.

34. Scarlett Epstein T, Jezeph D. Development—There is Another Way : A Rural Urban Partnership Development Paradigm. World Development, 2001, 29(8) : 1443—1454.

35. Tiebout.Exports and Regional Economic Growth.Journal of Political Economy, 1956,

（Apr.）：160−164.

36. Tsui K. Local tax system, intergovernmental transfers and China's local fiscal disparities. Journal of Comparative Economics，2005，33(1)：173−196.

37. United Nations Development Programme (Nepal). Nepal human development report，2001：poverty reduction and governance. United Nations Development Programme，2002.

38. 安虎森．增长极理论评述．南开经济研究，1997，1：31−37.

39. 保罗·克鲁格曼．地理学与贸易．北京：北京大学出版社、中国人民大学出版社，2000.

40. 保罗·克鲁格曼．发展、地理学与经济理论．北京：北京大学出版社、中国人民大学出版社，2000.

41. 蔡昉．市场经济如何推进户籍制度改革．人口与计划生育，2003，（06）：23−24.

42. 曾国平，王韧．二元结构、经济开放与中国收入差距的变动趋势．数量经济技术经济研究，2006，（10）：15−25.

43. 柴彦威等．中国城市的时空间结构．北京：北京大学出版社，2002.

44. 陈栋生．区域经济学．郑州：河南人民出版社，1993.

45. 陈吉元，胡必亮．当代中国的村庄经济与村落文化．太原：山西经济出版社，1996.

46. 陈宗胜，黎德福．内生农业技术进步的二元经济增长模型．经济研究，2004，11：16−27.

47. 仇保兴．城乡统筹规划的原则、方法和途径．中国建设信息，2005，（21）：9−14.

48. 丹尼尔·贝尔著．彭强等译．后工业社会．北京：科学普及出版社，1985.

49. （英）斐欧娜·戴维思著．姜辉，于海青，肖木，李平译．美国和英国的社会阶级．重庆：重庆出版社，2010.

50. 费孝通．城乡和边区发展的思考．天津：天津人民出版社，1990.

51. 顾朝林，甄峰，张京祥．集聚与扩散——城市空间结构新论．南京：东南大学出版社，2001.

52. 郭书田，刘纯彬．失衡的中国．石家庄：河北人民出版社，1990.

53. 海南省建设厅，中国城市规划设计研究院．海南省城镇体系规划（2005−2020 年）.2005−07.

54. 海南省建设厅，中山大学．海南城乡总体规划（2005−2020 年）.2006−08.

55. 海南省建设厅，南京大学．海南省新农村建设总体规划.2006−08.

56. 江明融．公共服务均等化问题研究．厦门大学，2007.

57. 江苏省农业普查办公室，独特的历史发展道路与全方位的组织制度创新——江苏农村城镇化发展战略及对策研究报告 // 全国农业普查办公室．农村产业结构调整和小城镇发展研究．北京：中国统计出版社，2000.

58. （美）杰里米·里夫金著．杨治宜译．欧洲梦 21 世纪人类发展的新梦想．重庆：重庆出版社，2010.

59. 李兵弟．改革开放三十年中国村镇建设事业的回顾与前瞻．规划师，2009，25（1）：9−10.

60. 李陈华，柳思维．城乡劳动力市场的二元经济理论与政策——统筹城乡发展的洛伦兹分析．中国软科学，2006，（3）：30−37.

61. 李建飞．国家战略下海南跨越式发展的图景与路径．城市规划，2012（3）：20−27.

62. 李强．社会分层与社会发展．中国特色社会主义研究，2003，1：29—34.

63. 厉以宁，陈良焜，荣志刚．中国社会福利模型：老年保障制度研究．上海：上海人民出版社，1994.

64. 林万龙．家庭承包制后中国农村公共产品供给制度诱致性变迁模式及影响因素研究．农业技术经济，2001（4）：49—53.

65. 刘芳君，徐有钢，赵群毅．海南国际旅游岛建设的国际经验借鉴——佛罗里达案例剖析．城市发展研究，2011，18（6）：77—83

66. 刘钊军，胡木春．海南特色的城镇化道路研究．城市规划，2012（3）：33—37.

67. 罗斯托著．郭熙保等译．经济增长的阶段．北京：中国社会科学出版社，2001.

68. 马晓河．统筹城乡发展，建设新农村及其政策建议．改革，2006（001）：5—11.

69. 马歇尔．经济学原理．北京：商务印书馆，2001.

70. 潘永强，韩樾，罗声明等．海南省乡村城镇化建设问题研究．海南师范学院学报（社会科学版），2006，（1）：147—151.

71. 潘永强，林筱璟，罗亚男．国际旅游岛背景下海南县域经济发展问题研究．综合竞争力，2011，（01）.

72. （英）彼得·霍尔，凯西·佩恩编著．罗震东等译．多中心大都市——来自欧洲巨型城市区域的经验．北京：中国建筑出版社，2010.

73. 钱纳里等著．吴奇等译．陈昕主编．工业化和经济增长的比较研究．上海：上海人民出版社，1995.

74. （美）乔尔·科特金著．王玉平，王洋译．新地理：数字经济如何重塑美国地貌．北京：社会科学文献出版社，2010.

75. 日本国际协力事业团，海南中日合作计划办公室．中华人民共和国海南岛综合开发计划调查，1988—05.

76. 石楠．论城乡规划管理行政权力的责任空间范畴——写在《城乡规划法》颁布实施之际．城市规划，2008，32（2）：9—15，26.

77. 宋祎，查克．改革创新推动海南城乡经济社会发展一体化．城市规划，2012（3）：28—32.

78. 汤玛斯·伯尼斯顿．农村行政管理和公共服务财政问题探析．乡村治理与乡镇政府改革国际研讨会，2006.

79. 汤玛斯·伯尼斯顿．农村行政管理和公共服务财政问题探析．中国新农村建设：乡村治理与乡镇政府改革．2006，141—144.

80. 唐少霞，赵志忠等．海南岛气候资源特征及其开发利用．海南师范大学学报（自然科学版），2008，21（3）：343—346.

81. 王翔．中外城市化进程及其对海南的启示．琼州大学学报，2002，9（5）：17—23.

82. 王延中等．中国农村社会保障的现状与未来发展．社会保障研究，2009，（01）：43—61.

83. （美）薇安·A·施密特著．张敏，薛彦平译．欧洲资本主义的未来．北京：社会科学文献出版社，2010.

84. 魏后凯 . 现代区域经济学 . 北京：经济管理出版社，2011.

85. 吴刚，易翔 . 国际旅游岛的功能体系和空间组织研究 . 城市规划，2012（3）：45-48.

86. 吴敬琏 . 计划与市场关系的讨论和我国经济体制的取向 . 改革，1991（1）：19-29.

87. 武力 . 1949—2006 年城乡关系演变的历史分析 . 中国经济史研究，2007，（1）：23-31.

88. 向国成，韩绍凤 . 农户兼业化：基于分工视角的分析 . 中国农村经济，2005，（08）：4-9，16.

89. 许士杰 . 海南省——自然、历史、现状与未来 . 北京：商务印书馆，1988.

90. 许自策，蔡人群 . 中国的经济特区 . 广州：广东科技出版社，1990.

91. 杨保军，赵群毅 . 城乡经济社会发展一体化规划的探索与思考——以海南实践为例 . 城市规划，2012（3）：38-44.

92. 杨保军，赵群毅，查克，徐有钢 . 海南发展的战略转型与空间应对——写在"国际旅游岛"建设之初 . 城市规划学刊，2011，（2）：8-15.

93. 伊里尔·沙里宁 . 城市它的发展衰败与未来 . 北京：中国建筑工业出版社，1986.

94. 张继军，蒋国洲，李寿文 . 海南农村城镇化动力因子的实证分析 . 海南大学学报人文社会科学版，2004，22（4）：387-391.

95. 张耀光 . 中国海岛开发与保护——地理学视角 . 北京：海洋出版社，2012.

96. 赵群毅 . 城乡关系的战略转型与新时期城乡一体化规划探讨 . 城市规划学刊，2009，（6）：47-52.

97. 赵群毅 . 全球化背景下的城市中心性：概念、测量与应用 . 城市发展研究，2009，16（4）：76-82.

98. 赵燕菁 . 理论与实践：城乡一体化规划若干问题 . 城市规划，2001，（1）：22-28.

99. 赵勇 . 城乡良性互动战略 . 北京：商务印书馆，2004.

100. 中国城市规划设计研究院，海南省住房和城乡建设厅 . 海南省城乡经济社会发展一体化总体规划（2010-2030）.2011

101. 周一星 . 中国城镇化进程的昨天、今天和明天 . 中国城市发展报告，北京：中国城市出版社，2006：299-324.

102. 朱玲 . 政府与农村基本医疗保健保障制度选择 . 中国社会科学，2000，（4）：89-99.